Konzernrechnung und Konzernrechnungslegung

Grundlagen · Technik · Analyse

Franz Gianini · Anton Riniker

3. Auflage

Versus · Zürich

Franz Gianini
- Professor an der Zürcher Hochschule für Angewandte Wissenschaften (ZHAW), School of Management and Law
- Lic. oec. und dipl. Handelslehrer
- Dozent und Referent in der Weiterbildung mit Schwerpunkt Finanz- und Rechnungswesen (Accounting), Unternehmungsfinanzierung, Finanzanalyse, Unternehmungsbewertung, Konzernrechnung, Rechnungslegung, externe Finanzberichterstattung und Geschäftsberichte.
- Mitglied der Klausurkommission für Steuerexperten
- Prüfungsexperte und Verfasser von Prüfungsaufgaben im Bereich Finanz- und Rechnungswesen (Accounting) bei verschiedenen eidgenössischen Fachprüfungen

Anton Riniker
- Lic. oec. und dipl. Handelslehrer
- Dozent und Referent in der Weiterbildung mit Schwerpunkt Finanz- und Rechnungswesen (Accounting)
- Prüfungsexperte und Verfasser von Prüfungsaufgaben im Bereich Finanz- und Rechnungswesen (Accounting) bei verschiedenen eidgenössischen Fachprüfungen

---

Bibliografische Information der Deutschen Nationalbibliothek

Die Deutsche Nationalbibliothek verzeichnet diese Publikation in der Deutschen Nationalbibliografie; detaillierte bibliografische Daten sind im Internet über http://dnb.d-nb.de abrufbar.

Das Werk einschliesslich aller seiner Teile ist urheberrechtlich geschützt. Jede Verwertung ist ohne Zustimmung des Verlags unzulässig. Dies gilt insbesondere für Vervielfältigungen, Übersetzungen, Mikroverfilmungen und die Einspeicherung und Verarbeitung in elektronischen Systemen.

Weitere Informationen über Bücher aus dem Versus Verlag unter www.versus.ch

© 2009 Versus Verlag AG, Zürich

Umschlagbild: Thomas Woodtli · Witterswil
Satz und Herstellung: Versus Verlag · Zürich
Druck: Comunecazione · Bra
Printed in Italy

ISBN 978-3-03909-120-1

Vorwort

Konzerne müssen in ihrer jährlichen Finanzberichterstattung eine konsolidierte Jahresrechnung vorlegen.

Dieses Lehr- und Arbeitsbuch beinhaltet auf Konzernstufe folgende Themen:
- Grundlagen und Voraussetzungen für die Konzernrechnung
- Übersicht Gesetzesbestimmungen und Rechnungslegungsnormen (Swiss GAAP FER, IFRS und US GAAP)
- Konsolidierungstechnik (Erst- und Folgekonsolidierung, Voll- und Quotenkonsolidierung, Equity-Methode, Goodwill Accounting, Konsolidierung im mehrstufigen Konzern, Halten gegenseitiger Beteiligungen)
- Rechnungslegung von eigenen Aktien
- Konzerngeldflussrechnung
- Fremdwährungsumrechnung im Konzernabschluss
- Ertragssteuern (Gewinnsteuern)
- Ergänzende Angaben zum Konzernabschluss (Eigenkapitalnachweis, Anlagespiegel, Segmentberichterstattung)
- Zusammenhänge zwischen Konzernbilanz, -erfolgsrechnung, -geldflussrechnung und dem Anhang
- Analyse des Konzernabschlusses sowie Aktienbewertung

Das Buch eignet sich sowohl für den Einsatz im Unterricht als auch für das Selbststudium. Es dient nicht nur den Studierenden, sondern auch Praktikern, die das Finanz- und Rechnungswesen und im Besonderen die Konzernrechnung als wichtiges Informationsmittel für externe und interne Stellen und als notwendiges Instrument der Planung, der Kontrolle und der Führung verstehen.

Das Lehrmittel, das gute Grundkenntnisse der doppelten Buchhaltung voraussetzt, besteht aus drei Teilen:

- Der erste Teil (Kapitel 1 bis 8) enthält jeweils eine möglichst kurz gefasste, einfach und übersichtlich dargestellte **Theorie** mit leicht verständlichen Zahlenbeispielen. Wo immer möglich ergänzen Grafiken und Übersichten sowie Zusammenfassungen die Theorie.
- Der zweite Teil enthält die **Aufgaben,** die auf die Theorie abgestimmt sind und dazu dienen, den Stoff zu üben und zu vertiefen. Sie sollen erst gelöst werden, nachdem das entsprechende Kapitel oder der entsprechende Abschnitt im Theorieteil durchgearbeitet worden ist.
- Der dritte Teil umfasst die **Lösungen** und liegt als separater Band bei. Die ausführlichen Lösungen mit dem genauen Lösungsweg ermöglichen eine individuelle Lernkontrolle, helfen Zeit zu sparen und machen das Lehrbuch auch für das Selbststudium sehr attraktiv.

Das Buch bietet

- eine Vorbereitung im Fach Finanz- und Rechnungswesen (Accounting) auf
  - verschiedene höhere Fachprüfungen (Fachausweis im Finanz- und Rechnungswesen, Experten in Rechnungslegung und Controlling, Steuerexperten, Treuhandexperten, Wirtschaftsprüfer, Finanzanalysten),
  - verschiedene Kaderausbildungslehrgänge (Höhere Fachschule Wirtschaft, Kaufmännische Führungsschule, Wirtschaftsinformatiker),
  - Modulprüfungen in Bachelor- und Masterstudiengängen an Fachhochschulen und Universitäten,
  - das Handelslehrerdiplom (Diplom für das höhere Lehramt).
- dem Praktiker, dem Finanzanalysten und dem Wirtschaftsjournalisten die Möglichkeit, sich einen vertieften Überblick über die oben erwähnten Themen zu verschaffen.

Wir hoffen, Sie bei der Arbeit und beim Erreichen Ihrer beruflichen Ziele mit diesem Lehrmittel unterstützen zu können. Gerne nehmen wir aufbauende Kritik unserer Leser und Lernenden entgegen.

Franz Gianini und Anton Riniker

Zur 3. Auflage Die 3. Auflage wird neu vom Versus Verlag, Zürich, herausgegeben. Gegenüber der letzten Auflage wurde die Theorie in allen Kapiteln und Abschnitten der Aktualität angepasst und stark verändert. In allen Kapiteln sind die bisherigen Aufgaben neukonzipiert und durch zahlreiche neue Aufgaben ergänzt worden. Die 2. Auflage ist mit der 3. Auflage nicht mehr kompatibel.

Inhaltsverzeichnis

1 Grundlagen der Konzernrechnung **15**

  1.1 Konzernbegriff **15**

  1.2 Arten von Unternehmungsverbindungen **16**

  1.3 Rechtliche, wirtschaftliche und buchhalterische Aspekte **17**
      1.3.1 Rechtliche Aspekte 17
      1.3.2 Wirtschaftliche Aspekte 18
      1.3.3 Buchhalterische Aspekte 19

  1.4 Ziel und Konzept der Konzernrechnung **20**
      1.4.1 Ziel 20
      1.4.2 Konzept 20

  1.5 Konsolidierung im Überblick **22**

2 Gesetzesbestimmungen und Rechnungslegungsnormen **23**

  2.1 Übersicht **23**

  2.2 Gesetzesbestimmungen des Aktienrechts (OR) **24**
      2.2.1 Erstellungspflicht 24
      2.2.2 Grundsätze der ordnungsmässigen Rechnungslegung (GoR) 26
      2.2.3 Offenlegung 26

  2.3 Nationale und internationale Rechnungslegungsnormen **27**
      2.3.1 Fachempfehlungen zur Rechnungslegung (Swiss GAAP FER) 28
      2.3.2 International Financial Reporting Standards (IFRS) 28
      2.3.3 Generally Accepted Accounting Principles der USA (US GAAP) 29
      2.3.4 Rechnungslegungsvorschriften für in der Schweiz börsenkotierte Gesellschaften 29

  2.4 Handelsbilanz 1 und 2 .... **30**

3 Konsolidierung 37
3.1 Konsolidierung der Bilanz 37
  3.1.1 Kapitalkonsolidierung – ohne und mit Minderheitsanteilen 37
  3.1.2 Konsolidierung von Schulden und Forderungen 44
  3.1.3 Elimination von Schulden und Forderungen aus Warenlieferungen und unrealisierter Gewinne auf den Vorräten 47
  3.1.4 Eliminierung von Zwischengewinnen und Minderheitsaktionäre 50
3.2 Konsolidierung der Erfolgsrechnung 51
3.3 Methoden der Kapitalkonsolidierung 54
  3.3.1 Purchase-Methode 55
  3.3.2 Deutsche Methode 63
3.4 Behandlung des Goodwills 66
  3.4.1 Goodwill und Rechnungslegungsnormen 66
  3.4.2 Goodwill Accounting ohne Minderheiten 67
  3.4.3 Goodwill Accounting mit Minderheitsanteilen 69
  3.4.4 Werthaltigkeitsprüfung (Impairment-Test) 71
3.5 Konsolidierungsmethoden 73
  3.5.1 Überblick 73
  3.5.2 Quotenkonsolidierung 74
  3.5.3 Equity-Methode 77
  3.5.4 Vergleich Vollkonsolidierung, Quotenkonsolidierung und Equity-Methode 80
3.6 Konsolidierung im mehrstufigen Konzern 86
3.7 Halten gegenseitiger Beteiligungen 90
3.8 Eigenkapital und Rechnungslegung von eigenen Aktien 94
  3.8.1 Einzelabschluss 94
  3.8.2 Konzernabschluss 95

4 Konzerngeldflussrechnung 99
4.1 Rechnungslegungsnormen 99
4.2 Inhalt der Geldflussrechnung 99
4.3 Wahl des Liquiditätsfonds 100
4.4 Cashflow und Free Cashflow 101

5 Fremdwährungsumrechnung ... 109
5.1 Arten der Fremdwährungsumrechnung ... 109
5.2 Stichtagsmethode ... 110

6 Ertragssteuern (Gewinnsteuern) ... 115
6.1 Arten von Ertragssteuern ... 115
6.2 Latente Steuern ... 119
6.3 Stufen der Steuerabgrenzung in der Konzernrechnung ... 126
6.3.1 1. Stufe: Latente Steuern im Einzelabschluss ... 127
6.3.2 2. Stufe: Latente Steuern durch Angleichung an die Konzernbewertung ... 127
6.3.3 3. Stufe: Latente Steuern durch Fremdwährungsumrechnung ... 127
6.3.4 4. Stufe: Latente Steuern durch Konsolidierung ... 128

7 Ergänzende Angaben zum Konzernabschluss ... 133
7.1 Anhang ... 133
7.2 Eigenkapitalnachweis ... 135
7.3 Anlagespiegel ... 137
7.4 Segmentberichterstattung ... 140
7.5 Zusammenhänge zwischen Bilanz, Erfolgsrechnung, Geldflussrechnung und Anhang ... 142

8 Analyse des Konzernabschlusses und Aktienbewertung ... 149

Aufgaben **157**

1 Grundlagen der Konzernrechnung **161**
    1 – 1   Unternehmungswert vor und nach der Unternehmungsverbindung 161
    1 – 2   Arten von Unternehmungsverbindungen 164
    1 – 3   Konzerninterne Transaktionen 165
    1 – 4   Grundlagen der Konzernrechnung 166

2 Gesetzesbestimmungen und Rechnungslegungsnormen **167**
    2 – 1   Konsolidierungspflicht 167
    2 – 2   Bereinigungen des Einzelabschlusses 168
    2 – 3   Handelsbilanz 1 und Handelsbilanz 2 168
    2 – 4   Überleitung Handelsbilanz 1 in Handelsbilanz 2 169
    2 – 5   Anwendung der Konzernbewertungsrichtlinien 170
    2 – 6   Überleitung vom Aktienrecht zu Swiss GAAP FER 171
    2 – 7   Bereinigungen beim Erwerb einer Gesellschaft und bei der Erstkonsolidierung 174

3 Konsolidierung **177**

  3.1 Konsolidierung der Bilanz **177**
    3.1 – 1   Kapitalkonsolidierung einer 100-prozentigen Tochtergesellschaft 177
    3.1 – 2   Kapitalkonsolidierung und Elimination von Konzerndarlehen 179
    3.1 – 3   Kapitalkonsolidierung bei unterschiedlichen Erwerbspreisen 180
    3.1 – 4   Konsolidierung mit Minderheitsanteilen 181
    3.1 – 5   Konsolidierung von Schulden und Forderungen 183
    3.1 – 6   Konsolidierung von Forderungen und Schulden 184
    3.1 – 7   Konzerneigenkapital und Goodwill 185

  3.2 Konsolidierung der Erfolgsrechnung **186**
    3.2 – 1   Konsolidierung COM AG und DOT AG 186
    3.2 – 2   Konsolidierung CALL AG und PUT AG 188
    3.2 – 3   Konsolidierung HARD SA und SOFT SA 190
    3.2 – 4   Konsolidierung DUO SA und TRI SA 192
    3.2 – 5   Konsolidierung einer Tochtergesellschaft 194
    3.2 – 6   Konsolidierung der Erfolgsrechnung und Bilanz 196
    3.2 – 7   Konzerninterne Lieferung einer Maschine 196
    3.2 – 8   Elimination von konzerninternen Umsätzen und Gewinnen 197
    3.2 – 9   Konzerninterne Lieferung von Sachanlagen 198
    3.2 – 10   Konsolidierungsbuchungen 199
    3.2 – 11   Gewinnausschüttung einer Tochtergesellschaft 199

3.3 Methoden der Kapitalkonsolidierung 200
3.3 – 1 Erst- und Folgekonsolidierung 200
3.3 – 2 Neubewertung sowie Erst- und Folgekonsolidierung 203
3.3 – 3 Neubewertung und Folgekonsolidierung 206
3.3 – 4 Erst-, Folgekonsolidierung und stille Reserven 207
3.3 – 5 Konsolidierung von Obligationen (Wertschriften) und Obligationenanleihen 209
3.3 – 6 Neubewertung und Folgekonsolidierung 211
3.3 – 7 Folgekonsolidierung 212
3.3 – 8 Umsatz- und Gewinneliminierung während vier Jahren 213
3.3 – 9 Konsolidierungsbuchungen bei Folgekonsolidierung 214
3.3 – 10 Bereinigung Handelsbilanz 1 und 2, Erst- und Folgekonsolidierung 215
3.3 – 11 Zwischengewinnelimination mit Minderheitsanteilen 218
3.3 – 12 Zwischengewinnelimination im Konzern 219

3.4 Behandlung des Goodwills 220
3.4 – 1 Methoden der Goodwill-Behandlung und Eigenkapitalrentabilität 220
3.4 – 2 Goodwill, Werthaltigkeit und Eigenkapitalrentabilität 221
3.4 – 3 Goodwill Accounting 224
3.4 – 4 Kapitalerhöhungen und Konzerneigenkapital 224
3.4 – 5 Erstkonsolidierung bei Anwendung von Swiss GAAP FER 225

3.5 Konsolidierungsmethoden 227
3.5 – 1 Quotenkonsolidierung 227
3.5 – 2 Konsolidierungsmethoden 228
3.5 – 3 Equity-Bewertung einer Beteiligung 230
3.5 – 4 Equity-Methode im Konzernabschluss 230
3.5 – 5 Vollkonsolidierung, Quotenkonsolidierung und Equity-Methode 232
3.5 – 6 Vergleich von Quotenkonsolidierung und Equity-Methode 234
3.5 – 7 Quotenkonsolidierung 235
3.5 – 8 Konzernabschluss mit Quotenkonsolidierung 235
3.5 – 9 Assoziierte Gesellschaften 237
3.5 – 10 Fortschreibung des Equity-Wertes 238
3.5 – 11 Equity-Beteiligung 239
3.5 – 12 Auswirkung der verschiedenen Konsolidierungsmethoden auf einzelne Positionen .. 240
3.5 – 13 Vollkonsolidierung und Quotenkonsolidierung 241

3.6 Konsolidierung im mehrstufigen Konzern 242
3.6 – 1 Stufenkonsolidierung 242

3.7 Halten gegenseitiger Beteiligungen **244**
    3.7 – 1   Vertikale Beteiligung ohne Minderheiten 244
    3.7 – 2   Vertikale Beteiligung mit 10% Minderheiten 245
    3.7 – 3   Horizontale Beteiligung ohne Minderheiten 246
    3.7 – 4   Vertikale Beteiligungen mit 30% Minderheiten 247

3.8 Eigenkapital und Rechnungslegung von eigenen Aktien **249**
    3.8 – 1   Eigenkapital im Einzel- und Konzernabschluss 249

4 Konzerngeldflussrechnung 253
    4 – 1   Konzerngeldflussrechnung der GI-Gruppe 253
    4 – 2   Konzerngeldflussrechnungen der PB-Gruppe 255
    4 – 3   Jahresrechnung der Champion Fussball AG 256
    4 – 4   Konzerngeldflussrechnung der Colmar-Gruppe 258
    4 – 5   Konzerngeldflussrechnung der Mega-Gruppe 260
    4 – 6   Erwerb einer Tochtergesellschaft und Geldflussrechnung der Fox-Gruppe 262

5 Fremdwährungsumrechnung 265
    5 – 1   Stichtagsmethode und Umrechnungsdifferenzen 265
    5 – 2   Währungsumrechnung im Einzelabschluss für die Konsolidierung 267

6 Ertragssteuern (Gewinnsteuern) 269
    6 – 1   Ertragssteuern 269
    6 – 2   Steuerabgrenzung mit variablen Steuersätzen und Konsolidierungsbuchungen 270
    6 – 3   Steuerabgrenzung mit variablen Steuersätzen und latente Steueraktiven 271
    6 – 4   Ermittlung und Verbuchung von latenten Steuern 272
    6 – 5   Latente Steuern bei der Aufwertung von abnutzbarem Anlagevermögen 273
    6 – 6   Schuldenkonsolidierung und latente Steuern 274
    6 – 7   Gewinnausschüttung und latente Steuern 274
    6 – 8   Latente Steuern 275
    6 – 9   Zwischengewinneliminierung und Latente Steuern 276
    6 – 10   Verlustvortrag, Wertdifferenzen und Steuern 276
    6 – 11   Gewinnsteuern im Konzern 278

7 Ergänzende Angaben zum Konzernabschluss 279
- 7 – 1 Eigenkapitalnachweis der Multi-Gruppe 279
- 7 – 2 Eigenkapitalnachweis der Media-Gruppe 280
- 7 – 3 Anlagespiegel Sachanlagen und immaterielle Anlagen 282
- 7 – 4 Eigenkapitalnachweis 284
- 7 – 5 Analyse des Eigenkapitalnachweises der ABC-Gruppe 285

8 Analyse des Konzernabschlusses und Aktienbewertung 287
- 8 – 1 Aktienbewertung 287
- 8 – 2 Analyse der Inso-Gruppe 288
- 8 – 3 Analyse der Jahresrechnungen der Amor-Gruppe 290
- 8 – 4 Aktienbewertung der Naski-Gruppe 298

Literaturverzeichnis 301

Abkürzungsverzeichnis 303

Stichwortverzeichnis 305

Lösungen im separaten Lösungsteil

1 Grundlagen der Konzernrechnung

1.1 Konzernbegriff

Unter einem Konzern ist die Verbindung (= Zusammenschluss) rechtlich selbstständig bleibender Unternehmungen zu verstehen, die unter einheitlicher Leitung stehen und (normalerweise) einen wirtschaftlichen Zweck verfolgen.

Konzern		
Rechtliche Selbstständigkeit	**Einheitliche Leitung**	**Wirtschaftlicher Zweck**
Jede Unternehmung besitzt ■ eine eigene Rechtspersönlichkeit und ■ tritt mit eigenem Namen auf. Ein Konzern umfasst mindestens ■ eine Muttergesellschaft (Holding, Dach- oder Obergesellschaft) und ■ eine Tochtergesellschaft (Untergesellschaft).	Die Muttergesellschaft ■ hält einen wesentlichen Teil des Grundkapitals einer anderen Gesellschaft (Kapitalbeteiligung) und/oder ■ hat einen beherrschenden Einfluss auf die Unternehmungspolitik und Unternehmungsstrategie einer Untergesellschaft. Für die einheitliche Leitung ist nicht die Kapital-, sondern die Stimmenmehrheit massgebend.	Der Konzern strebt meistens einen ökonomischen Vorteil zugunsten seiner Eigentümer an. Eine Ausnahme davon bilden gemeinnützige, soziale Nonprofit-Organisationen, die auch eine Konzernstruktur aufweisen können.

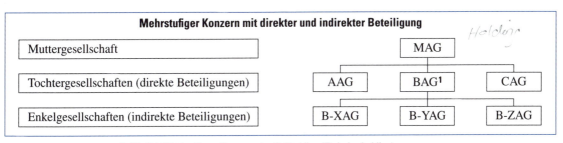

1 Die BAG ist im Gesamtkonzern eine Subholding (Zwischenholding).

1.2 Arten von Unternehmungsverbindungen

Folgende Arten von Unternehmungsverbindungen werden unterschieden:

		Allianz	Fusion[1]	Konzern
Vorgang		Vertragliche Vereinbarung	Verschmelzung (Merger)	Finanzielle Beteiligung (Akquisition)
Verbindung		▪ Oft einfache Gesellschaft	▪ Aktientausch ▪ Verschmelzung von Aktiven und Passiven ohne Liquidation	▪ Kauf von Aktien ▪ Keine Verschmelzung von Aktiven und Passiven
Erscheinungsform		▪ Interessengemeinschaft ▪ Konsortium	Rechtliche Fusion (Fusionsgesetz) ▪ Absorption ▪ Kombination Übernahme auf Beteiligungsbasis ▪ Quasi-Fusion[2]	▪ Übernahme (Kauf) von bestehenden Unternehmungen als Tochtergesellschaften ▪ Gründung von Tochtergesellschaften
Auswirkungen auf das Rechnungswesen		Keine oder Konsortial- oder Partizipationsbuchhaltung[3]	Nur noch ein einziges Rechnungswesen	Einzelabschlüsse und Konzernrechnung
Selbstständigkeit der beteiligten Unternehmungen bleibt erhalten.	rechtlich	ja	nein	ja
	finanziell	ja	nein	nein
	wirtschaftlich	teilweise	nein	nein

1 Für die buchhalterische Behandlung der Fusion und Fusionsarten siehe Carlen/Gianini/Riniker: Finanzbuchhaltung 3, Höhere Finanzbuchhaltung, Kapitel 5 Fusion.
2 Die Quasi-Fusion ist
  ▪ einerseits eine Fusion, da die Aktionäre der BAG ihre B-Aktien gegen A-Aktien tauschen,
  ▪ andererseits eine Übernahme, da die BAG im rechtlichen Sinne bestehen bleibt und zur Tochtergesellschaft der AAG wird.
3 Für die buchhalterische Behandlung des Konsortial- und Partizipationsgeschäftes siehe Carlen/Gianini/Riniker: Finanzbuchhaltung 2, Sonderfälle der Finanzbuchhaltung, Kapitel 3 Partizipations- und Konsortialgeschäft.

1.3 Rechtliche, wirtschaftliche und buchhalterische Aspekte

1.3.1 Rechtliche Aspekte

Vor der Unternehmungsverbindung existieren die beiden Unternehmungen AAG und BAG. Die AAG «übernimmt» die BAG oder aus der AAG und der BAG wird eine neue Gesellschaft CAG (Kombination).

Die folgende Darstellung gibt eine Übersicht über die wichtigsten rechtlichen Formen und Aspekte von Unternehmungsverbindungen:

Fusion gemäss Fusionsgesetz		Quasi-Fusion (Übernahme auf Beteiligungsbasis)	Konzern (Übernahme/Akquisition)
Absorption	**Kombination**		
AAG → AAG ← BAG	AAG → CAG ← BAG	AAG 50 bis 100% Stimmbeteiligung BAG	AAG 50 bis 100% Stimmbeteiligung BAG
Bei der Absorption der BAG durch die AAG verliert die BAG ihre rechtliche Selbstständigkeit.	Bei der Kombination verlieren sowohl die AAG wie auch die BAG ihre rechtliche Selbstständigkeit.	Die BAG bleibt rechtlich selbstständig und wird zur Konzerngesellschaft (Tochtergesellschaft).	Die BAG bleibt rechtlich selbstständig und wird zur Konzerngesellschaft (Tochtergesellschaft).
Die BAG wird im Handelsregister gelöscht.	Eine neu gegründete Gesellschaft CAG wird ins Handelsregister eingetragen und die beiden anderen Gesellschaften werden gelöscht.	Die BAG wird im Handelsregister nicht gelöscht.	Die BAG wird im Handelsregister nicht gelöscht.
Die Aktionäre der BAG tauschen ihre Aktien gegen Aktien der AAG.	Die Aktionäre der AAG und BAG tauschen ihre Aktien gegen Aktien der CAG.	Die Aktionäre der BAG tauschen ihre Aktien grundsätzlich gegen Aktien der AAG.	Die Aktionäre der BAG verkaufen ihre Aktien grundsätzlich gegen Geld der AAG.

1.3.2 Wirtschaftliche Aspekte

Für jede Unternehmung stellt sich die Frage, wie sie ihre Wachstumsziele erreichen will. Grundsätzlich bestehen zwei Möglichkeiten:

Internes Wachstum	Externes Wachstum
■ Eigenentwicklungen ■ Erhöhung des Marktanteils aus eigener Kraft	■ Fusionen (Merger) ■ Übernahmen (Akquisition) ■ Kooperationsverträge, Allianzen

Sind die Möglichkeiten des internen Wachstums beschränkt oder ist der Eintritt in einen neuen Markt aus eigener Kraft nur mit hohen Risiken zu erreichen, so kann eine Übernahme oder eine Fusion zusätzliches (externes) Wachstum ermöglichen.

Folgende Gründe können ausschlaggebend für eine Unternehmungsverbindung sein:
- Marktwirtschaftliche Gründe
  - Verschärfter Wettbewerb
  - Markt- und Produktedifferenzierung (Risikoverteilung, Diversifikation)
  - Monopolstreben
- Technischer Fortschritt
  - Zusammenlegung der gemeinsamen Forschung und Entwicklung
  - Zusammenarbeit in neuen Technologien
- Zunehmender Kapitalbedarf
- Globalisierung der Märkte und weltweiter Abbau von Handelsschranken
- Synergieeffekte bei den Kosten und den Erlösen
- Irrationale Gründe
  - Prestigedenken
  - Machtstreben

Ob ein wirtschaftlicher Zusammenschluss letztendlich erfolgreich ist oder nicht, ist schwierig zu beantworten. Der Erfolg ist abhängig von der Zeitspanne (kurz- oder langfristig), die der Beurteilung zugrunde liegt, und vom Standpunkt des Betrachters (Aktionär, Management, Arbeitnehmer, Kunden, Lieferanten usw.).

Die Kartellbehörden stehen wettbewerbsbeschränkenden Unternehmungszusammenschlüssen skeptisch gegenüber und können solche entweder verbieten oder durch Auflagen einschränken.

1.3.3 Buchhalterische Aspekte

Vor der Unternehmungsverbindung existieren die beiden Unternehmungen AAG und BAG. Die AAG «übernimmt» die BAG oder aus der AAG und der BAG wird eine neue Gesellschaft CAG (Kombination).

Die buchhalterischen Aspekte einer Fusion oder einer Übernahme einer Gesellschaft werden mit der folgenden Darstellung aufgezeigt:

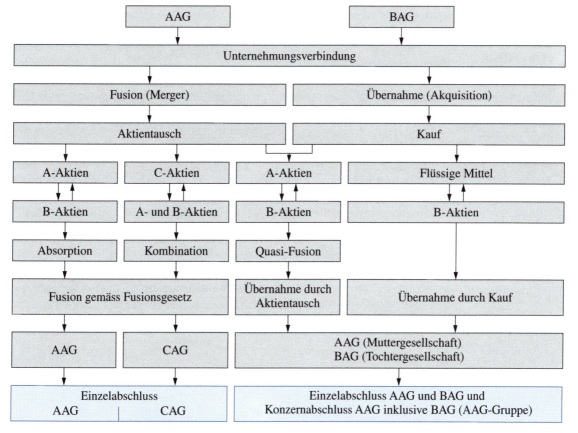

Buchhalterisch gibt es bei der Absorption und Kombination nach der Unternehmungsverbindung nur einen Einzelabschluss der AAG bzw. der CAG.

Bei der Übernahme (Akquisition) der BAG durch die AAG (gilt auch für die Quasi-Fusion) erstellen sowohl die Mutter- wie auch die Tochtergesellschaft ihren Einzelabschluss auf der Grundlage der lokalen Gesetzgebung. Zusätzlich erstellt die Muttergesellschaft aus den Einzelabschlüssen einen Konzernabschluss, der die Zahlen der AAG und BAG beinhaltet.

1.4 Ziel und Konzept der Konzernrechnung

1.4.1 Ziel

* Botschaft des Bundesrates zur Änderung des Obligationenrechts vom 21.12.2007. Die Botschaft sieht in OR 963b vor, dass die Konzernrechnung nach einem anerkannten Standard zur Rechnungslegung erstellt wird (Swiss GAAP FER, IFRS, US GAAP; siehe 2 «Gesetzesbestimmungen und Rechnungslegungsnormen»).

Die Einzelabschlüsse der zum Konzern gehörenden Gesellschaften werden zu einem Konzernabschluss zusammengefasst (konsolidiert), als ob alle Konzerngesellschaften zusammen eine einzige Unternehmung wären.

Nur eine nach dem «True and fair view»-Prinzip (= Fair Presentation) erstellte konsolidierte Jahresrechnung* (und nicht der Einzelabschluss der Holdinggesellschaft) erlaubt einen zuverlässigen Einblick in die Vermögens-, Finanz- und Ertragslage einer Holdinggesellschaft und ihrer direkt oder indirekt beherrschten Tochtergesellschaften.

Die wirtschaftliche Beurteilung der Gruppe als Ganzes stützt sich auf die Konzernrechnung, die zwar einen zusammengefassten, aber trotzdem vertieften Gesamteinblick in den Konzern gibt.

Die Einzelabschlüsse der Konzerngesellschaften können durch konzerninterne Transaktionen (z. B. Umsätze, Dienstleistungen, Zins- und Dividendenzahlungen, Forderungen und Schulden, Kapitalbeteiligungen) erheblich beeinflusst werden. Diese Bewegungen bzw. Beziehungen sind bei der Konsolidierung zu eliminieren. Da der Konzern als eine wirtschaftliche Einheit betrachtet wird, sind nur die Transaktionen gegenüber Dritten (Nichtkonzerngesellschaften) von Bedeutung.

Zu beachten ist, dass
- der Einzelabschluss der Holdinggesellschaft die Grundlage für die Gewinnausschüttung an die Aktionäre der Holdinggesellschaft ist und
- für die Ermittlung der direkten (laufenden) Steuern nicht der Konzern als Ganzes Steuersubjekt ist, sondern die einzelnen Konzerngesellschaften und die Holdinggesellschaft.

1.4.2 Konzept

Die nachfolgende Übersicht vermittelt ein von den nationalen und internationalen Rechnungslegungsnormen anerkanntes Konzept zur Konsolidierung. Die verschiedenen Teile des Konzeptes werden im Einzelnen in den folgenden Kapiteln vorgestellt.

1.4 Ziel und Konzept der Konzernrechnung

Kontenrahmen	Bewertung (Kapitel 2 und 6)	Konsolidierungstechnik (Abschnitte 3.1, 3.2 und 3.3)	Prüfung der Konzernrechnung
Vorgabe eines konzernweit verbindlichen einheitlichen Kontenrahmens	Die steuerrechtliche bzw. handelsrechtliche Bewertungs- und Betrachtungsweise der Einzelabschlüsse wird durch konzernweit einheitliche Gliederungs- und Bewertungsrichtlinien ersetzt. «True and fair view»-Prinzip (Fair Presentation) Keine stillen Willkürreserven Abgrenzung latenter Ertragssteuern bei Neubewertungen	Elimination aller konzerninternen Transaktionen bzw. Beziehungen Konsequente Anwendung der Einheitstheorie (Fiktion der rechtlichen Einheit) Eliminierung von konzerninternen Gewinnen/Verlusten: ■ aus früheren Jahren über die Gewinnreserven (erfolgsunwirksam) ■ aus dem laufenden Jahr über die Erfolgsrechnung	Bestätigung der Prüfung Hinweis auf die angewandten Rechnungslegungsnormen: Swiss GAAP FER, IFRS, US GAAP

Konsolidierungskreis und -umfang, Konsolidierungsmethoden (Abschnitt 3.5)	Kapitalkonsolidierung (Abschnitte 3.1 und 3.4)	Währungsumrechnung (Kapitel 5)	Ergänzende Angaben zum Konzernabschluss, Anhang (Kapitel 7)
Jahresrechnung der Holding und der Gesellschaften, welche von der Holding mittels direkter oder indirekter Stimmenmehrheit beherrscht werden. ■ > 50% der Stimmrechte: Vollkonsolidierung mit separatem Ausweis der Minderheiten ■ 50% der Stimmrechte: Quotenkonsolidierung bei Gemeinschaftsunternehmungen (Joint Ventures) oder Equity-Methode Für Gesellschaften, an denen die Holding weniger als 50% der Stimmrechte kontrolliert: ■ 20 bis 50% der Stimmrechte: Equity-Methode (Bewertungsmethode) für assoziierte Gesellschaften ■ < 20% der Stimmrechte: Bewertung grundsätzlich zu Marktwerten	Purchase-Methode (Erwerbsmethode) Analyse des Mehrwertes der übernommenen Gesellschaft und Aufteilung in stille Reserven und Goodwill Grundsätzlich Aktivierung des Goodwills und Amortisation über die Erfolgsrechnung (planmässig oder nur durch Impairment-Test)	Anwendung aktueller Kurse Stichtagsmethode: ■ Stichtagskurs für Bilanzposten ■ Durchschnittskurs für Erfolgsposten ■ Durchschnittskurs für die Geldflussrechnung Erfolgsneutrale Verrechnung der Umrechnungsdifferenzen: ■ bei Erstkonsolidierung: mit den Kapitalreserven ■ bei Folgekonsolidierung: mit den Gewinnreserven	Erläuterungen der Konsolidierungsgrundsätze ■ Konsolidierungskreis ■ Kapitalkonsolidierung ■ Latente Steuern usw. Ergänzende Angaben zur ■ Konzernbilanz (Anlagespiegel, Eigenkapitalnachweis, Leasing usw.) ■ Konzernerfolgsrechnung (Segmentierung der Umsätze und Ergebnisse usw.) ■ Konzerngeldflussrechnung (Fonds = Flüssige Mittel, Geldströme aus dem Geschäfts-, Investitions- und Finanzierungsbereich)

1.5 Konsolidierung im Überblick

Das folgende Schema zeigt die Basis, den Ablauf und das Ergebnis der Konsolidierung.

Basis	Ablauf			Ergebnis
	Konsolidierungsprozess			
Konsolidierungsgrundlagen	Bereinigung der Einzelabschlüsse	Kapitalkonsolidierung	Elimination von konzerninternen Transaktionen/Beziehungen	Konzernrechnung
Konzernhandbuch/Konzept ■ Konsolidierungsgrundsätze ■ Einheitlicher Kontenrahmen ■ Einheitliche Bewertung ■ Konsolidierungskreis und -umfang ■ usw.	Handelsbilanz 1 und 2 Einheitliche Gliederung und Bewertung der Einzelabschlüsse Übergabe der HB 2 an die Konsolidierungsstelle in der Holding/Mutter	Verrechnung der Beteiligungswerte mit den Eigenkapitalpositionen der Tochter Ermittlung des Goodwills und Goodwill-Behandlung	Verrechnung von: ■ Forderungen und Schulden ■ Erträgen und Aufwendungen ■ Unrealisierten Gewinnen und Verlusten	Bilanz Erfolgsrechnung Geldflussrechnung Eigenkapitalnachweis Anhang Bericht des Konzernprüfers
Kapitel 1	**Kapitel 2**	**Kapitel 3**		**Kapitel 4 bis 8**

Aufgaben zu Kapitel 1

▶ 1 – 1   Unternehmungswert vor und nach der Unternehmungsverbindung 161
▶ 1 – 2   Arten von Unternehmungsverbindungen 164
▶ 1 – 3   Konzerninterne Transaktionen. 165
▶ 1 – 4   Grundlagen der Konzernrechnung 166

2 Gesetzesbestimmungen und Rechnungslegungsnormen

2.1 Übersicht

Die folgende Aufstellung gibt eine Übersicht über die wichtigsten Vorschriften (Gesetzesbestimmungen und nationale sowie internationale Rechnungslegungsnormen), die für den Konzernabschluss von Bedeutung sind.

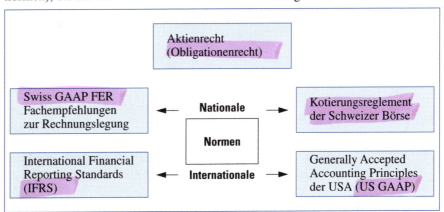

Die im Aktienrecht (Obligationenrecht) geltenden Grundsätze ordnungsmässiger Rechnungslegung sind dominiert durch das Vorsichtsprinzip und den Gläubigerschutz und erlauben die Bildung stiller Willkürreserven. Dies widerspricht international üblichen Grundsätzen des «True and fair view»-Prinzips, die ein den tatsächlichen Verhältnissen entsprechendes Bild der Vermögens-, Finanz- und Ertragslage fordern.

In den vergangenen Jahren sind vor allem für den Konzernabschluss wichtige nationale und internationale Rechnungslegungsnormen entwickelt worden. National sind die Swiss GAAP FER entstanden. International haben sich die International Financial Reporting Standards (IFRS; vormals IAS [International Accounting Standards]) und die Generally Accepted Accounting Principles der USA (US GAAP) durchgesetzt.

Diese Rechnungslegungsnormen weisen folgende Gemeinsamkeiten auf:
- Das «True and fair view»-Prinzip wird eingehalten.
- Der Grundsatz der Wahrheit dominiert, d. h. es gibt keine (stillen) Willkürreserven und die Bewertungsansätze sind eher anlegerorientiert.
- Die Aussagekraft, die Transparenz und die Vergleichbarkeit von Jahresabschlüssen werden erhöht.
- Gesetzeslücken werden gefüllt und nicht eindeutige Gesetzesbestimmungen werden präzisiert.

Das Kotierungsreglement der Schweizer Börse regelt den Mindeststandard der Rechnungslegung, den börsenkotierte Gesellschaften erfüllen müssen.

Im Folgenden werden die einzelnen Vorschriften kurz vorgestellt.

2.2 Gesetzesbestimmungen des Aktienrechts (OR)

Das Aktienrecht regelt in OR 663e–h die Konsolidierung.

2.2.1 Erstellungspflicht

Ob eine Unternehmungsgruppe den aktienrechtlichen Konzernvorschriften unterliegt, kann mit folgendem Flussdiagramm beantwortet werden.

2.2 Gesetzesbestimmungen des Aktienrechts (OR)

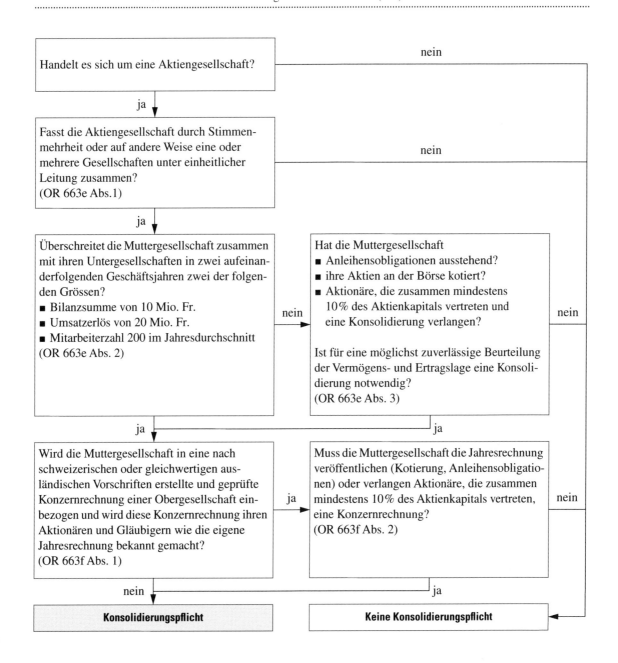

2.2.2 Grundsätze der ordnungsmässigen Rechnungslegung (GoR)

*Für weitere Angaben zu den GoR siehe Carlen/Gianini/Riniker: Finanzbuchhaltung 1, Praxis der Finanzbuchhaltung, Kapitel 1, Abschnitt 15, Buchführungsgrundsätze laut OR.

Die Konzernrechnung untersteht den Grundsätzen ordnungsmässiger Rechnungslegung*. Der Anhang der Konzernrechnung muss die Konsolidierungs- und Bewertungsregeln enthalten (OR 663g).

Die Jahresrechnung sowie die Konzernrechnung sind nach den GoR so aufzustellen, dass die Vermögens- und Ertragslage der Gesellschaft möglichst zuverlässig beurteilt werden kann. Sie enthalten auch die Vorjahreszahlen (OR 662 Abs. 1).

Der Hinweis, dass die Konzernrechnung den GoR genügen muss, ist sehr allgemein. Der geforderte möglichst zuverlässige Einblick erlaubt auch die Bildung von stillen Willkürreserven. Konzernrechnungen, die bloss mit dem Aktienrecht übereinstimmen, haben es sowohl im Inland wie auch im Ausland schwer, als wichtige Informationsquelle anerkannt zu werden.

Eigentliche Konsolidierungsregeln sind im Aktienrecht nicht aufgeführt. Es besteht ein grosser Freiraum, der von der Praxis auszufüllen ist. (Als minimale Richtlinien bieten sich die Fachempfehlungen zur Rechnungslegung Swiss GAAP FER an.)

2.2.3 Offenlegung*

*Vergleiche Carlen/Gianini/Riniker: Finanzbuchhaltung 1, Praxis der Finanzbuchhaltung, Kapitel 12, Abschnitt 121, Geschäftsbericht der Aktiengesellschaft.

Wenn eine Gesellschaft (gemäss OR)
- Anleihensobligationen ausstehend hat oder
- an der Börse kotiert ist,

hat sie die Jahresrechnung und Konzernrechnung entweder im Schweizerischen Handelsamtsblatt zu veröffentlichen oder jeder Person, die sie innerhalb eines Jahres seit Abnahme durch die Generalversammlung verlangt, zuzustellen (OR 697h Abs. 1).

Die übrigen Aktiengesellschaften müssen den Gläubigern (inklusive Mitarbeiter), die ein schutzwürdiges Interesse nachweisen, Einsicht in die Jahresrechnung, die Konzernrechnung und die Revisionsberichte gewähren (OR 697h Abs. 2).

2.3 Nationale und internationale Rechnungslegungsnormen

Obwohl die nationalen und internationalen Rechnungslegungsnormen viele Gemeinsamkeiten aufweisen, gibt es bei der Formulierung der Standards und bei deren Anwendung teilweise grosse Unterschiede. Die folgende Tabelle soll mit Hilfe einiger Merkmale und Kriterien diese Unterschiede aufzeigen.

	Rechnungslegungsnormen		
	Swiss GAAP FER	**IFRS**	**US GAAP**
Verbreitung und Akzeptanz	Schweiz	Weltweit	USA und weltweit
Umfang	> 250 Seiten	> 2 500 Seiten	> 10 000 Seiten
Richtlinien	Einfach, knapp und gut verständlich	Schwierig, ausführlich und verständlich	Sehr schwierig, sehr detailliert und komplex
Wahlrechte	Oft mehrere	Teilweise Wahlmöglichkeiten zwischen Benchmark und Alternative	Praktisch keine
Informationsgehalt des Abschlusses	Beschränkt und nicht sehr detailliert	Umfassend und detailliert	Sehr umfassend und sehr detailliert
Einführungs- und wiederkehrende Kosten	Klein	Gross	Sehr gross
Handhabung, Anwendung	Einfach	Schwierig	Sehr schwierig

Viele der an der Schweizer Börse kotierten Gesellschaften weisen eine Konzernstruktur auf. Deshalb sind sie verpflichtet, zusätzlich zum Einzelabschluss der Holding-/Muttergesellschaft noch einen Konzernabschluss zu erstellen. Dies führt dazu, dass sich der Einzelabschluss am Aktienrecht (Obligationenrecht) und der Konzernabschluss an einer der drei Rechnungslegungsnormen orientieren muss.

2.3.1 Fachempfehlungen zur Rechnungslegung (Swiss GAAP FER)

Die Fachkommission Empfehlungen zur Rechnungslegung wurde 1984 auf Initiative der Schweizer Treuhand-Kammer als eigenständige Stiftung gegründet. Sie veröffentlicht die Swiss GAAP FER. Bei der Wahl der Mitglieder in die Fachkommission wird insbesondere darauf geachtet, dass alle an der Rechnungslegung interessierten Kreise (Ersteller, Prüfer, Wissenschaft, Finanzanalysten und Finanzpresse) angemessen vertreten sind.

Das Hauptziel ist, die Vergleichbarkeit der Jahresrechnungen zu fördern und den Informationsgehalt sowie das Konzept der Rechnungslegung in der Schweiz dem international üblichen Niveau anzunähern. Dabei wird versucht, den aktienrechtlichen Freiraum durch diese Normen zu konkretisieren und die Qualität der publizierten Jahresrechnungen zu verbessern.

Grundsätzlich sind sämtliche Bestimmungen für den Einzelabschluss auch für den Konzernabschluss einzuhalten. Die in Swiss GAAP FER 30 enthaltenen Bestimmungen umfassen zusätzliche Erfordernisse für den Konzernabschluss.

Die Swiss GAAP FER stellen eine Art Zwischenstufe vom Obligationenrecht zu den IFRS dar. Sie sind die ideale Alternative für jene börsenkotierten Unternehmungen, die nicht auf internationale Kapitalmärkte angewiesen sind.

2.3.2 International Financial Reporting Standards (IFRS)

Das 1973 gegründete International Accounting Standards Committee (IASC) ist als privatrechtliche Organisation mit Sitz in London die wichtigste internationale Vereinigung, die Empfehlungen zur Rechnungslegung erlässt. Sie publiziert die International Financial Reporting Standards (IFRS), früher International Accounting Standard (IAS) genannt. Die IFRS werden vor allem von international tätigen Konzernen angewendet.

Die IFRS umfassen alle vom International Accounting Standards Board (IASB) herausgegebenen Normen, wobei die früheren einzelnen IAS-Standards nicht umbenannt wurden. Darum werden in diesem Buch sowohl der Begriff IFRS wie auch der Begriff IAS verwendet.

Für international tätige Schweizer Konzerne sind die IFRS sehr wichtig, da dieses Regelwerk weltweit anerkannt und akzeptiert ist. Im Gegensatz zu Swiss GAAP FER sind die Bestimmungen von IFRS ausführlicher. Sie lassen auch wesentlich weniger Wahlrechte als Swiss GAAP FER zu.

Die IFRS-Entwicklungen tendieren dahin, die Unterschiede zu den US GAAP zu verkleinern.

2.3.3 Generally Accepted Accounting Principles der USA (US GAAP)

Die Generally Accepted Accounting Principles (US GAAP) umfassen die Gesamtheit der in den USA allgemein anerkannten Buchführungs- und Rechnungslegungsstandards. Dabei handelt es sich vor allem um Normen des Financial Accounting Standards Board (FASB), der von der amerikanischen Börsenaufsicht Securities and Exchange Commission (SEC) anerkannten Organisation, die für die Festlegung von Rechnungslegungsstandards zuständig ist.

Nur die Unternehmungen, welche die US GAAP oder IFRS einhalten, haben die Möglichkeit, durch die SEC an einer amerikanischen Börse zugelassen zu werden.

US GAAP sind ganz auf die amerikanischen Gesetze und Gepflogenheiten ausgerichtet. Die IFRS hingegen sind flexibler und offener gestaltet, sodass sie weltweit sinnvoll angewendet werden können. Insofern richten sich die IFRS an einen weit grösseren Markt als die US GAAP.

2.3.4 Rechnungslegungsvorschriften für in der Schweiz börsenkotierte Gesellschaften

Die von der Zulassungsstelle der Schweizer Börse (SWX Swiss Exchange) für die Emittenten von Beteiligungs- und Forderungsrechten vorgeschriebenen Rechnungslegungsnormen sind abhängig vom Börsensegment, in dem sie gehandelt werden.

Für Gesellschaften, deren Beteiligungsrechte im Hauptsegment gehandelt werden, sind IFRS oder US GAAP zwingend vorgeschrieben. Die Swiss GAAP FER genügen hier nicht.

In den anderen Segmenten und für Gesellschaften, die ausschliesslich Forderungsrechte kotiert haben, genügen auch die Swiss GAAP FER.

	Swiss GAAP FER	IFRS	US GAAP
Emittent von Beteiligungsrechten (z.B. Aktien, Partizipationsscheine)			
▪ Hauptsegment		x	x
▪ Segment Investmentgesellschaften ▪ Segment Immobiliengesellschaften ▪ Segment Local Caps	x	x	x
Emittent von Forderungsrechten (z.B. Anleihensobligationen)	x	x	x

2.4 Handelsbilanz 1 und 2

Die von Konzernen angewandten Gliederungs- und Bewertungsvorschriften unterscheiden sich normalerweise von den lokalen Gesetzen, welche die Tochtergesellschaften in ihrem Domizilland für ihren Einzelabschluss anwenden (müssen).

Um einen aussagekräftigen, auf dem «True and fair view»-Prinzip basierten Konzernabschluss zu erstellen, sind die Einzelabschlüsse zu bereinigen. Dies geschieht dadurch, dass die Einzelabschlüsse (auch Handelsbilanz 1 genannt) in eine Handelsbilanz 2 (= für den Konzern brauchbaren Abschluss) überführt werden.

	Handelsbilanz 1 (HB 1)	**Handelsbilanz 2 (HB 2)**
Grundlage	Steuer- und Handelsgesetze des jeweiligen Landes, in dem die Gesellschaft ihr Domizil hat.	Von der Holding bzw. Muttergesellschaft vorgegebene einheitliche Gliederungs- und Bewertungsvorschriften
Verwendung	Basis für die Gewinnverwendung zu Handen der Generalversammlung	Grundlage für den Konzernabschluss
Beispiel Domizilland Schweiz	Schweizerische Steuergesetze und Obligationen- bzw. Aktienrecht	Gemäss Konzernrichtlinien: Swiss GAAP FER oder IFRS oder US GAAP

Die laufende Buchführung der einzelnen Konzerngesellschaften erfolgt üblicherweise nach den Grundsätzen der HB 1. Diese Zahlen müssen in die HB 2 überführt werden. (Allerdings erfolgt heute die laufende Buchführung vermehrt nach Konzernrichtlinien, d.h. zuerst wird die HB 2 erstellt und daraus dann die HB 1 abgeleitet.)

2.4 Handelsbilanz 1 und 2

Beispiel 1 — Handelsbilanz 1 und 2, Domizilland Schweiz; Überleitung vom Aktienrecht zu Swiss GAAP FER

Ausgangslage Die Treck AG, eine Tochtergesellschaft der Belsoni Holding AG, erstellt den Jahresabschluss auf der Grundlage des Aktienrechts (Handelsbilanz 1). Folgende Bilanzen und die Erfolgsrechnung aus dem Jahresabschluss 20_1 sind bekannt:

Bilanzen der Treck AG gemäss Aktienrecht					
Aktiven	31.12.20_0	31.12.20_1	**Passiven**	31.12.20_0	31.12.20_1
Umlaufvermögen			**Fremdkapital**		
Flüssige Mittel	340	200	Kurzfristige Verbindlichkeiten	400	320
Eigene Aktien	40	40	Kurzfr. Finanzverbindlichkeiten	760	540
Forderungen	560	400	Langfr. Finanzverbindlichkeiten	290	80
Warenvorrat	720	600	Rückstellungen	70	120
Anlagevermögen			**Eigenkapital**		
Sachanlagen	900	840	Aktienkapital	800	800
Finanzanlagen	200	200	Allgemeine gesetzliche Reserve	122	152
			Reserve für eigene Aktien	40	40
			Freie Reserven	58	68
			Jahresgewinn	220	160
	2 760	2 280		2 760	2 280

Erfolgsrechnung 20_1 der Treck AG gemäss Aktienrecht	
Warenertrag	6 000
Warenaufwand	−2 800
Bruttogewinn	3 200
Personalaufwand	−1 300
Übriger Betriebsaufwand	−1 560
EBITDA	340
Abschreibungen	−60
EBIT	280
Finanzaufwand	−100
Finanzertrag	+20
EBT	200
Direkte Steuern	−40
Jahresgewinn	160

Angaben zur Überleitung

Gemäss Konzernrichtlinien muss die Treck AG einen bereinigten Jahresabschluss auf der Grundlage von Swiss GAAP FER (Handelsbilanz 2) erstellen.

Folgende Arbeiten sind vorzunehmen:
- Ausweis der eigenen Aktien als Abzugsposten im Eigenkapital
- Aufdeckung der stillen Reserven
- Berücksichtigung von latenten Steuerrückstellungen und latenten Ertragssteuern* (Da für den Abschluss nach Swiss GAAP FER andere als steuerrechtlich massgebende Bewertungsgrundsätze angewendet werden, entstehen Bewertungsdifferenzen [= steuerlich anerkannte stille Reserven].)
  Auf dem Bestand der stillen Reserven ist eine latente Steuerrückstellung (latente Steuerpassiven) zu berücksichtigen. Die Veränderung der latenten Steuerrückstellung gegenüber dem Vorjahr ist erfolgswirksam zu erfassen.
- Umgliederung der Reserven in Kapitalreserven (= Einbezahlte Reserven, Agioreserven) und Gewinnreserven (= [Allgemeine gesetzliche Reserve – Agio-Einzahlung], Reserve für eigene Aktien, Freie Reserven, Stille Reserven und Jahresgewinn)

* Für eine vertiefte Behandlung der latenten Steuern siehe 6 «Ertragssteuern (Gewinnsteuern)».

Ergänzende Angaben zum Jahresabschluss 20_1

- Im Warenvorrat sind stille Reserven enthalten:
  Ende 20_0: ~~180~~ und   360
  Ende 20_1: 150   300
- Der tatsächliche Wert der Sachanlagen beträgt:
  Ende 20_0: 600 und   1200
  Ende 20_1: 590   1180
- Die Rückstellungen enthalten stille Reserven:
  Ende 20_0: 10 und   20
  Ende 20_1: 30   60
- Alle stillen Reserven sind steuerlich anerkannt.
- Die allgemeine gesetzliche Reserve beinhaltet Agioeinzahlungen von ~~40~~   80 (OR 671 Abs. 2 Ziff. 1).
- Der massgebende Ertragssteuersatz beträgt 20%.

2.4 Handelsbilanz 1 und 2

Überleitung Unter Berücksichtigung der Angaben ergibt sich folgende Überleitung vom aktienrechtlichen Jahresabschluss 20_1 zu demjenigen nach Swiss GAAP FER.

Aktiven	Aktienrecht (HB 1)	Korrekturen	Swiss GAAP FER (HB 2)
Umlaufvermögen			
Flüssige Mittel	200	–	200
Eigene Aktien	40	–40[1]	–
Forderungen	400	–	400
Warenvorrat	600	+300[2]	900
Anlagevermögen			
Sachanlagen	840	+340[3]	1 180
Finanzanlagen	200	–	200
	2 280	+600	2 880

Passiven	Aktienrecht (HB 1)	Korrekturen	Swiss GAAP FER (HB 2)
Fremdkapital			
Kurzfristige Verbindlichkeiten	320	–	320
Kurzfristige Finanzverbindlichkeiten	540	–	540
Langfristige Finanzverbindlichkeiten	80	–	80
Rückstellungen	120	–60[4]	60
Latente Steuerrückstellung	–	+140[5]	140
Eigenkapital			
Aktienkapital	800	–	800
Allgemeine gesetzliche Reserve	152	–152[6]	–
Reserve für eigene Aktien	40	–40[6]	–
Freie Reserven	68	–68[6]	–
Kapitalreserven	–	+80[6]	80
Eigene Aktien	–	–40[1]	–40
Gewinnreserven	–	+724[6]	724
Jahresgewinn	160	+16	176
	2 280	+600	2 880

1 bis **6**: Vergleiche Erläuterungen.

	Erfolgsrechnung 20_1		
	Aktienrecht	**Korrekturen**	**Swiss GAAP FER**
Warenertrag	6 000	–	6 000
Warenaufwand	–2 800	–60 [2]	–2 860
Bruttogewinn	3 200	–60	3 140
Personalaufwand	–1 300	–	–1 300
Übriger Betriebsaufwand	–1 560	+40 [4]	–1 520
EBITDA	340	–20	320
Abschreibungen	–60	+40 [3]	–20
EBIT	280	+20	300
Finanzaufwand	–100	–	–100
Finanzertrag	+20	–	+20
EBT	200	+20	220
Direkte Steuern	–40	–	–40
Latente Ertragssteuern	–	–4 [5]	–4
Jahresgewinn	160	+16	176

1 bis **6**: Vergleiche Erläuterungen.

Erläuterungen

1 Eigene Aktien

Die eigenen Aktien werden im Eigenkapital als Abzugsposten aufgeführt. (Aus finanzwirtschaftlicher Sicht stellt der Erwerb eigener Aktien eine Rückzahlung des Eigenkapitals dar.)

2 Warenvorrat

	Aktienrecht	**Stille Reserven**	**Swiss GAAP FER**
31.12.20_0	720	360	1 080
31.12.20_1	600	**300**	**900**
Veränderung	–120	**–60**	–180

Der ausgewiesene Warenaufwand ist um 60 zu tief, da stille Reserven von 60 aufgelöst wurden.

3 Sachanlagen

	Aktienrecht	**Stille Reserven**	**Swiss GAAP FER**
31.12.20_0	900	300	1 200
31.12.20_1	840	**340**	**1 180**
Veränderung	–60	**+40**	–20

Die ausgewiesenen Abschreibungen sind um 40 zu hoch, da stille Reserven von 40 gebildet wurden.

4 Rückstellungen

	Aktienrecht	Stille Reserven	Swiss GAAP FER
31.12.20_0	70	20	50
31.12.20_1	120	60	60
Veränderung	+50	+40	+10

Der ausgewiesene Übrige Betriebsaufwand ist um 40 zu hoch, da stille Reserven von 40 gebildet wurden.

5 Latente Steuern
- Bewertungsdifferenzen zwischen dem Aktienrecht und Swiss GAAP FER (= Stille Reserven)
  Die Zusammenfassung der Bestände und Veränderung der stillen Reserven zeigt Folgendes (siehe Erläuterungen 2 bis 4):

	Stille Reserven		
Position	31.12.20_0	Veränderung	31.12.20_1
Vorräte	360	−60	300
Sachanlagen	300	+40	340
Rückstellung	20	+40	60
Total	**680**	**+20**	**700**

- Latente Steuerrückstellung und Latenter Steueraufwand
  Durch die Bildung von stillen Reserven werden im aktien- bzw. steuerrechtlichen Abschluss der Jahresgewinn und das Eigenkapital vermindert. Dadurch werden im Jahr 20_1 direkte laufende Steuern eingespart, die jedoch bei der Auflösung oder Realisierung der stillen Reserven wieder geschuldet sind. Deshalb wird auf den stillen Reserven eine latente Steuerrückstellung gebildet.

		Latente Steuerrückstellung
31.12.20_0	20% von 680	136
31.12.20_1	20% von 700	140
Veränderung	20% von 20	+4

Da die Bewertungsdifferenzen (= Stille Reserven) von insgesamt 680 auf 700 zugenommen haben, ist die latente Steuerrückstellungen um 4 (20% von 20) zu erhöhen. Der latente Ertragssteueraufwand entspricht der Zunahme der latenten Steuerrückstellung.

6 Eigenkapital

	Aktienrecht HB 1	Überleitung						Swiss GAAP FER HB 2
Allgemeine gesetzliche Reserve	152	−80	−72					−
Reserve für eigene Aktien	40			−40				−
Freie Reserven	68				−68			−
Jahresgewinn	160					+20[1] −4[2]		176
Kapitalreserven	−	+80						80
Gewinnreserven	−		+72	+40	+68	+680[3]	−136[4]	724

1 Zunahme Stille Reserven im Jahr 20_1:
Um diesen Betrag ist der Jahresgewinn nach Swiss GAAP FER grösser.
2 Zunahme Latente Steuerrückstellung:
Um diesen Betrag ist der Jahresgewinn nach Swiss GAAP FER kleiner.
3 Bestand Stille Reserven Ende 20_0:
Um diesen Betrag ist das Eigenkapital nach Swiss GAAP FER grösser.
4 Bestand Latente Steuerrückstellung Ende 20_0:
Um diesen Betrag ist das Eigenkapital nach Swiss GAAP FER kleiner, weil dieser Betrag im Abschluss nach Swiss GAAP FER im Fremdkapital aufzuführen ist.

Aufgaben zu Kapitel 2

- ▶ 2 – 1 Konsolidierungspflicht 167
- ▶ 2 – 2 Bereinigungen des Einzelabschlusses 168
- ▶ 2 – 3 Handelsbilanz 1 und Handelsbilanz 2 168
- ▶ 2 – 4 Überleitung Handelsbilanz 1 in Handelsbilanz 2 169
- ▶ 2 – 5 Anwendung der Konzernbewertungsrichtlinien 170
- ▶ 2 – 6 Überleitung vom Aktienrecht zu Swiss GAAP FER 171
- ▶ 2 – 7 Bereinigungen beim Erwerb einer Gesellschaft und bei der Erstkonsolidierung 174

3 Konsolidierung

3.1 Konsolidierung der Bilanz
3.1.1 Kapitalkonsolidierung – ohne und mit Minderheitsanteilen

Für die Kapitalkonsolidierung wird die Position Beteiligung in der Bilanz der Muttergesellschaft mit den Positionen des Eigenkapitals der Tochtergesellschaft verrechnet. Die Aktiven und das Fremdkapital der Tochtergesellschaft ersetzen in der Konzernbilanz die Position Beteiligung in der Holdingbilanz. Alle konzernrelevanten Vermögensteile und Schulden sowie das gesamte Eigenkapital des Konzerns stellen nach der Konsolidierung eine Einheit dar.

Da die Muttergesellschaft einen beherrschenden Einfluss auf die Tochtergesellschaft hat, werden unabhängig von der Beteiligungsquote 100 % der Aktiven und 100 % des Fremdkapitals der Tochtergesellschaft übernommen bzw. konsolidiert. Falls die Muttergesellschaft nicht alle Aktien der Tochtergesellschaft besitzt, werden die Ansprüche der sogenannten Minderheitsaktionäre (Drittaktionäre) im Konzerneigenkapital in der Position Minderheitsanteile ausgewiesen.

Bei den folgenden Beispielen 1 bis 3 beträgt die Beteiligungsquote 100 %. Im Beispiel 4 wird die Konsolidierung mit Minderheitsaktionären durchgeführt. Alle Beispiele zur Kapitalkonsolidierung werden nach der Erwerbsmethode (Purchase-Methode)* gelöst.

* Siehe 3.3 «Methoden der Kapitalkonsolidierung».

Beispiel 1 Konsolidierung einer 100-prozentigen Tochtergesellschaft ohne Goodwill*

Ausgangslage Die Muttergesellschaft hält sämtliche Aktien der Tochtergesellschaft.

* Im deutschen Sprachgebrauch ist auch der Ausdruck (aktive) Kapitalaufrechnungsdifferenz (KAD) für den Goodwill üblich. Die KAD setzt sich allerdings aus den stillen Reserven und dem Goodwill zusammen. Der Einfachheit halber werden hier die Begriffe KAD und Goodwill synonym verwendet. Der Unterschied wird in 3.3 «Methoden der Kapitalkonsolidierung» erklärt.

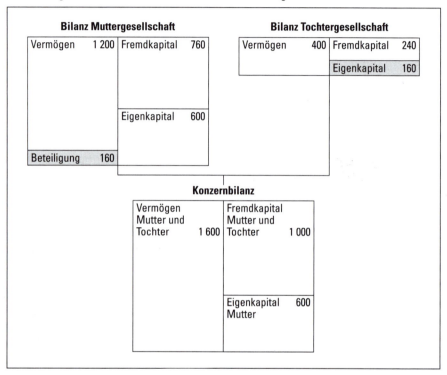

Da sich in diesem Beispiel der Beteiligungswert und der Wert des Eigenkapitals der Tochtergesellschaft entsprechen, ist der Goodwill gleich null. Falls der Beteiligungswert bei der Muttergesellschaft und das Eigenkapital der Tochtergesellschaft nicht gleich gross sind, entsteht ein Goodwill oder ein negativer Goodwill (Badwill).

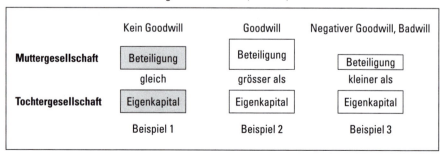

Beispiel 2 Konsolidierung einer 100-prozentigen Tochtergesellschaft mit Goodwill

Ausgangslage Die MAG hält alle Aktien der TAG. Die Bilanzen der MAG und TAG (Einzelabschlüsse) zeigen folgendes Bild:

Aktiven	MAG	TAG	Passiven	MAG	TAG
Vermögen	1 200	400	Fremdkapital	800	240
Beteiligung	200	0	Aktienkapital	500	100
			Reserven	100	60
	1 400	400		1 400	400

Auszuführende Arbeiten Um die Kapitalkonsolidierung vorzunehmen, sind folgende Arbeiten auszuführen:
1. Erstellen der Summenbilanz aus den Einzelabschlüssen
2. Elimination der Position Beteiligung und der Eigenkapitalkonten der TAG (mit Konsolidierungsbuchungen)
3. Erstellen der Konzernbilanz

Aktiven	MAG	TAG	Summen-bilanz	Korrek-turen	Konzern-bilanz	Passiven	MAG	TAG	Summen-bilanz	Korrek-turen	Konzern-bilanz
Vermögen	1 200	400	1 600		1 600	Fremdkapital	800	240	1 040		1 040
Beteiligung	200	0	200	–200	0	Aktienkapital	500	100	600	–100	500
Goodwill	0	0	0	+40	40	Reserven	100	60	160	–60	100
	1 400	400	1 800	–160	1 640		1 400	400	1 800	–160	1 640

Konsolidierungs-buchungen
Aktienkapital / Beteiligung 100
Reserven / Beteiligung 60
Goodwill / Beteiligung 40

Goodwill	
Ursachen	**Vorgehen**
Der Kaufpreis für die Beteiligung ist grösser als das bilanzierte Eigenkapital der Beteiligung (= Substanzwert).	Der Goodwill[1] ■ wird normalerweise aktiviert oder ■ kann mit dem Konzerneigenkapital verrechnet werden (nach Swiss GAAP FER möglich).
Das Eigenkapital der Tochter wird evtl. zu tief ausgewiesen (Stille Reserven).	Dieser Fall sollte allerdings nicht eintreten, da die Einzelabschlüsse bei der Akquisition und vor der Konsolidierung zu bereinigen bzw. neu zu bewerten sind.

* Siehe 3.4 «Behandlung des Goodwills».

[1] Die Behandlung des Goodwills (Goodwill Accounting) ist von der Wahl der Rechnungslegungsnorm abhängig.*

Beispiel 3 Konsolidierung einer 100-prozentigen Tochtergesellschaft mit negativem Goodwill (Badwill)

Ausgangslage Die MAG hält alle Aktien der TAG. Die Bilanzen der MAG und TAG (Einzelabschlüsse) zeigen folgendes Bild:

Aktiven	MAG	TAG	Passiven	MAG	TAG
Vermögen	1 280	400	Fremdkapital	800	240
Beteiligung	120	0	Aktienkapital	500	100
			Reserven	100	60
	1 400	400		1 400	400

Auszuführende Arbeiten Um beide Bilanzen zu konsolidieren, sind folgende Arbeiten auszuführen:
1. Erstellen der Summenbilanz aus den Einzelabschlüssen
2. Elimination der Position Beteiligung und der Eigenkapitalkonten der TAG (mit Konsolidierungsbuchungen)
3. Erstellen der Konzernbilanz

Aktiven	MAG	TAG	Summen-bilanz	Korrek-turen	Konzern-bilanz	Passiven	MAG	TAG	Summen-bilanz	Korrek-turen	Konzern-bilanz
Vermögen	1 280	400	1 680		1 680	Fremdkapital	800	240	1 040		1 040
Beteiligung	120	0	120	–120	0	Aktienkapital	500	100	600	–100	500
						Reserven	100	60	160	–60	100
						Badwill[1]	0	0	0	+40	40
	1 400	400	1 800	–120	1 680		1 400	400	1 800	–120	1 680

[1] Die IFRS verlangen allerdings, dass der negative Goodwill als Ertrag zu buchen ist und gesondert in der Erfolgsrechnung ausgewiesen werden muss.

Konsolidierungs-buchungen
Aktienkapital / Beteiligung 100
Reserven / Beteiligung 60
Beteiligung / Badwill 40

Negativer Goodwill (Badwill)	
Ursachen	**Vorgehen**
Der Kaufpreis für die Beteiligung war günstig (seltener Fall).	Der negative Goodwill[1] ■ kann im Eigenkapital ausgewiesen werden oder ■ ist als Ertrag zu erfassen.
Die Beteiligung ist in der Bilanz der Muttergesellschaft unterbewertet.	Der negative Goodwill hat den Charakter einer zusätzlichen Reserve.[1]

[1] Die IFRS verlangen allerdings, dass der negative Goodwill als Ertrag zu buchen ist und gesondert in der Erfolgsrechnung ausgewiesen werden muss.

3.1 Konsolidierung der Bilanz

In seltenen Fällen besitzt die Muttergesellschaft nicht das gesamte Aktienkapital der Tochtergesellschaft. Ein Teil davon wird von anderen Aktionären gehalten (= Minderheitsaktionäre). Bei einem Beteiligungsanteil von mehr als 50% hat sich die Vollkonsolidierung durchgesetzt.*

*Siehe 3.5 «Konsolidierungsmethoden».

Merkmale der Vollkonsolidierung mit Minderheitsanteilen:
- Für die Konzernbilanz werden alle Aktiven und das ganze Fremdkapital – unabhängig vom Kapitalanteil, den die Muttergesellschaft an der Beteiligung hält – zu 100% übernommen (beherrschender Einfluss der Muttergesellschaft).
- Die Position Beteiligung der Muttergesellschaft wird mit dem prozentualen Kapitalanteil des Konzerns am Eigenkapital der Tochtergesellschaft verrechnet.
- Die Ansprüche der Minderheitsaktionäre am Eigenkapital und Gewinn werden in der Konzernrechnung (Konzernbilanz und Konzernerfolgsrechnung) als separater Posten «Minderheitsanteile» ausgeschieden.
- Für die Konzernerfolgsrechnung* werden auch alle Aufwände und Erträge – unabhängig vom Kapitalanteil – zu 100% übernommen.

*Siehe 3.2 «Konsolidierung der Erfolgsrechnung».

Beispiel 4 **Konsolidierung einer Tochtergesellschaft mit Minderheitsanteilen und Goodwill**

Ausgangslage: Die Muttergesellschaft hält 75 % der Aktien der Tochtergesellschaft.

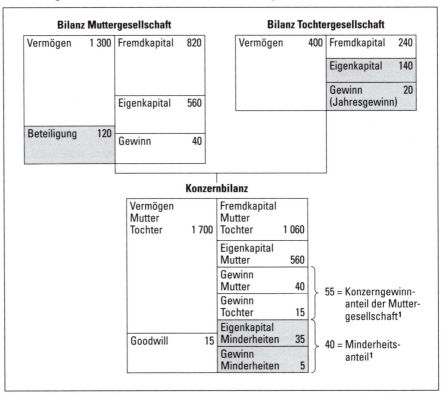

1 In der Praxis werden nur diese beiden Beträge und nicht deren Zusammensetzung gezeigt.

Aktiven	MAG	TAG	Passiven	MAG	TAG
Vermögen	1 300	400	Fremdkapital	820	240
Beteiligung	120	0	Aktienkapital	500	100
			Reserven	60	40
			Reingewinn	40	20
	1 420	400		1 420	400

Auszuführende Arbeiten: Um die Kapitalkonsolidierung vorzunehmen, sind folgende Arbeiten auszuführen:
1. Erstellen der Summenbilanz aus den Einzelabschlüssen
2. Elimination der Position Beteiligung und der Eigenkapitalkonten der TAG (mit Konsolidierungsbuchungen)
3. Ausweis der Minderheitsanteile (mit Konsolidierungsbuchungen)
4. Erstellen der Konzernbilanz

3.1 Konsolidierung der Bilanz

Aktiven	MAG	TAG	Summen-bilanz	Korrek-turen	Konzern-bilanz	Passiven	MAG	TAG	Summen-bilanz	Korrek-turen	Konzern-bilanz
Vermögen	1 300	400	1 700		1 700	Fremdkapital	820	240	1 060		1 060
Beteiligung	120	0	120	−120	0	Aktienkapital	500	100	600	−100	500
Goodwill	0	0	0	+15	15	Reserven	60	40	100	−40	60
						Gewinn	40	20	60	−20	40[1]
						Gewinn TAG				+15	15[1]
						Eigenkapital Minderheiten				+35	35[2]
						Gewinnanteil Minderheiten				+5	5[2]
	1 420	400	1 820	−105	1 715		1 420	400	1 820	−105	1 715

[1] Konzerngewinn (ohne Minderheiten) 55
[2] Minderheitsanteile (Anteil der Drittaktionäre am Eigenkapital und Gewinn) 40

Konsolidierungs-buchungen

Aktienkapital	/	Beteiligung	75	75% von 100
Reserven	/	Beteiligung	30	75% von 40
Goodwill	/	Beteiligung	15	120 − 75 − 30
Gewinn	/	Gewinn TAG	15	75% von 20
Aktienkapital	/	Eigenkapital Minderheiten	25	25% von 100
Reserven	/	Eigenkapital Minderheiten	10	25% von 40
Gewinn	/	Gewinn Minderheiten	5	25% von 20

Bei den Minderheitsanteilen stellt sich die Frage,
- wo in den Jahresrechnungen die Anteile auszuweisen sind und
- wie diese Grössen zu interpretieren sind.

Zwei Ansätze lassen sich unterscheiden:

Einheitstheorie	Interessentheorie
■ Die Einlage der Minderheitsaktionäre stellt Risikokapital dar und unterscheidet sich nur durch das Ausmass von der Beteiligung der Muttergesellschaft an der Tochtergesellschaft.	■ Die Minderheitsaktionäre sind aus der Sicht des Konzerns nicht viel mehr als Gläubiger, die im Vergleich zur Muttergesellschaft nur eine beschränkte Einflussnahme haben.
■ Der Anteil der Minderheitsaktionäre am Kapital und Erfolg wird als separate Position im Konzerneigenkapital ausgewiesen.	■ Der Anteil der Minderheitsaktionäre am Kapital und Erfolg wird beim langfristigen Fremdkapital ausgewiesen.
■ In der Erfolgsrechnung wird der Erfolgsanteil der Minderheitsaktionäre als Teil des Konzernergebnisses ausgewiesen.	■ In der Erfolgsrechnung wird der Erfolgsanteil der Minderheitsaktionäre innerhalb der Fremdkapitalzinsen ausgewiesen.

Nach nationalen und internationalen Rechnungslegungsnormen werden die Ansprüche der Minderheitsaktionäre nach der Einheitstheorie dargestellt.

3.1.2 Konsolidierung von Schulden und Forderungen

Schulden und Forderungen, die zwischen den einzelnen Konzernunternehmungen bestehen, sind bei der Konsolidierung auszuscheiden.

Folgende konzerninterne Beziehungen sind häufig:
- Kurz- und langfristige Kreditgewährung (Kontokorrente und Darlehen)
- Obligationen (Wertschriften) und Obligationenanleihen
- Forderungen und Schulden aus Lieferungen und Leistungen
- Anzahlungen bzw. Vorauszahlungen

Beispiel 5   **Konsolidierung von Aktiv- und Passivdarlehen**

Ausgangslage   In einem Konzern mit vier Gesellschaften MAG, AAG, BAG und CAG bestehen folgende langfristigen Kreditverhältnisse:

Gläubiger	Schuldner	Betrag
MAG	AAG	200
MAG	BAG	300
AAG	BAG	400
CAG	MAG	150

Auszuführende Arbeiten   Die gegenseitig gewährten Kredite sind zu eliminieren.

Konsolidierungsbuchungen

Passivdarlehen von MAG / Aktivdarlehen an AAG   200
Passivdarlehen von MAG / Aktivdarlehen an BAG   300
Passivdarlehen von AAG / Aktivdarlehen an BAG   400
Passivdarlehen von CAG / Aktivdarlehen an MAG   150

Beispiel 6 — Konsolidierung von Obligationen (Wertschriften) und Obligationenanleihen

Ausgangslage

Am 30.9. emittiert die MAG eine Obligationenanleihe von 10 Mio. Fr. (2 000 Obligationen zum Nominalwert von Fr. 5 000.–). Die TAG, eine 100-prozentige Tochtergesellschaft, zeichnet und liberiert 400 Obligationen.

Die wichtigsten Bedingungen der Anleihe:
- Emissionspreis   102 %
- Zinssatz   4 %
- Laufzeit   10 Jahre
- Zinstermin   30.9.

Die MAG passiviert das Obligationenagio und schreibt es während der gesamten Laufzeit linear ab.

Buchungstatsachen für die Einzelabschlüsse

30.9.
 a Liberierung
 b Obligationenagio

31.12.
 a Marchzins
 b Abschreibung Obligationenagio (pro rata)
 c Kurs der Obligation 100,5 %

Buchungen

MAG

30.9.	a Flüssige Mittel	/	Obligationenanleihe	10 000 000
	b Flüssige Mittel	/	Obligationenagio	200 000
31.12.	a Zinsaufwand	/	Passive RAP	100 000
	b Obligationenagio	/	Zinsaufwand	5 000

TAG

30.9.	a Wertschriftenbestand	/	Flüssige Mittel	2 000 000
	b Wertschriftenbestand	/	Flüssige Mittel	40 000
31.12.	a Aktive RAP	/	Wertschriftenertrag	20 000
	c Wertschriftenaufwand	/	Wertschriftenbestand	30 000

Buchungstatsachen für die Konsolidierung

31.12.
 a Obligationen (Wertschriften) und Obligationenanleihe von nominal 2 000 000
 b Von der TAG bezahltes Obligationenagio von 40 000
 c Korrektur der Abschreibung des Obligationenagios (Anteil der TAG) 1 000
 d Elimination Rechnungsabgrenzung Marchzins auf Wertschriften der TAG von 20 000
 e Elimination Marchzins auf den Wertschriften der TAG von 20 000
 f Buchverlust auf den Obligationen 30 000

3 Konsolidierung

Konsolidierungs- 31.12.
buchungen

a	Obligationenanleihe	/ Wertschriftenbestand	2 000 000
b	Obligationenagio	/ Wertschriftenbestand	40 000
c	Zinsaufwand	/ Obligationenagio	1 000
d	Passive RAP	/ Aktive RAP	20 000
e	Wertschriftenertrag	/ Zinsaufwand	20 000
f	Wertschriftenbestand	/ Wertschriftenaufwand	30 000

Kontenführung   Die folgenden Konten zeigen
- die Eintragungen aus den Einzelabschlüssen,
- die Eintragungen aus den Konsolidierungsbuchungen und
- die Endbestände bzw. Salden, die in die Konzernrechnung eingehen.

MAG

Obligationenanleihe		Obligationenagio		Passive RAP		Zinsaufwand	
	10 000 000	5 000	200 000		100 000	100 000	5 000
2 000 000						1 000	
		40 000		20 000			20 000
			1 000	80 000			76 000
8 000 000		156 000					
10 000 000	10 000 000	201 000	201 000	100 000	100 000	101 000	101 000

TAG

Wertschriftenbestand		Wertschriftenertrag		Aktive RAP		Wertschriftenaufwand	
2 040 000	30 000		20 000	20 000		30 000	
	2 000 000						
30 000	40 000	20 000			20 000		30 000
		0	0		0		0
2 070 000	2 070 000	20 000	20 000	20 000	20 000	30 000	30 000

3.1.3 Elimination von Schulden und Forderungen aus Warenlieferungen und unrealisierter Gewinne auf den Vorräten*

[*] Dieser Abschnitt und die Beispiele 7 und 8 enthalten bereits die Umsatz- und Gewinneliminierung, die erst bei der Konsolidierung der Erfolgsrechnung detailliert dargestellt werden. (Siehe 3.2 «Konsolidierung der Erfolgsrechnung».)

Lieferungen und Leistungen von und an Nichtkonzerngesellschaften bereiten für die Konsolidierung keine besonderen Probleme. Werden aber beispielsweise Waren und Anlagen von Konzerngesellschaft zu Konzerngesellschaft geliefert, sind für die Konsolidierung die Schulden und Forderungen, die Umsätze und die nicht realisierten Gewinne zu eliminieren.

Aus der Sicht der Konzerngesellschaft, welche die Waren von einer anderen Konzerngesellschaft einkauft, entspricht der Inventarwert dieser Waren dem Einstandswert. Aus der Sicht der verkaufenden Konzerngesellschaft ist die gleiche Ware zum Verkaufspreis veräussert worden, der sich aus ihrem Einstandswert bzw. ihren Herstellungskosten, ihren Gemeinkosten und dem einkalkulierten Gewinn zusammensetzt. Sind die konzernintern gelieferten Waren beim Jahresabschluss des Konzerns noch vorhanden, so ist dieser einkalkulierte Gewinn (konzerninterner Zwischengewinn) nebst den Forderungen und Schulden, die möglicherweise noch bestehen, zu eliminieren.

Ähnlich verhält es sich bei den Anlagen: dort ist zwischen dem Anschaffungspreis (aus der Sicht des Käufers) und dem Verkaufspreis (aus der Sicht des Verkäufers) zu unterscheiden. Der Preis des Verkäufers setzt sich aus seinen Herstellkosten, seinen Verwaltungs- und Vertriebskosten sowie dem eingerechneten Gewinn zusammen.

Beispiel 7 Elimination von konzerninternen Schulden und Forderungen, des Umsatzes und der unrealisierten Gewinne

Ausgangslage Die MAG hält 100% des Aktienkapitals der TAG.

Buchungstatsachen für die Einzelabschlüsse
1 Die MAG hat der TAG Waren im Wert von 160 zu Verkaufspreisen geliefert. Die Bruttogewinnquote (Handelsmarge) beträgt 25%.
2 Von den gelieferten Waren befindet sich beim Abschluss noch ein Fünftel an Lager.

Buchungen

Käufer TAG	Verkäufer MAG
1 Wareneinkauf / Kontokorrent MAG 160	Kontokorrent TAG / Warenverkauf 160
2 Warenvorrat / Wareneinkauf 32	

Buchungstatsachen für die Konsolidierung

Eliminationen
3 Konzernumsatz
4 Konzerninterner Zwischengewinn bei den noch nicht verkauften Waren
5 Gegenseitige Schulden bzw. Forderungen

Konsolidierungsbuchungen
3 Warenverkauf / Wareneinkauf 160
4 Wareneinkauf / Warenvorrat 8   25% von 32
5 Kontokorrent MAG / Kontokorrent TAG 160

3.1 Konsolidierung der Bilanz

Beispiel 8 Elimination unrealisierter Gewinne auf den Anlagen

Ausgangslage

Die MAG hält 100% des Aktienkapitals der AAG.

Anfang Jahr verkauft die AAG der MAG eine selbstgefertigte Maschine zum Preis von 5 000. Die Konzernherstellungskosten bei der AAG betragen 4 000. Die Maschine wird sowohl bei der MAG wie auch im Konzern degressiv mit einem Satz von 40% abgeschrieben.

Für das erste Jahr ergeben sich für die Maschine folgende Werte:

Datum	Buchwert MAG	Buchwert Konzern	Abschreibung MAG	Abschreibung Konzern	Konzerninterner Gewinn Elimination	Konzerninterner Gewinn Korrektur
05.01.	5 000	4 000			1 000	
31.12.	3 000	2 400	2 000	1 600	600	400

Buchungstatsachen für die Einzelabschlüsse

1 Barverkauf der Maschine
2 Jahresabschreibung

Buchungen

Käufer MAG
1 Sachanlagen / Flüssige Mittel 5 000
2 Abschreibung / Sachanlagen 2 000

Verkäufer AAG
Flüssige Mittel / Verkaufserlös 5 000

Buchungstatsachen für die Konsolidierung

Eliminationen
3 Konzernumsatz
4 Konzerninterner Zwischengewinn bei den noch nicht verkauften Waren
5 Gegenseitige Schulden bzw. Forderungen

3 Umbuchung Verkaufserlös auf Ertrag Eigenleistung
4 Elimination des konzerninternen Gewinns in der
   a Erfolgsrechnung
   b Schlussbilanz
5 Korrektur des konzerninternen Gewinnes für die im Einzelabschluss der MAG zu hohen Abschreibungen in der
   a Erfolgsrechnung
   b Schlussbilanz

Konsolidierungsbuchungen

3 Verkaufserlös / Ertrag Eigenleistung 5 000
4 a Ertrag Eigenleistung / Reingewinn ER 1 000
   b Reingewinn Bilanz / Sachanlagen 1 000
5 a Reingewinn ER / Abschreibung 400
   b Sachanlagen / Reingewinn Bilanz 400

3.1.4 Eliminierung von Zwischengewinnen und Minderheitsaktionäre

Gibt es bei einer Tochtergesellschaft Minderheitsaktionäre, so stellt sich die Frage, ob nicht ein Teil der Zwischengewinne als Aussenumsatz interpretiert werden kann.

Es gibt drei Methoden zur Eliminierung von unrealisierten Zwischengewinnen:

Einheitstheorie	Trennungstheorie	Interessentheorie
Vollständige Eliminierung		**Teilweise Eliminierung**
ohne Verteilung	mit Verteilung	
Der ganze Zwischengewinn ist zu eliminieren und ganz der Mehrheit zu belasten.	Der ganze Zwischengewinn ist zu eliminieren und anteilig der Mehrheit und den Minderheitsaktionären zu belasten.	Nur jener Teil des Zwischengewinns, welcher der Beteiligungsquote des Konzerns entspricht, ist zu eliminieren.
Die Minderheitsaktionäre werden wie Eigenkapitalgeber betrachtet.		Da die Minderheitsaktionäre wie Fremdkapitalgeber betrachtet werden, gilt der auf sie entfallende Anteil des Zwischengewinnes als realisiert, d.h. ihr Anteil wird als «Aussenbeziehung» betrachtet.
Nur der Reingewinn der Konzernmehrheit ist zu korrigieren.	Der Reingewinn der Mehrheit und der Minderheitsaktionäre ist zu korrigieren.	

Die Einheitstheorie ist in der Praxis häufig, da einfacher anzuwenden. Die Trennungstheorie ist logischer, aber sehr aufwändig. Die Interessentheorie gilt als überholt.

Ist der Aufwand für die Ermittlung der Zwischengewinne zu gross, kann mit einer marktüblichen Marge eine pauschale Berichtigung vorgenommen werden.

Die Beispiele und Aufgaben in diesem Buch werden grundsätzlich nach der Einheitstheorie dargestellt bzw. gelöst.

Aufgaben zu Abschnitt 3.1

▶ 3.1 – 1   Kapitalkonsolidierung einer 100-prozentigen Tochtergesellschaft.................. 177
▶ 3.1 – 2   Kapitalkonsolidierung und Elimination von Konzerndarlehen 179
▶ 3.1 – 3   Kapitalkonsolidierung bei unterschiedlichen Erwerbspreisen 180
▶ 3.1 – 4   Konsolidierung mit Minderheitsanteilen 181
▶ 3.1 – 5   Konsolidierung von Schulden und Forderungen 183
▶ 3.1 – 6   Konsolidierung von Forderungen und Schulden 184
▶ 3.1 – 7   Konzerneigenkapital und Goodwill... 185

3.2 Konsolidierung der Erfolgsrechnung

Bei der Konsolidierung der Erfolgsrechnung sind häufig folgende konzerninternen Beziehungen/Leistungen zu eliminieren.

Intercompany-Umsätze (Interne Umsätze)	Übrige erfolgswirksame Grössen	Beteiligungserfolge
■ Warenlieferungen ■ Lieferungen von Sachanlagen (Maschinen, Fahrzeuge usw.)	■ Zinsen auf Konzerndarlehen ■ Forschungs-, Informatik- und Ausbildungsaufwand ■ Lizenzgebühren	Dividendenzahlungen der Tochtergesellschaften

Beispiel 1 **Konsolidierung interner Umsätze und interner Zinsen**

Ausgangslage Die MAG besitzt alle Aktien der TAG. Der Zahlungsverkehr wird durch die Bank abgewickelt.

Buchungstatsachen für die Einzelabschlüsse
1. Die TAG hat der MAG Waren im Wert von 64 zu Verkaufspreisen geliefert. Der Bruttogewinnzuschlagssatz beträgt 20 %.
2. Die MAG hat davon Waren im Wert von 52 für 60 weiterverkauft.
3. Die restlichen Waren im Wert von 12 sind Ende Jahr in den Vorräten der MAG vorhanden.
4. Anfang Jahr hat die MAG der TAG ein Darlehen von 40 gewährt.
5. Der Jahresdarlehenszins von 3 wird überwiesen.

Buchungen

MAG
1. Wareneinkauf / Bank 64
2. Bank / Warenverkauf 60
3. Warenvorrat / Wareneinkauf 12
4. Darlehen TAG / Bank 40
5. Bank / Finanzertrag 3

TAG
Bank / Warenverkauf 64

Bank / Darlehen MAG 40
Finanzaufwand / Bank 3

Buchungstatsachen für die Konsolidierung **Eliminationen**
6. Konzernumsatz aus Warenlieferung
7. Zwischengewinn auf den noch nicht verkauften Waren
8. Konzerndarlehen
9. Zinsen auf dem Konzerndarlehen

Konsolidierungsbuchungen
6. Warenverkauf / Wareneinkauf 64
7. Wareneinkauf / Warenvorrat 2   120 % = 12
8. Darlehen MAG / Darlehen TAG 40
9. Finanzertrag / Finanzaufwand 3

Beispiel 2 **Konsolidierung interner Umsätze, Zinsen und Beteiligungserfolg**

Ausgangslage Die MAG besitzt 75% des Aktienkapitals von 80 der BAG. Der Zahlungsverkehr wird durch die Bank abgewickelt.

Buchungstatsachen für die Einzelabschlüsse
1. Die MAG hat von der BAG Waren im Wert von 160 bezogen und bereits bezahlt. Die MAG hat all diese Waren für 200 verkauft.
2. Die BAG hat der MAG Zinsen von 4 bezahlt.
3. Die BAG hat der MAG für verschiedene Dienstleistungen 6 überwiesen.
4. Die BAG hat eine Dividende von 25% ausbezahlt.

Buchungen

MAG
1. Warenaufwand / Bank 160
   Bank / Warenertrag 200
2. Bank / Finanzertrag 4
3. Bank / Übrige Erträge 6
4. Bank / Beteiligungsertrag 15

BAG
1. Bank / Warenertrag 160
2. Finanzaufwand / Bank 4
3. Allg. Aufwand / Bank 6
4. Dividende / Bank 15

Die Erfolgsrechnungen der MAG und der BAG vor der Konsolidierung einschliesslich der Buchungen 1 bis 4 weisen folgende Zahlen aus:

Aufwand	MAG	BAG	Ertrag	MAG	BAG
Warenaufwand	400	160	Warenertrag	585	242
Finanzaufwand	0	6	Finanzertrag	20	0
Allgemeiner Aufwand	216	68	Beteiligungsertrag	15	0
Jahresgewinn	20	8	Übrige Erträge	16	0
	636	242		636	242

Buchungstatsachen für die Konsolidierung

Eliminationen
5. Konzernumsatz
6. Interne Zinsen
7. Interne Dienstleistungen
8. Dividendenzahlung
9. Vom Jahresgewinn der BAG ist der Minderheitsanteil auszuweisen.

Konsolidierungsbuchungen
5. Warenertrag / Warenaufwand 160
6. Finanzertrag / Finanzaufwand 4
7. Übriger Ertrag / Allgemeiner Aufwand 6
8. Beteiligungsertrag / Jahresgewinn ER 15
   Jahresgewinn Bilanz / Gewinnreserven 15

Die Gewinnausschüttung der BAG an die MAG erfolgt aufgrund des Vorjahresgewinnes der BAG. Die Muttergesellschaft erfasst in ihrem Einzelabschluss die erhaltene Dividende als Beteiligungsertrag. Dieser Ertrag ist zu eliminieren.

Da der Jahresgewinn in der Erfolgsrechnung korrigiert wird, ist auch der Jahresgewinn in der Bilanz zu verändern. Die (konzerninterne) Gewinnausschüttung der BAG ist letztlich nur eine Verlagerung (Verschiebung) von flüssigen Mitteln innerhalb des Konzerns. Hätte die BAG die Dividende der MAG nicht ausbezahlt, so wären die Gewinnreserven (erarbeitete Reserven) um diesen Betrag höher.

9	Minderheiten Jahresgewinn ER	/ Jahresgewinn ER	2	25% von 8
	Konzerngewinn ER	/ Jahresgewinn ER	11	
	Jahresgewinn Bilanz	/ Minderheiten Jahresgewinn Bilanz	2	25% von 8
	Jahresgewinn Bilanz	/ Konzerngewinn Bilanz	11	

Konzernerfolgsrechnung

Aufwand	MAG	BAG	Korrekturen	Konzern	Ertrag	MAG	BAG	Korrekturen	Konzern
Warenaufwand	400	160	−160	400	Warenertrag	585	242	−160	667
Finanzaufwand	0	6	−4	2	Finanzertrag	20	0	−4	16
Allgemeiner Aufwand	216	68	−6	278	Beteiligungsertrag	15	0	−15	0
Jahresgewinn	20	8	−15/−2/−11	0	Übriger Ertrag	16	0	−6	10
− Konzerngewinn			+11	11					
− Minderheiten			+2	2					
	636	242	−185	693		636	242	−185	693

Aufgaben zu Abschnitt 3.2

▶ 3.2 − 1 Konsolidierung COM AG und DOT AG 186
▶ 3.2 − 2 Konsolidierung CALL AG und PUT AG 188
▶ 3.2 − 3 Konsolidierung HARD SA und SOFT SA 190
▶ 3.2 − 4 Konsolidierung DUO SA und TRI SA 192
▶ 3.2 − 5 Konsolidierung einer Tochtergesellschaft 194
▶ 3.2 − 6 Konsolidierung der Erfolgsrechnung und Bilanz 196
▶ 3.2 − 7 Konzerninterne Lieferung einer Maschine 196
▶ 3.2 − 8 Elimination von konzerninternen Umsätzen und Gewinnen 197
▶ 3.2 − 9 Konzerninterne Lieferung von Sachanlagen 198
▶ 3.2 − 10 Konsolidierungsbuchungen 199
▶ 3.2 − 11 Gewinnausschüttung einer Tochtergesellschaft 199

3.3 Methoden der Kapitalkonsolidierung

Die Ausführungen in diesem Abschnitt beschränken sich auf die in den Rechnungslegungsnormen (Swiss GAAP FER, IFRS und US GAAP) vorgesehene Purchase-Methode (Erwerbsmethode). Die Deutsche Methode wird nur kurz zum Vergleich erwähnt. Auf internationaler Ebene spielt sie keine Rolle mehr.

Die folgende Darstellung gibt eine Übersicht über die wesentlichen Unterschiede zwischen der Purchase-Methode und der Deutschen Methode.

	Purchase-Methode (Erwerbsmethode)	**Deutsche Methode**[1]
Verrechnungsgrössen für die Kapitalkonsolidierung	Beteiligungswert und Eigenkapital der Tochter bei **Erwerb**	Beteiligungswert und **aktuelles** Eigenkapital der Tochter bei der Konsolidierung
Betrachtungszeitpunkt für die Verrechnung	**Erwerbs**datum	**Laufendes** Jahr (Bilanzstichtag)
Behandlung der Kapitalaufrechnungsdifferenz	**Analyse** und **Aufteilung** nach ■ stillen Reserven und ■ Goodwill	Keine; ändert laufend (bei jedem Abschluss)
Zulässigkeit der Methode, Rechnungslegungsnormen	Pflicht gemäss Swiss GAAP FER, IFRS, US GAAP	Gemäss Aktienrecht möglich

[1] Der Name «Deutsche Methode» stammt vom deutschen Aktiengesetz von 1965, das diese Methode vorschrieb.

3.3.1 Purchase-Methode

Bei der Purchase-Methode (Erwerbsmethode) wird der Beteiligungswert (Kaufpreis) mit dem im Erwerbszeitpunkt bei der Tochtergesellschaft vorhandenen Eigenkapital verrechnet. Da in den Folgejahren (Folgekonsolidierung) gleich vorgegangen wird, bleibt die beim Erwerb ermittelte Kapitalaufrechnungsdifferenz (Stille Reserven und Goodwill) unverändert.

Bei der Erwerbsmethode sind die Reserven aufzuteilen in:
- Kapitalreserven (Agioeinzahlungen, Gewinne aus Rückkauf eigener Aktien) und
- Gewinnreserven (selbsterwirtschaftetes und [noch] nicht ausgeschüttetes Zuwachskapital)

*Siehe auch 2.4 «Handelsbilanz 1 und 2».

Die folgende Darstellung zeigt auf, wie die Reserven auf der Grundlage des Aktienrechts gegliedert sind und wie sie im Konzernabschluss auf der Basis von Swiss GAAP FER, IFRS und US GAAP aufgeteilt werden.*

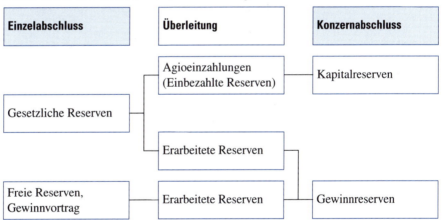

Alle Reserven der Tochtergesellschaft, die im Erwerbszeitpunkt vorhanden sind, stellen aus der Sicht des Konzerns zugekaufte Substanz und darum Kapitalreserven dar. Diese sind für die Kapitalkonsolidierung zu berücksichtigen.

Nur die Gewinne, welche die Tochtergesellschaft seit der Konzernzugehörigkeit erwirtschaftet und nicht ausschüttet, sind Gewinnreserven des Konzerns.*

Die Umbuchung der Reserven ist für die Konzernrechnung sowohl bei der Erst- als auch bei der Folgekonsolidierung vorzunehmen.

*Siehe auch 2.4 «Handelsbilanz 1 und 2».

* Siehe auch 2.4 «Handelsbilanz 1 und 2».

** Siehe 6 «Ertragssteuern (Gewinnsteuern)».

*** Siehe 3.4 «Behandlung des Goodwills».

Bei der Erwerbsmethode
- werden die Aktiven und das Fremdkapital der übernommenen Gesellschaft im Erwerbszeitpunkt auf deren Verkehrswert (tatsächlicher Wert, Fair Value)* aufgewertet unter Berücksichtigung latenter Steuern.**
- wird der Unterschied zwischen dem Kaufpreis und dem zum Verkehrswert bestimmten Eigenkapital als Goodwill aktiviert und eventuell in Zukunft amortisiert. (Eine planmässige Abschreibung – wie nach Swiss GAAP FER vorgesehen – ist nach IFRS und US GAAP verboten.***)

Die gesamte Kapitalaufrechnungsdifferenz setzt sich somit aus der Aufwertung (Stille Reserven) und dem Goodwill zusammen.

Die folgende Darstellung veranschaulicht die beschriebenen Zusammenhänge.

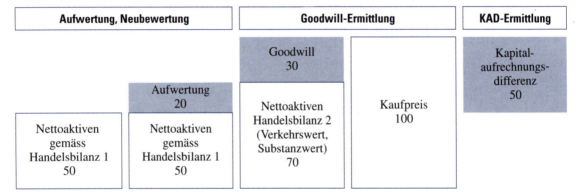

Die Aufwertung hat gemäss IFRS 3 unabhängig von der Beteiligungsquote zu 100% zu erfolgen, das heisst:
- Die Aktiven und das Fremdkapital werden zu 100% aufgewertet (Aufdeckung der stillen Reserven).
- Der Anteil der Minderheitsaktionäre an der Neubewertung wird ebenfalls berücksichtigt.

Die direkte Verrechnung des Goodwills mit dem Konzerneigenkapital ist gemäss internationalen Rechnungslegungsnormen nicht erlaubt. Der Goodwill ist zu aktivieren. Der noch nicht amortisierte und aktivierte Goodwill ist jedes Jahr auf seine Werthaltigkeit hin zu beurteilen. Allfällige Abschreibungen sind als Betriebsaufwand zu erfassen.*

* Siehe 3.4 «Behandlung des Goodwills».

Ein negativer Goodwill (Badwill) ist gemäss IFRS und US GAAP als Ertrag zu buchen und gesondert in der Erfolgsrechnung auszuweisen. Die Behandlung eines negativen Goodwills ist in Swiss GAAP FER nicht geregelt. Er kann als Rückstellung (ungenügende Ertragslage oder bevorstehende Reorganisation/Restrukturierung) oder als Kapitalreserve (Lucky Buy) erfasst werden.

Beispiel 1 — Kapitalkonsolidierung nach der Purchase-Methode (Erwerbsmethode)

Ausgangslage

Die MAG erwirbt eine 80%-Beteiligung an der TAG auf den 1.1.20_1 zu 1 600.

Bilanzen vom 31.12.20_1

Aktiven	MAG	TAG	Passiven	MAG	TAG
Flüssige Mittel	4 945	160	Lieferantenschulden	6 000	775
Wertschriften	7 750	0	Obligationenanleihe	10 000	0
Kundenforderungen	7 280	150	Hypotheken	7 600	0
Vorräte	10 200	600	Rückstellungen	2 080	10
Darlehen	1 195	0	Aktienkapital	20 000	1 000
Beteiligungen	17 850	300	Reserven	13 000	500
Sachanlagen	12 500	1 450	Gewinnvortrag	220	200
Immaterielle Anlagen	280	0	Jahresgewinn	3 100	175
	62 000	2 660		62 000	2 660

Ergänzende Angaben

- Die zum Zeitpunkt des Erwerbs (am 1.1.20_1) ermittelten stillen Reserven bei der TAG betragen: Kundenforderungen 30, Sachanlagen 100, Rückstellungen 10.
- Die Sachanlagen der TAG werden linear über die nächsten 10 Jahre abgeschrieben, der Goodwill linear über 4 Jahre.
- Das Aktienkapital, die Reserven und der Gewinnvortrag der TAG haben sich im Jahr 20_1 nicht verändert. Der Jahresgewinn von 175 wurde im Jahr 20_1 erwirtschaftet.
- Die Reserven der MAG von 13 000 bestehen aus 10 000 Kapitalreserven und 3 000 Gewinnreserven.

Die Konsolidierung erfolgt exemplarisch alleine mit der Beteiligung TAG. Die anderen Beteiligungen sind gleich zu konsolidieren. Die latenten Steuern werden nicht berücksichtigt.*

* Siehe 6 «Ertragssteuern (Gewinnsteuern)».

Buchungstatsachen für die Neubewertung im Einzelabschluss

Auflösung aller stillen Reserven der TAG und Offenlegung in der Position Neubewertungsreserven:

Kundenforderungen	/ Neubewertungsreserven	30
Sachanlagen	/ Neubewertungsreserven	100
Rückstellungen	/ Neubewertungsreserven	10

Der neubewertete Einzelabschluss (Handelsbilanz 2) bildet die Grundlage für die Konsolidierung.

3 Konsolidierung

Erstkonsolidierung am 31.12.20_1

Der Goodwill und die Jahresabschreibung des Goodwills werden wie folgt berechnet:

Beteiligungswert, Kaufpreis			1 600
Anteil	100 %	80 %	
■ Aktienkapital	1 000	800	
■ Reserven	500	400	
■ Gewinnvortrag	200	160	
■ Neubewertungsreserven	140	112	1 472
Goodwill am 1.1.20_1			128
Jahresabschreibung Goodwill			32
Goodwill am 31.12.20_1			96

Erläuterungen

Die beim Erwerb der TAG vorhandenen stillen Reserven von 140 werden erfolgsneutral aufgedeckt (Neubewertungsreserven 140) und wie folgt behandelt:
- Die in den Sachanlagen aufgedeckten (100) und (jährlich) wieder aufzulösenden stillen Reserven (10) werden entsprechend ihrer Beteiligungsquote auf die Anteilseigner aufgeteilt:
  - 8 (80 % von 10) verringern den Gewinn der Holdingaktionäre.
  - 2 (20 % von 10) verringern den Gewinnanteil der Minderheiten.

  Die Abschreibung (10) der aufgedeckten stillen Reserven verringert somit sowohl den Gewinn der Holdingaktionäre wie auch den Minderheitengewinn.
- Da die Forderungen kein abnutzbarer Vermögenswert sind, erfolgt keine Abschreibung. Das Gleiche gilt sinngemäss für die Rückstellungen.

Die Goodwill-Abschreibung geht ganz zulasten des Gewinnes der Holdingaktionäre.

Der Minderheitsanteil am Jahresgewinn ermittelt sich wie folgt:

20 % vom Jahresgewinn der TAG des Jahres 20_1 von 175	35
– Anteilige Abschreibung auf den aufgedeckten stillen Reserven in den Sachanlagen (20 % von 10)	–2
Minderheitsanteil am Jahresgewinn	33

Den Minderheitsaktionären werden nicht nur 20 % vom Aktienkapital und 20 % von den offenen Reserven, sondern auch 20 % von den Neubewertungsreserven gutgeschrieben. Die Anteile der Minderheitsaktionäre errechnen sich wie folgt:

Minderheitsanteil	100 %	20 %
■ Aktienkapital	1 000	200
■ Reserven	500	100
■ Gewinnvortrag	200	40
■ Neubewertungsreserven	140	28
■ Jahresgewinn der TAG	175	35
■ Anteilige Abschreibung auf den aufgedeckten stillen Reserven		–2
Anteile Minderheitsaktionäre		401

Da den Minderheitsaktionären ihr Anteil an den Neubewertungsreserven gutgeschrieben wird, muss ihnen auch ihr Anteil an den Abschreibungen dieser aufgedeckten stillen Reserven belastet werden.

3.3 Methoden der Kapitalkonsolidierung

Konsolidierungsbuchungen per 31.12.20_1

KAD	/	Beteiligungen	1 600	

Das Konto KAD (Kapitalaufrechnungsdifferenz) wird als Abrechnungskonto verwendet.

Aktienkapital	/	KAD	800	80 %
Kapitalreserven	/	KAD	560	80 %
Neubewertungsreserven	/	KAD	112	80 %
Goodwill	/	KAD	128	Erwerbszeitpunkt
Jahresgewinn Bilanz	/	Goodwill	32	Jahresabschreibung 20_1
Jahresgewinn Bilanz	/	Sachanlagen	10	Jahresabschreibung 20_1
(Abschreibung	/	Jahresgewinn ER	32)	Jahresabschreibung 20_1
(Abschreibung	/	Jahresgewinn ER	10)	Jahresabschreibung 20_1
Aktienkapital	/	Minderheiten Aktienkapital	200	20 %
Kapitalreserven	/	Minderheiten Reserven	140	20 %
Neubewertungsreserven	/	Minderheiten Reserven	28	20 %
Jahresgewinn Bilanz	/	Minderheiten Jahresgewinn	33	(20 % von 175) – 2

Konzernbilanz per 31.12.20_1 (Erstkonsolidierung)

Die Reserven der Einzelabschlüsse wurden bereits in Kapital- und Gewinnreserven aus Konzernsicht umgegliedert. Die Neubewertung ist im Einzelabschluss der TAG ebenfalls berücksichtigt.

	MAG	TAG	Korrekturen		Konzern
Flüssige Mittel	4 945	160			5 105
Wertschriften	7 750	0			7 750
Kundenforderungen	7 280	180			7 460
Vorräte	10 200	600			10 800
Darlehen	1 195	0			1 195
Beteiligungen	17 850	300		1 600	16 550
Sachanlagen	12 500	1 550		10	14 040
Immaterielle Anlagen	280	0			280
Goodwill	0	0	128	32	96
	62 000	2 790			63 276
Lieferantenschulden	6 000	775			6 775
Obligationenanleihe	10 000	0			10 000
Hypotheken	7 600	0			7 600
Rückstellungen	2 080	0			2 080
Aktienkapital	20 000	1 000	800/200		20 000
Kapitalreserven	10 000	700	560/140		10 000
Gewinnreserven	3 220	0			3 220
Neubewertungsreserven	0	140	112/28		0
Jahresgewinn	3 100	175	32/10/33		3 200
Minderheiten Aktienkapital	0	0		200	200
Minderheiten Reserven	0	0		140/28	168
Minderheiten Jahresgewinn	0	0		33	33
	62 000	2 790	2 043	2 043	63 276

3 Konsolidierung

Folgekonsolidierung am 31.12.20_2

Die Ausgangslage vom Vorjahr wird mit wenigen Ausnahmen beibehalten. Die TAG hat den Gewinn von 175 des Vorjahres nicht ausgeschüttet und – wie auch den bisherigen Gewinnvortrag von 200 – in die Reserven übertragen.

Bilanzen vom 31.12.20_2

Aktiven	MAG	TAG	Passiven	MAG	TAG
Flüssige Mittel	4 945	200	Lieferantenschulden	6 000	790
Wertschriften	7 750	0	Obligationenanleihe	10 000	0
Kundenforderungen	7 280	200	Hypotheken	7 600	0
Vorräte	10 200	700	Rückstellungen	2 080	10
Darlehen	1 195	0	Aktienkapital	20 000	1 000
Beteiligungen	17 850	300	Reserven	13 000	875
Sachanlagen	12 500	1 500	Gewinnvortrag	220	0
Immaterielle Anlagen	280	0	Jahresgewinn	3 100	225
	62 000	2 900		62 000	2 900

Ergänzende Angaben

Die im Erwerbszeitpunkt ermittelten stillen Reserven von 140 und der bezahlte Goodwill von 128 sind auch die Ausgangslage für die Folgekonsolidierung.

Die letztjährigen Abschreibungen
- auf den aufgedeckten stillen Reserven in den Sachanlagen von 10 und
- auf dem Goodwill von 32

müssen in der Folgekonsolidierung erfolgsunwirksam über die Gewinnreserven gebucht werden.

Der Jahresgewinnanteil der Minderheiten von 33 aus dem Jahr 20_1 (= Vorjahr) wurde in den Gewinnreserven belassen. Bei der Folgekonsolidierung ist dieser Gewinnanteil von den Gewinnreserven in die Reserven der Minderheiten umzubuchen.

Die Anteile der Minderheitsaktionäre erhöhen sich gegenüber dem Vorjahr um 43 (Gewinnanteil vom Jahr 20_2 von 45 [= 20 % von 225] – anteilige Abschreibung von 2 auf den stillen Reserven [= 20 % von 10]).

Buchungstatsachen für die Neubewertung im Einzelabschluss im Erwerbszeitpunkt

Auflösung aller stillen Reserven der TAG und Offenlegung in der Position Neubewertungsreserven:

Kundenforderungen / Neubewertungsreserven 30
Sachanlagen / Neubewertungsreserven 100
Rückstellungen / Neubewertungsreserven 10

Der neubewertete Einzelabschluss bildet die Grundlage für die Folgekonsolidierung.

3.3 Methoden der Kapitalkonsolidierung

Folgekonsolidierung am 31.12.20_2

Der Goodwill und die Jahresabschreibung des Goodwills werden wie folgt berechnet:

Beteiligungswert, Kaufpreis			1 600
Anteil	100 %	80 %	
■ Aktienkapital	1 000	800	
■ Reserven	500	400	
■ Gewinnvortrag	200	160	
■ Neubewertungsreserven	140	112	1 472
Goodwill am 1.1.20_1			128
Jahresabschreibung Goodwill 20_1 (Vorjahr)			32
Goodwill am 31.12.20_1			96
Jahresabschreibung Goodwill 20_2			32
Goodwill am 31.12.20_2			64

Erläuterungen

Der Minderheitsanteil am Jahresgewinn lässt sich wie folgt ermitteln:

20 % vom Jahresgewinn der TAG des Jahres 20_2 von 225	45
− Anteilige Abschreibung auf den aufgedeckten stillen Reserven in den Sachanlagen (20 % von 10)	−2
Minderheitsanteil am Jahresgewinn	43

Konsolidierungsbuchungen per 31.12.20_2

KAD	/	Beteiligungen	1 600	

Das Konto KAD (Kapitalaufrechnungsdifferenz) wird als Abrechnungskonto verwendet.

Aktienkapital	/	KAD	800	80 %
Kapitalreserven	/	KAD	560	80 %
Neubewertungsreserven	/	KAD	112	80 %
Goodwill	/	KAD	128	Erwerbszeitpunkt
Gewinnreserven	/	Goodwill	32	Abschreibung 20_1
Gewinnreserven	/	Sachanlagen	10	Abschreibung 20_1
Jahresgewinn Bilanz	/	Goodwill	32	Jahresabschreibung 20_2
Jahresgewinn Bilanz	/	Sachanlagen	10	Jahresabschreibung 20_2
(Abschreibung	/	Jahresgewinn ER	32)	Jahresabschreibung 20_2
(Abschreibung	/	Jahresgewinn ER	10)	Jahresabschreibung 20_2
Aktienkapital	/	Minderheiten Aktienkapital	200	20 %
Kapitalreserven	/	Minderheiten Reserven	140	20 %
Gewinnreserven	/	Minderheiten Reserven	33	20 % von (175 − 10)
Neubewertungsreserven	/	Minderheiten Reserven	28	20 % von 140
Jahresgewinn Bilanz	/	Minderheiten Jahresgewinn	43	(20 % von 225) − 2

Konzernbilanz per 31.12.20_2 (Folgekonsolidierung)

Die Reserven der Einzelabschlüsse wurden bereits in Kapital- und Gewinnreserven aus Konzernsicht umgegliedert. Die Neubewertung ist im Einzelabschluss der TAG ebenfalls berücksichtigt.

	MAG	TAG	Korrekturen		Konzern
Flüssige Mittel	4 945	200			5 145
Wertschriften	7 750	0			7 750
Kundenforderungen	7 280	230			7 510
Vorräte	10 200	700			10 900
Darlehen	1 195	0			1 195
Beteiligungen	17 850	300		1 600	16 550
Sachanlagen	12 500	1 600		10/10	14 080
Immaterielle Anlagen	280	0			280
Goodwill	0	0	128	32/32	64
	62 000	3 030			63 474
Lieferantenschulden	6 000	790			6 790
Obligationenanleihe	10 000	0			10 000
Hypotheken	7 600	0			7 600
Rückstellungen	2 080	0			2 080
Aktienkapital	20 000	1 000	800/200		20 000
Kapitalreserven	10 000	700	560/140		10 000
Gewinnreserven	3 220	175	32/10/33		3 320
Neubewertungsreserven	0	140	112/28		0
Jahresgewinn	3 100	225	32/10/43		3 240
Minderheiten Aktienkapital	0	0		200	200
Minderheiten Reserven	0	0		140/33/28	201
Minderheiten Jahresgewinn	0	0		43	43
	62 000	3 030	2 128	2 128	63 474

3.3.2 Deutsche Methode

Bei der Deutschen Methode wird der Beteiligungswert (im Gegensatz zur Purchase-Methode) mit dem anteiligen (aktuellen) Eigenkapital zum jeweiligen Bilanzstichtag verrechnet. Dadurch wird die Kapitalaufrechnungsdifferenz zu einer variablen Grösse. Sie ändert sich laufend bei jedem Abschluss. Zudem ist sie von der zukünftigen Entwicklung der zurückbehaltenen Gewinne bei der Tochter abhängig.

Das Zahlenbeispiel, das bei der Erwerbsmethode für die Erst- und Folgekonsolidierung verwendet wurde, dient auch hier als Grundlage. Da die Deutsche Methode international keine Rolle mehr spielt, wird nur die Kapitalaufrechnungsdifferenz bei der Erst- und Folgekonsolidierung berechnet, damit dieser wesentliche Unterschied zur Purchase-Methode erkennbar wird.

Beispiel 2 Deutsche Methode der Kapitalkonsolidierung

Ausgangslage Die MAG erwirbt eine 80% Beteiligung an der TAG auf den 1.1.20_1 zu 1 600.

Bilanzen vom 31.12.20_1					
Aktiven	**MAG**	**TAG**	**Passiven**	**MAG**	**TAG**
Flüssige Mittel	4 945	160	Lieferantenschulden	6 000	775
Wertschriften	7 750	0	Obligationenanleihe	10 000	0
Kundenforderungen	7 280	150	Hypotheken	7 600	0
Vorräte	10 200	600	Rückstellungen	2 080	10
Darlehen	1 195	0	Aktienkapital	20 000	1 000
Beteiligungen	17 850	300	Reserven	13 000	500
Sachanlagen	12 500	1 450	Gewinnvortrag	220	200
Immaterielle Anlagen	280	0	Jahresgewinn	3 100	175
	62 000	2 660		62 000	2 660

Erstkonsolidierung am 31.12.20_1

Ermittlung der Kapitalaufrechnungsdifferenz

Beteiligungswert, Kaufpreis			1 600
Anteil	100%	80%	
■ Aktienkapital	1 000	800	
■ Reserven	500	400	
■ Gewinnvortrag	200	160	1 360
Aktive KAD am 1.1.20_1			240

Folgekonsolidierung am 31.12.20_2

Die Ausgangslage vom Vorjahr wird mit wenigen Ausnahmen beibehalten.

Die TAG hat den Gewinn von 175 des Vorjahres nicht ausgeschüttet und – wie auch den bisherigen Gewinnvortrag von 200 – in die Reserven übertragen.

Bilanzen vom 31.12.20_2					
Aktiven	MAG	TAG	Passiven	MAG	TAG
Flüssige Mittel	4 945	200	Lieferantenschulden	6 000	790
Wertschriften	7 750	0	Obligationenanleihe	10 000	0
Kundenforderungen	7 280	200	Hypotheken	7 600	0
Vorräte	10 200	700	Rückstellungen	2 080	10
Darlehen	1 195	0	Aktienkapital	20 000	1 000
Beteiligungen	17 850	300	Reserven	13 000	875
Sachanlagen	12 500	1 500	Gewinnvortrag	220	0
Immaterielle Anlagen	280	0	Jahresgewinn	3 100	225
	62 000	2 900		62 000	2 900

Ermittlung der Kapitalaufrechnungsdifferenz

Beteiligungswert, Kaufpreis				1 600
Anteil	100%	80%		
▪ Aktienkapital	1 000	800		
▪ Reserven	875	700	1 500	
Aktive KAD am 31.12.20_2			100	

Da die Reserven bei der TAG gestiegen sind, beträgt die KAD in der Folgekonsolidierung nur noch 100. Hätte die TAG beispielsweise den Gewinn des Vorjahres ausbezahlt und nicht den Reserven gutgeschrieben, so hätte sich eine andere KAD ergeben.

Sollte der diesjährige Gewinn der TAG von 225 auch nicht ausbezahlt, sondern den Reserven gutgeschrieben werden, so würde sich aus der noch aktiven KAD von 100 am 31.12.20_2 ein Jahr später am 31.12.20_3 eine passive KAD von 80 (= 1 600 – 800 – [80% von 1 100]) ergeben.

Bei der Deutschen Methode ist die KAD eine variable Grösse. Aus der ursprünglich aktiven KAD kann im Laufe der Jahre eine passive KAD werden, wenn die Gewinne der Tochter thesauriert (nicht ausbezahlt) werden. Jede Veränderung des Aufrechnungskapitals verändert die KAD.

Die Aufschlüsselung der KAD in Goodwill und stille Reserven wird (im Gegensatz zur Erwerbsmethode) nicht vorgenommen.

Die KAD ist ein Sammelposten von Grössen verschiedener Art, deren Aufschlüsselung aber für den zuverlässigen Einblick in die Finanz-, Vermögens- und Ertragslage des Konzerns und die Aussagekraft der Konzernrechnungslegung unabdingbar ist.

Bei der Deutschen Methode ist das «True and fair view»-Prinzip nicht gewährleistet. Zudem ist sie fachlich falsch und darum international nicht anerkannt.

3.3 Methoden der Kapitalkonsolidierung

Aufgaben zu Abschnitt 3.3

- ▶ 3.3 – 1 Erst- und Folgekonsolidierung 200
- ▶ 3.3 – 2 Neubewertung sowie Erst- und Folgekonsolidierung 203
- ▶ 3.3 – 3 Neubewertung und Folgekonsolidierung 206
- ▶ 3.3 – 4 Erst-, Folgekonsolidierung und stille Reserven 207
- ▶ 3.3 – 5 Konsolidierung von Obligationen (Wertschriften) und Obligationenanleihen 209
- ▶ 3.3 – 6 Neubewertung und Folgekonsolidierung 211
- ▶ 3.3 – 7 Folgekonsolidierung 212
- ▶ 3.3 – 8 Umsatz- und Gewinneliminierung während vier Jahren 213
- ▶ 3.3 – 9 Konsolidierungsbuchungen bei Folgekonsolidierung 214
- ▶ 3.3 – 10 Bereinigung Handelsbilanz 1 und 2, Erst- und Folgekonsolidierung 215
- ▶ 3.3 – 11 Zwischengewinnelimination mit Minderheitsanteilen 218
- ▶ 3.3 – 12 Zwischengewinnelimination im Konzern 219

3.4 Behandlung des Goodwills
3.4.1 Goodwill und Rechnungslegungsnormen

Die folgende Darstellung zeigt, wie die Rechnungslegungsnormen (Swiss GAAP FER, IFRS und US GAAP) die Behandlung des Goodwills regeln.

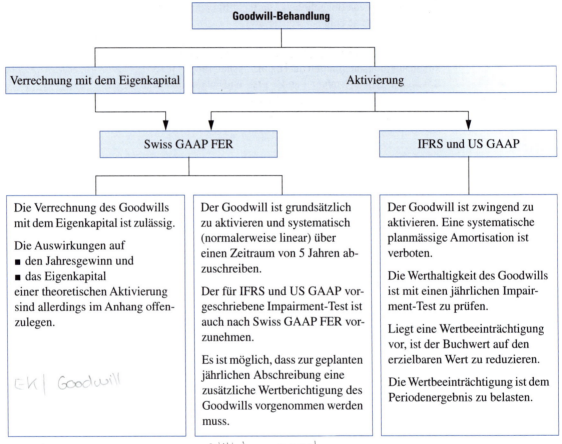

3.4.2 Goodwill Accounting ohne Minderheiten

Das folgende Beispiel zeigt auf, wie der Goodwill nach den verschiedenen Rechnungslegungsnormen behandelt wird und welche Folgen sich daraus für das Eigenkapital, den Jahresgewinn und die Eigenkapitalrentabilität ergeben.

Beispiel 1 Goodwill Accounting (ohne Minderheitsanteile)

Ausgangslage
Die MAG erwirbt auf den 1.1.20_1 alle Aktien der TAG und nimmt die Erstkonsolidierung auf den 31.12.20_1 vor.

Ergänzende Angaben
Die aus der Erstkonsolidierung ermittelte Kapitalaufrechnungsdifferenz (KAD) beträgt 600 und setzt sich zusammen aus
- den stillen Reserven auf den Sachanlagen von 400 und
- dem Goodwill von 200.

Die Sachanlagen werden ab Erwerbszeitpunkt linear über 5 Jahre abgeschrieben. Der Jahresgewinn vor Abschreibungen beträgt 560. Eine Gewinnausschüttung findet nicht statt.

Behandlung der KAD nach verschiedenen Methoden
Zusätzlich zu den oben beschriebenen Möglichkeiten wird noch die Deutsche Methode zum Vergleich gezeigt, die gemäss Aktienrecht zwar möglich ist, aber für grössere Konzerne nicht in Frage kommt, da sie nicht den Grundsätzen des «True and fair view»-Prinzips entspricht.*

* Siehe 2 «Gesetzesbestimmungen und Rechnungslegungsnormen».

Purchase-Methode (Erwerbsmethode)			Deutsche Methode[1]
Die Sachanlagen werden um 400 aufgewertet. Der verbleibende Goodwill von 200 wird			Die gesamte KAD von 600 wird direkt mit dem Eigenkapital verrechnet.
mit dem Eigenkapital verrechnet.	aktiviert und		
	planmässig linear über 5 Jahre abgeschrieben.	nicht systematisch abgeschrieben. Annahme: Die Werthaltigkeit ist gegeben.	
Swiss GAAP FER	Swiss GAAP FER	IFRS und US GAAP	Aktienrecht

1 Siehe 3.3 «Methoden der Kapitalkonsolidierung».

Da in diesem Beispiel die Wirkungen der verschiedenen Behandlungsmethoden im Vordergrund stehen, werden andere Einflussgrössen bewusst weggelassen.

Vergleich der verschiedenen Methoden des Goodwill Accounting

	Ausgangslage im Erwerbszeitpunkt	Purchase-Methode (Erwerbsmethode)			Deutsche Methode
		Direkte Verrechnung des Goodwills	Aktivierung des Goodwills, Abschreibung über 5 Jahre	Aktivierung des Goodwills, keine Abschreibung	Direkte Verrechnung der gesamten KAD
Datum	1.1.20_1	31.12.20_1	31.12.20_1	31.12.20_1	31.12.20_1

Konsolidierte Bilanzen

Aktiven											
Umlaufvermögen		1 800		2 200		2 200		2 200			2 200
Sachanlagen	1 600		2 000		2 000		2 000		1 600		
– Wertberichtigung	–0	1 600	–400	1 600	–400	1 600	–400	1 600	–320	1 280	
KAD bzw. Goodwill		600		0		160		200		0	
		4 000		3 800		3 960		4 000		3 480	
Passiven											
Fremdkapital		2 400		2 240		2 240		2 240		2 240	
Eigenkapital, ohne Gewinn		1 600		**1 400**		**1 600**		**1 600**		**1 000**	
Jahresgewinn		0		160		120		160		240	
		4 000		3 800		3 960		4 000		3 480	

Konsolidierte Erfolgsrechnungen

Jahresgewinn vor Abschreibungen		560	560	560	560
Abschreibung Sachanlagen		–400	–400	–400	–320
Abschreibung Goodwill		–0	–40	–0	–0
Jahresgewinn		**160**	**120**	**160**	**240**

Eigenkapitalrentabilität		11,4 %	7,5 %	10,0 %	24 %

Bei den ersten drei Möglichkeiten erfolgt die Kapitalkonsolidierung nach der Erwerbsmethode. Die von Swiss GAAP FER erlaubte Methode, bei welcher der Goodwill mit dem Eigenkapital verrechnet wird, liefert von diesen drei Möglichkeiten die beste Eigenkapitalrentabilität. In den Folgejahren wird es auch keine Abschreibungen des Goodwills geben.

Wird hingegen der Goodwill aktiviert und planmässig über fünf Jahre amortisiert, wie bei Swiss GAAP FER grundsätzlich vorgesehen, so verschlechtert sich die Eigenkapitalrentabilität stark. In den nächsten vier Jahren ist ferner der Erfolgsrechnung (planmässig) die Goodwill-Amortisation zu belasten.

Die Methode nach IFRS und US GAAP bringt im Vergleich zur planmässigen Amortisation des Goodwills so lange eine bessere Eigenkapitalrentabilität, solange der Goodwill nicht abgeschrieben werden muss. Müsste der Goodwill wegen einer Wertbeeinträchtigung beispielsweise ganz abgeschrieben werden, würde ein Jahresverlust resultieren, und die Eigenkapitalrentabilität wäre negativ!

Die Deutsche Methode, bei der die ganze KAD mit dem Eigenkapital verrechnet wird, liefert das kleinste Eigenkapital, den grössten Jahresgewinn und die höchste Eigenkapitalrentabilität.

3.4.3 Goodwill Accounting mit Minderheitsanteilen

Auf den vorangegangenen Seiten wurde im Zusammenhang mit der Ermittlung und dem Ausweis des Goodwills davon ausgegangen, dass die Muttergesellschaft alle Aktien der Tochtergesellschaft besitzt.

Bei den folgenden Ausführungen hat die Muttergesellschaft zwar immer noch einen beherrschenden Einfluss (Stimmkraft > 50%); sie besitzt aber nicht mehr alle Aktien der Tochtergesellschaft, sodass die Ansprüche der Minderheitsaktionäre im Konzernabschluss ausgewiesen werden müssen*.

* Siehe 3.1 «Konsolidierung der Bilanz» und 3.2 «Konsolidierung der Erfolgsrechnung».

Beim Ausweis der Anteile der Drittaktionäre stellt sich die Frage, ob ihnen auch im Rahmen ihrer Beteiligungsquote ein (theoretischer) Goodwill-Anteil zugeordnet werden soll. In allen Beispielen und Aufgaben wurde ihnen bis anhin lediglich ihr Anteil am Nettovermögen bzw. am effektiven Eigenkapital (Aktienkapital, Reserven und Gewinn) der Tochtergesellschaft zugeordnet (klassische Purchase-Methode). In der Konzernbilanz wurde nur der Goodwill-Anteil der Muttergesellschaft ausgewiesen und eventuell amortisiert.

IFRS 3R sieht im Zusammenhang mit dem Goodwill Accounting ein Wahlrecht zwischen zwei Methoden vor:

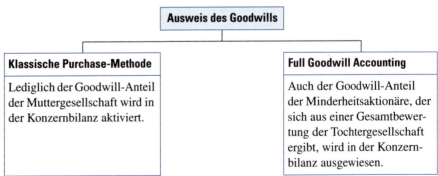

Die US GAAP sehen nur noch die Methode des Full Goodwill Accounting vor. Die Swiss GAAP FER erwähnen nur die klassische Purchase-Methode.

Beide Methoden führen zu gleichen Bilanzwerten, wenn bei der Tochtergesellschaft keine Minderheitsaktionäre bestehen.

Beispiel 2 Goodwill Accounting bei Anwendung der beiden Methoden

Ausgangslage

Die MAG erwirbt ausserbörslich in einer einzigen Transaktion vom bisherigen Hauptaktionär der TAG 60% des Aktienkapitals der TAG zum Anschaffungspreis von 630. Die restlichen 40%, die an der Börse gehandelt werden, haben einen Börsenwert von 400. Aus diesen Informationen kann abgeleitet werden, dass die MAG einen Kontrollaufschlag von 30 bezahlt hat. Die Nettoaktiven bzw. das effektive Eigenkapital (Substanzwert) der TAG beträgt 700: Aktienkapital 400, Reserven 300.

Klassische Purchase-Methode

Anschaffungswert		630
60% vom Aktienkapital 400	240	
60% von den Reserven 300	180	420
Goodwill		210

Kapitalkonsolidierung und Ausweis der Minderheitsaktionäre:

Aktienkapital	/ Beteiligung	240
Reserven	/ Beteiligung	180
Goodwill	/ Beteiligung	210
Aktienkapital	/ Minderheitsanteile	160
Reserven	/ Minderheitsanteile	120

Der Goodwill in der Konzernbilanz beträgt 210. Die Ansprüche der Minderheitsaktionäre werden mit insgesamt 280 ausgewiesen.

Full Goodwill Accounting

Mit dem Anschaffungspreis von 630 für 60% des Aktienkapitals und der Börsenkapitalisierung von 400 lässt sich der Gesamtunternehmenswert von 1 030 berechnen.

Anschaffungswert	630
Börsenwert	400
Unternehmungswert	1 030
Aktienkapital	400
Reserven	300
Gesamter (Full) Goodwill	330

Kapitalkonsolidierung und Ausweis der Minderheitsaktionäre:

Aktienkapital	/ Beteiligung	240
Reserven	/ Beteiligung	180
Goodwill	/ Beteiligung	210
Aktienkapital	/ Minderheitsanteile	160
Reserven	/ Minderheitsanteile	120
Goodwill	/ Minderheitsanteile	120

In der Konzernbilanz wird der Gesamt-Goodwill von 330 ausgewiesen. Die Ansprüche der Minderheitsaktionäre betragen 400.

3.4.4 Werthaltigkeitsprüfung (Impairment-Test)

Die Werthaltigkeit des aktivierten Goodwills ist mit einem jährlichen Impairment-Test zu prüfen. Liegt eine Wertbeeinträchtigung vor, ist der Goodwill auf den erzielbaren Wert zu reduzieren.

Beispiel 3 **Impairment-Test**

Ausgangslage Die MAG hatte am 1. Januar 1996 die TAG mit einem Eigenkapital von 36 Mio. Fr. zum Preis von 50 Mio. Fr. übernommen. Bis Ende 2003 hat die MAG den Goodwill planmässig, linear über eine Nutzungsdauer von 20 Jahren abgeschrieben (alte Regelung IFRS/IAS).

Ab Geschäftsjahr 2004 darf der Goodwill nicht mehr planmässig amortisiert werden. Die Werthaltigkeit des Goodwills ist mit einen jährlichen Impairment-Test zu prüfen.

31.12.2003 Bisherige (alte) Regelung

01.01.1996	Bezahlter Goodwill (50 Mio. Fr. – 36 Mio. Fr.)	14,0 Mio. Fr.
31.12.2003	Kumulierte Goodwill-Amortisationen (8 Jahre zu 0,7 Mio. Fr.)	5,6 Mio. Fr.
31.12.2003	Nettobuchwert Goodwill	8,4 Mio. Fr.

31.12.2004 Neue Regelung

Um die weitere Behandlung des Goodwills festzulegen, ist der Fair Value (Unternehmungswert) der TAG zu ermitteln. Der Fair Value entspricht dem Betrag, zu dem ein Vermögenswert zwischen sachverständigen und vertragswilligen Geschäftspartnern getauscht werden könnte. Der Substanzwert (das effektive Eigenkapital) beträgt 52 Mio. Fr.

Variante 1:
Fair Value der TAG beträgt 65 Mio. Fr.

Fair Value der TAG (Unternehmungswert)	65,0 Mio. Fr.
Substanzwert der TAG	52,0 Mio. Fr.
Fair Value Goodwill	13,0 Mio. Fr.
Nettobuchwert Goodwill Vorjahr (31.12.2003)	8,4 Mio. Fr.
Abschreibung Goodwill	0,0 Mio. Fr.

Es sind keine weiteren Schritte notwendig. Der Goodwill ist nicht abzuschreiben. Das Jahresergebnis wird gegenüber dem Vorjahr um 0,7 Mio. Fr. (Jahresabschreibung Goodwill) höher ausfallen.

Variante 2:
Fair Value der TAG beträgt 56 Mio. Fr.

Fair Value der TAG (Unternehmungswert)	56,0 Mio. Fr.
Substanzwert der TAG	52,0 Mio. Fr.
Fair Value Goodwill	4,0 Mio. Fr.
Nettobuchwert Goodwill Vorjahr (31.12.2003)	8,4 Mio. Fr.
Abschreibung Goodwill (Impairment Loss)	4,4 Mio. Fr.

Der Goodwill ist um 4,4 Mio. Fr. abzuschreiben. Das Jahresergebnis wird dadurch im Jahr 2004 um 4,4 Mio. Fr. kleiner ausgewiesen.

Grafische Gegenüberstellung der beiden Varianten

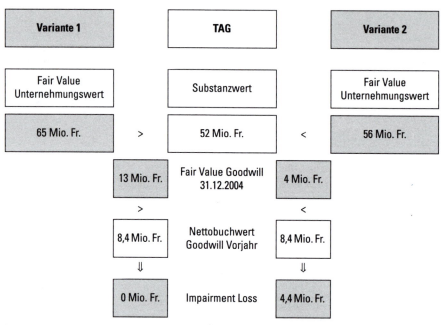

Die Auswirkungen eines überbewerteten Goodwills können sein:
- Der Wertzerfall des Goodwills (Impairment Loss) kann nicht mehr über mehrere Jahre ausgeglichen werden und muss (siehe Folgen aus Variante 2) sofort abgeschrieben werden.
- Im Vergleich zum Vorjahr nimmt das Jahresergebnis stark ab.

Aufgaben zu Abschnitt 3.4

▶ 3.4 – 1 Methoden der Goodwill-Behandlung und Eigenkapitalrentabilität. 220
▶ 3.4 – 2 Goodwill, Werthaltigkeit und Eigenkapitalrentabilität. 221
▶ 3.4 – 3 Goodwill Accounting. 224
▶ 3.4 – 4 Kapitalerhöhungen und Konzerneigenkapital. 224
▶ 3.4 – 5 Erstkonsolidierung bei Anwendung von Swiss GAAP FER. 225

3.5 Konsolidierungsmethoden

3.5.1 Überblick

Die Höhe der Stimmrechtsanteile an der Beteiligung bestimmt die Wahl der Konsolidierungsmethode. Für die eigentliche Konsolidierung ist jedoch die kapitalmässige Beteiligungsquote von Bedeutung.

Beteiligung (Stimmrechte)	Konsolidierungsmethode und Besonderheiten
100%	- **Vollkonsolidierung** der Tochtergesellschaft **ohne Minderheiten** - Keine Minderheitsanteile
> 50% bis 100%	- **Vollkonsolidierung** der Tochtergesellschaft **mit Minderheiten** - Ausweis der Minderheiten in Bilanz und Erfolgsrechnung

genau 50%	- **Quotenkonsolidierung** bei Gemeinschaftsunternehmen (Joint Ventures)
	- Anteilmässige Erfassung von
	  □ Aktiven und Passiven
	  □ Aufwand und Ertrag
	- Keine Minderheitsanteile

20% bis 50%	- Bewertung nach der **Equity-Methode** für assoziierte Gesellschaften - Ausweis im Erwerbszeitpunkt zum Kaufpreis der Beteiligung - In den Folgejahren Korrektur des Beteiligungswertes um die anteilige Veränderung des Eigenkapitals der Beteiligung - Keine Konsolidierung
unter 20%	- Bewertung grundsätzlich zu **Marktwerten** - Keine Konsolidierung

In den vorangegangenen Abschnitten wurde immer von der Vollkonsolidierung ausgegangen.

Die Quotenkonsolidierung und die Equity-Methode sind Übergangsstufen zwischen der Vollkonsolidierung und der Bewertung zu Marktwerten. Bei Gemeinschaftsunternehmen in Form von gemeinsam beherrschten Gesellschaften ist nach IFRS und Swiss GAAP FER wahlweise die Quotenkonsolidierung oder die Equity-Methode erlaubt. Gemeinsame Beherrschung bedeutet, dass eine Übereinkunft besteht, welche die Kontrolle über die finanziellen und operativen Entscheidungen auf die Partner verteilt.

In den folgenden Abschnitten wird nun auf die Besonderheiten der Quotenkonsolidierung und die Equity-Methode eingegangen.

3.5.2 Quotenkonsolidierung

Die Quotenkonsolidierung erfasst im Gegensatz zur Vollkonsolidierung alle Positionen der Bilanz und Erfolgsrechnung der Tochtergesellschaft anteilmässig (gemäss Kapitalanteil). Minderheitsanteile werden keine ausgewiesen.

Beispiel 1 — **Quotenkonsolidierung mittels Purchase-Methode**

Ausgangslage

* Entspricht Beispiel 1 in 3.3 «Methoden der Kapitalkonsolidierung».

Die MAG erwirbt eine 80 % Beteiligung an der TAG auf den 1.1.20_1 zu 1 600. Da die MAG nur 50 % der Aktionärstimmen besitzt, wird die TAG quotenkonsolidiert.*

Bilanzen vom 31.12.20_1					
Aktiven	**MAG**	**TAG**	**Passiven**	**MAG**	**TAG**
Flüssige Mittel	4 945	160	Lieferantenschulden	6 000	775
Wertschriften	7 750	0	Obligationenanleihe	10 000	0
Kundenforderungen	7 280	150	Hypotheken	7 600	0
Vorräte	10 200	600	Rückstellungen	2 080	10
Darlehen	1 195	0	Aktienkapital	20 000	1 000
Beteiligungen	17 850	300	Reserven	13 000	500
Sachanlagen	12 500	1 450	Gewinnvortrag	220	200
Immaterielle Anlagen	280	0	Jahresgewinn	3 100	175
	62 000	2 660		62 000	2 660

Ergänzende Angaben
- Die zum Zeitpunkt des Erwerbs (am 1.1.20_1) ermittelten stillen Reserven bei der TAG betragen: Kundenforderungen 30, Sachanlagen 100, Rückstellungen 10.
- Die Sachanlagen der TAG werden linear über die nächsten 10 Jahre abgeschrieben, der Goodwill linear über 4 Jahre.
- Das Aktienkapital, die Reserven und der Gewinnvortrag der TAG haben sich im Jahr 20_1 nicht verändert. Der Jahresgewinn von 175 wurde im Jahr 20_1 erwirtschaftet.
- Die Reserven der MAG von 13 000 bestehen aus 10 000 Kapitalreserven und 3 000 Gewinnreserven.

* Siehe 6.2 «Latente Steuern».

Die Konsolidierung erfolgt exemplarisch alleine mit der Beteiligung TAG. Die latenten Steuern werden nicht berücksichtigt.*

Von allen Positionen der Bilanz und Erfolgsrechnung der TAG wird in einem ersten Schritt die Quote berechnet, welche in einem zweiten Schritt in die Konsolidierung eingeht.

3.5 Konsolidierungsmethoden

Erstkonsolidierung am 31.12.20_1

Der Goodwill und die Jahresabschreibung des Goodwills werden wie folgt berechnet:

Beteiligungswert, Kaufpreis			1 600
Anteil	100%	80%	
▪ Aktienkapital	1 000	800	
▪ Reserven	500	400	
▪ Gewinnvortrag	200	160	
▪ Neubewertungsreserven	140	112	1 472
Goodwill am 1.1.20_1			128
Jahresabschreibung			32
Goodwill am 31.12.20_1			96

Von den beim Erwerb der TAG vorhandenen stillen Reserven von 140 werden nur 112 (80%) erfolgsneutral aufgedeckt.

- Die in den Sachanlagen aufgedeckten stillen Reserven von 80 und jährlich schrittweise wieder aufzulösenden stillen Reserven von 8 werden mit den ordentlichen Abschreibungen erfasst und verkleinern den Konzerngewinn.
- Da die Forderungen keinen abnutzbaren Vermögenswert darstellen, erfolgt keine Abschreibung und damit keine Reduktion des Konzerngewinnes. Das Gleiche gilt sinngemäss für die Rückstellungen.

Die Goodwill-Abschreibung geht wie bei der Vollkonsolidierung ganz zulasten des Konzerngewinnes.

Konsolidierungsbuchungen per 31.12.20_1

KAD	/	Beteiligungen	1 600	

Das Konto KAD (Kapitalaufrechnungsdifferenz) wird als Abrechnungskonto verwendet.

Aktienkapital	/	KAD	800	80%
Kapitalreserven	/	KAD	560	80%
Neubewertungsreserven	/	KAD	112	80%
Goodwill	/	KAD	128	Erwerbszeitpunkt
Jahresgewinn Bilanz	/	Goodwill	32	Jahresabschreibung 20_1
Jahresgewinn Bilanz	/	Sachanlagen	8	Jahresabschreibung 20_1
(Abschreibung	/	Jahresgewinn ER	32)	Jahresabschreibung 20_1
(Abschreibung	/	Jahresgewinn ER	8)	Jahresabschreibung 20_1

Konzernbilanz per 31.12.20_1

Die Reserven der Einzelabschlüsse wurden bereits in Kapital- und Gewinnreserven aus Konzernsicht umgegliedert. Die Neubewertung ist im Einzelabschluss der TAG ebenfalls berücksichtigt.

	MAG	TAG	TAG 80%	Korrekturen		Konzern
Flüssige Mittel	4 945	160	128			5 073
Wertschriften	7 750	0	0			7 750
Kundenforderungen	7 280	180	144			7 424
Vorräte	10 200	600	480			10 680
Darlehen	1 195	0	0			1 195
Beteiligungen	17 850	300	240		1 600	16 490
Sachanlagen	12 500	1 550	1 240		8	13 732
Immaterielle Anlagen	280	0	0			280
Goodwill	0	0	0	128	32	96
	62 000	2 790	2 232			62 720
Lieferantenschulden	6 000	775	620			6 620
Obligationenanleihe	10 000	0	0			10 000
Hypotheken	7 600	0	0			7 600
Rückstellungen	2 080	0	0			2 080
Aktienkapital	20 000	1 000	800	800		20 000
Kapitalreserven	10 000	700	560	560		10 000
Gewinnreserven	3 220	0	0			3 220
Neubewertungsreserven	0	140	112	112		0
Jahresgewinn	3 100	175	140	8/32		3 200
	62 000	2 790	2 232	2 043	2 043	62 720

Bei der Quotenkonsolidierung wird übersehen, dass die Aktiven und das Fremdkapital, die Aufwendungen und Erträge einer Tochtergesellschaft ein zusammengehörendes Ganzes sind und nicht anteilmässig betrachtet werden können.

Wird eine einheitliche Leitung (beherrschender Einfluss) der Muttergesellschaft auf das Gemeinschaftsunternehmen ausgeübt, so ist das Joint Venture (wie alle anderen Konzerngesellschaften) nach der Vollkonsolidierung zu erfassen.

3.5.3 Equity-Methode

Die Equity-Methode ist ein Bewertungsverfahren, bei dem eine Beteiligung im Erwerbszeitpunkt zum Kaufpreis bewertet und ausgewiesen wird und in den Folgejahren um die anteiligen Veränderungen des Eigenkapitals bei der assoziierten Gesellschaft korrigiert wird.

Die Equity-Methode ist bei assoziierten Unternehmen vorgesehen, d.h. bei Gesellschaften, auf die der Konzern einen massgeblichen (wesentlichen), nicht aber beherrschenden Einfluss ausübt. Ein massgeblicher Einfluss wird bei einer Beteiligung von 20 bis 50% Stimmkraft angenommen und äussert sich häufig in der Besetzung von Verwaltungsratsposten.

Gegenüber der Bewertung nichtkonsolidierter Beteiligungen zu (historischen) Anschaffungswerten hat die Equity-Methode den Vorteil, dass sie betriebswirtschaftlich weitgehend richtige Werte ermittelt. Allerdings kann es wegen des beschränkten Einsichtsrechts schwierig sein – trotz massgeblichem Einfluss –, alle für die Bewertung relevanten Daten zu kennen bzw. zu beschaffen.

Der Hauptunterschied zwischen der Vollkonsolidierung und der Equity-Methode liegt in den zusätzlichen Einzelangaben in Bilanz und Erfolgsrechnung. Der Gewinn für die Periode und das Reinvermögen am Bilanzstichtag sind gleich hoch.

Der Equity-Wert kann grundsätzlich auf zwei verschiedene Arten ermittelt werden:

Fortschreibung des Equity-Wertes		Praktikermethode	
Ausgangsbewertung der Beteiligung	Anschaffungskosten	Ausgangsbewertung der Beteiligung	Stichtagswert gemäss anteiligem Eigenkapital
Regelmässige Fortschreibung	+ Anteiliger Jahresgewinn – Anteiliger Jahresverlust – Vereinnahmte Gewinnausschüttungen	Veränderung gegenüber dem Vorjahr	+/– Erfolgswirksame Wertveränderung (Beteiligungserfolg)
Unregelmässige Fortschreibung	+ Kapitaleinlagen – Kapitalrückzahlungen – Abschreibungen + Zuschreibungen		
Bewertung der Beteiligung	Equity-Wert	Bewertung der Beteiligung	Equity-Wert

Häufig wird in der Praxis anstelle der exakten Nachführung (Fortschreibung) der Wert der Beteiligung Anfang und Ende Jahr verglichen und die Differenz in einem einzigen Posten als Beteiligungsertrag bzw. -aufwand ausgewiesen.

Die Equity-Methode ist laut Aktienrecht für den Einzelabschluss nicht zulässig, da sie gegen das Realisations- und Imparitätsprinzip verstösst.

Beispiel 2 Equity-Methode

Ausgangslage

Die GG Holding erwirbt Anfang 20_1 eine 30%-Beteiligung an der Asso AG für 3 710. Das Aktienkapital der Asso AG beträgt 7 000, die offenen Reserven betragen 3 000. Stille Reserven von 100 sind in den Forderungen und 600 in den Sachanlagen vorhanden. Bei den Sachanlagen handelt es sich um abnutzbares Vermögen. Die restliche durchschnittliche Nutzungsdauer der Sachanlagen beträgt 10 Jahre. Die Abschreibung erfolgt linear. Der käuflich erworbene Goodwill wird linear über 5 Jahre abgeschrieben.

Buchungstatsachen Anfang 20_1 für die GG Holding
Erwerb der Beteiligung und Begleichung des Kaufpreises durch die GG Holding:
- Flüssige Mittel   1 500
- Obligationenanleihe   710
- Eigene Aktien   1 500
  Der Buchwert der eigenen Aktien entspricht dem Tageswert. Der Anschaffungswert betrug 1 200.

Buchungen für den Erwerb des Aktienpaketes

Beteiligung	/	Flüssige Mittel	1 500
Beteiligung	/	Obligationenanleihe	710
Beteiligung	/	Eigene Aktien	1 500
Reserve für eigene Aktien	/	Freie Reserven	1 200

Ermittlung des Goodwills

Beteiligungswert			3 710
Anteil	100%	30%	
■ Aktienkapital	7 000	2 100	
■ Offene Reserven	3 000	900	
■ Stille Reserven auf den Forderungen	100	30	
■ Stille Reserven auf den Sachanlagen	600	180	3 210
Goodwill			500

Die latenten Steuern werden nicht berücksichtigt.

Angaben zum Einzelabschluss der Asso AG für das Jahr 20_1
Die Asso AG hat die stillen Reserven auf den Forderungen um 100 erhöht und die ordentlichen Abschreibungen auf den Sachanlagen vorgenommen. Der ausgewiesene Jahresgewinn beträgt 1 500.

Erstkonsolidierung am 31.12.20_1

Buchungstatsachen bei der GG-Gruppe
1 Veränderung der stillen Reserven bei der Asso AG
   a Anteilige Zunahme auf den Forderungen
   b Anteilige Abnahme auf den Sachanlagen
2 Anteiliger Jahresgewinn an der Asso AG

Konsolidierungsbuchungen

1 a	Beteiligung	/	Beteiligungserfolg	30	30% von 100
b	Beteiligungserfolg	/	Beteiligung	18	(30% von 600) : 10
2	Beteiligung	/	Beteiligungserfolg	450	30% von 1 500

3.5 Konsolidierungsmethoden

Kontoführung für die Konzernrechnung

Beteiligung		Beteiligungserfolg	
3 710			
30			30
	18	18	
450			450
	4 172	**462**	
4 190	4 190	480	480

Angaben zum Einzelabschluss der Asso AG für das Jahr 20_2

Die Asso AG schüttet eine Dividende von 5% aus und löst alle stillen Reserven auf den Forderungen auf. Der ausgewiesene Jahresverlust beträgt 900. Die GG Holding hat in ihrem Einzelabschluss die Beteiligung um 210 abgeschrieben.

Folgekonsolidierung am 31.12.20_2

Buchungstatsachen bei der GG-Gruppe

1 Rückbuchung der im Einzelabschluss der GG Holding vorgenommenen Abschreibung von 210 auf der Beteiligung
2 Anpassung des Beteiligungsbuchwertes an den Wert im konsolidierten Abschluss Ende des Vorjahres 462
3 Ausbuchung der erhaltenen Dividende der Asso AG
4 Veränderung der stillen Reserven bei der Asso AG
   a Anteilige Abnahme auf den Forderungen
   b Anteilige Abnahme auf den Sachanlagen
5 Anteiliger Jahresverlust an der Asso AG

Konsolidierungsbuchungen

1	Beteiligung	/	Beteiligungserfolg	210	Rückbuchung
2	Beteiligung	/	Gewinnreserven	462	Anpassung
3	Beteiligungserfolg	/	Beteiligung	105	30% von (5% von 7 000)
4 a	Beteiligungserfolg	/	Beteiligung	60	30% von 200
b	Beteiligungserfolg	/	Beteiligung	18	(30% von 600) : 10
5	Beteiligungserfolg	/	Beteiligung	270	30% von 900

Kontoführung für die Konzernrechnung

Beteiligung		Gewinnreserven		Beteiligungserfolg	
3 710	210			210	105
210					210
462			462		
	105			105	
	60			60	
	18			18	
	270			270	
	3 719		**462**		**348**
4 382	4 382	462	462	663	663

3.5.4 Vergleich Vollkonsolidierung, Quotenkonsolidierung und Equity-Methode

Die Merkmale und die wesentlichen Unterschiede zwischen den drei Methoden sollen am folgenden Beispiel aufgezeigt werden.

Beispiel 3 **Vollkonsolidierung, Quotenkonsolidierung und Equity-Methode**

Ausgangslage: Seit der Gründung der VQE hält die MAG 60 % des Aktienkapitals. Die Einzelabschlüsse der MAG und der VQE sehen wie folgt aus:

Bilanzen vom 31.12.20_1					
Aktiven	**MAG**	**VQE**	**Passiven**	**MAG**	**VQE**
Forderungen	364	140	Lieferanten	300	50
Vorräte	300	160	Darlehen	400	60
Darlehen an VQE	40		Aktienkapital	400	160
Beteiligung an VQE	96		Reserven	400	100
Sachanlagen	800	100	Jahresgewinn	100	30
	1 600	400		1 600	400

Erfolgsrechnungen für 20_1					
Aufwand	**MAG**	**VQE**	**Ertrag**	**MAG**	**VQE**
Warenaufwand	1 700	600	Warenertrag	2 000	760
Übriger Aufwand	400	170	Übriger Ertrag	200	40
Jahresgewinn	100	30			
	2 200	800		2 200	800

Ergänzende Angaben
Die MAG hat während des Jahres Waren im Wert von 400 an VQE geliefert. VQE hat sämtliche Waren weiterverkauft.

Die konsolidierten Jahresrechnungen werden nach allen drei Methoden erstellt:
- Vollkonsolidierung mit Ausweis der Minderheiten
- Quotenkonsolidierung (anteilmässige Erfassung)
- Equity-Methode (Bewertung und Ausweis der Beteiligung zum anteiligen Eigenkapital)

Da die Beteiligungsquote grösser als 50 % ist, müsste korrekterweise die Methode der Vollkonsolidierung angewendet werden. Um die wesentlichen Unterschiede zwischen den Methoden besser aufzuzeigen, werden die konsolidierten Jahresrechnungen auch nach den beiden anderen Methoden erstellt.

Vollkonsolidierung

Bilanzen vom 31.12.20_1										
Aktiven	MAG	VQE 100%	Korrekturen	Konzern	Passiven	MAG	VQE 100%	Korrekturen	Konzern
Forderungen	364	140		504	Lieferanten	300	50		350
Vorräte	300	160		460	Darlehen	400	60	−40	420
Darlehen an VQE	40		−40	0	Aktienkapital	400	160	−160	400
Beteiligung an VQE	96		−96	0	Reserven	400	100	−40	460
Sachanlagen	800	100		900	Jahresgewinn	100	30	−12	118
					Minderheiten			+116	116
	1 600	400	−136	1 864		1 600	400	−136	1 864

Erfolgsrechnungen für 20_1										
Aufwand	MAG	VQE 100%	Korrekturen	Konzern	Ertrag	MAG	VQE 100%	Korrekturen	Konzern
Warenaufwand	1 700	600	−400	1 900	Warenertrag	2 000	760	−400	2 360
Übriger Aufwand	400	170		570	Übriger Ertrag	200	40		240
Jahresgewinn	100	30	−12	118					
Minderheiten Gewinn			+12	12					
	2 200	800	−400	2 600		2 200	800	−400	2 600

Konsolidierungsbuchungen

Kapitalkonsolidierung und Minderheitsanteile:
Aktienkapital VQE	/ Beteiligung an VQE	96	60% von 160
Aktienkapital VQE	/ Minderheiten Bilanz	64	40% von 160
Reserven VQE	/ Minderheiten Bilanz	40	40% von 100

Konzerninterne Darlehen:
Darlehen von MAG / Darlehen an VQE 40

Konzerninterne Umsätze:
Warenertrag MAG / Warenaufwand VQE 400

Minderheitsanteil am Jahresgewinn von VQE:
Minderheiten Gewinn ER / Jahresgewinn ER 12 40% von 30
Jahresgewinn Bilanz / Minderheiten Bilanz 12 40% von 30

Ergebnis
- Alle Positionen der Bilanz und Erfolgsrechnung der Tochtergesellschaft VQE werden zu 100% in die Konzernrechnung übernommen.
- Die Minderheitsanteile am Eigenkapital und am Gewinn werden separat ausgewiesen.
- Das Konzerndarlehen und die konzerninternen Umsätze (Intercompany-Umsätze) werden ausgeschieden.

Quotenkonsolidierung

			Bilanzen vom 31.12.20_1						
Aktiven	MAG	VQE 60%	Korrekturen	Konzern	Passiven	MAG	VQE 60%	Korrekturen	Konzern
Forderungen	364	84		448	Lieferanten	300	30		330
Vorräte	300	96		396	Darlehen	400	36	−24	412
Darlehen an VQE	40		−24	16	Aktienkapital	400	96	−96	400
Beteiligung an VQE	96		−96	0	Reserven	400	60		460
Sachanlagen	800	60		860	Jahresgewinn	100	18		118
					Minderheiten				0
	1 600	240	−120	1 720		1 600	240	−120	1 720

			Erfolgsrechnungen für 20_1						
Aufwand	MAG	VQE 60%	Korrekturen	Konzern	Ertrag	MAG	VQE 60%	Korrekturen	Konzern
Warenaufwand	1 700	360	−240	1 820	Warenertrag	2 000	456	−240	2 216
Übriger Aufwand	400	102		502	Übriger Ertrag	200	24		224
Jahresgewinn	100	18		118					
Minderheiten Gewinn				0					
	2 200	480	−240	2 440		2 200	480	−240	2 440

Konsolidierungsbuchungen
Kapitalkonsolidierung; Beteiligungsbuchwert gegen anteiliges Aktienkapital:
Aktienkapital VQE / Beteiligung an VQE   96   60% von 160

Konzerninterne Darlehen:
Darlehen von MAG / Darlehen an VQE   24   60% von 40

Konzerninterne Umsätze:
Warenertrag MAG / Warenaufwand VQE   240   60% von 400

Ergebnis
- Alle Positionen der Bilanz und Erfolgsrechnung der Tochtergesellschaft VQE werden anteilmässig zu 60% in die Konzernrechnung übernommen.
- Die Minderheitsanteile am Eigenkapital und Gewinn werden nicht ausgewiesen.
- Das Konzerndarlehen und die konzerninternen Umsätze (Intercompany-Umsätze) werden anteilmässig zu 60% ausgeschieden.

Equity-Methode

Bilanzen vom 31.12.20_1

Aktiven	MAG	Korrekturen	Konzern	Passiven	MAG	Korrekturen	Konzern
Forderungen	364		364	Lieferanten	300		300
Vorräte	300		300	Darlehen	400		400
Darlehen an VQE	40		40	Aktienkapital	400		400
Beteiligung an VQE	96	+78	174	Reserven	400	+60	460
Sachanlagen	800		800	Jahresgewinn	100	+18	118
				Minderheiten			0
	1 600	+78	1 678		1 600	+78	1 678

Erfolgsrechnungen für 20_1

Aufwand	MAG	Korrekturen	Konzern	Ertrag	MAG	Korrekturen	Konzern
Warenaufwand	1 700		1 700	Warenertrag	2 000		2 000
Übriger Aufwand	400		400	Übriger Ertrag	200		200
Jahresgewinn	100	+18	118	Equity-Ertrag		+18	18
Minderheiten Gewinn			0				
	2 200	+18	2 218		2 200	+18	2 218

Konsolidierungsbuchungen

Bewertung und Ausweis der Beteiligung zu ihrem anteiligen Eigenkapital in der Konzernbilanz:

Erfassung des Equity-Mehrwerts:
Beteiligung an VQE / Reserven   60   60 % von Reserven 100
Beteiligung an VQE / Jahresgewinn Bilanz 18   60 % von Jahresgewinn 30

Erfassung des Equity-Ertrages in der Erfolgsrechnung:
Jahresgewinn ER / Equity-Ertrag   18   60 % von Jahresgewinn 30

Ergebnis

- Die Equity-Methode ist keine Konsolidierungs-, sondern eine Bewertungsmethode.
- Die Beteiligung wird zum anteiligen Eigenkapital bewertet und in der Konzernbilanz als Beteiligung ausgewiesen.
- Vom Gewinn der Beteiligung wird lediglich der Anteil von 60 % in die Konzernrechnung übernommen.
- Die Beteiligung wird wie eine Drittgesellschaft behandelt.

Gegenüberstellung der konsolidierten Jahresrechnungen

Konzernbilanzen vom 31.12.20_1

Aktiven	Voll	Quoten	Equity	Passiven	Voll	Quoten	Equity
Forderungen	504	448	364	Lieferanten	350	330	300
Vorräte	460	396	300	Darlehen	420	412	400
Darlehen an VQE	0	16	40	Aktienkapital	400	400	400
Beteiligung an VQE	0	0	174	Reserven	460	460	460
Sachanlagen	900	860	800	Jahresgewinn	118	118	118
				Minderheiten	116	0	0
	1 864	1 720	1 678		1 864	1 720	1 678

Konzernerfolgsrechnungen für 20_1

Aufwand	Voll	Quoten	Equity	Ertrag	Voll	Quoten	Equity
Warenaufwand	1 900	1 820	1 700	Warenertrag	2 360	2 216	2 000
Übriger Aufwand	570	502	400	Übriger Ertrag	240	224	200
Jahresgewinn	118	118	118	Equity-Ertrag			18
Minderheiten Gewinn	12	0	0				
	2 600	2 440	2 218		2 600	2 440	2 218

Ergebnis

- Da die MAG seit der Gründung der VQE eine 60%-Beteiligung hält, gibt es bei allen drei Methoden keinen Goodwill.
- Alle Methoden weisen das gleiche Eigenkapital und den gleichen Jahresgewinn aus.
- Die Vollkonsolidierung zeigt den grössten Konzernumsatz, da auch der ganze Umsatz der Tochtergesellschaft zu 100% enthalten ist. Dadurch sinkt beispielsweise die Umsatzrentabilität.
- Bei der Equity-Methode erscheint das Fremdkapital der Beteiligung VQE nicht in der Konzernrechnung. Dadurch ist die Eigenkapitalquote des Konzerns am höchsten.
- Die Quotenkonsolidierung ist ein Mittelweg zwischen Vollkonsolidierung und Equity-Methode. Sie zeigt beispielsweise einen grösseren Umsatz und ein höheres Fremdkapital als die Equity-Methode.
- Der Anhang zur Konzernrechnung muss die Konsolidierungsgrundsätze enthalten, die bei der Anwendung der Konsolidierungsmethoden berücksichtigt wurden.

Aufgaben zu Abschnitt 3.5

- ▶ 3.5 – 1   Quotenkonsolidierung 227
- ▶ 3.5 – 2   Konsolidierungsmethoden 228
- ▶ 3.5 – 3   Equity-Bewertung einer Beteiligung................................ 230
- ▶ 3.5 – 4   Equity-Methode im Konzernabschluss............................. 230
- ▶ 3.5 – 5   Vollkonsolidierung, Quotenkonsolidierung und Equity-Methode..................... 232
- ▶ 3.5 – 6   Vergleich von Quotenkonsolidierung und Equity-Methode 234
- ▶ 3.5 – 7   Quotenkonsolidierung 235
- ▶ 3.5 – 8   Konzernabschluss mit Quotenkonsolidierung................... 235
- ▶ 3.5 – 9   Assoziierte Gesellschaften... 237
- ▶ 3.5 – 10 Fortschreibung des Equity-Wertes 238
- ▶ 3.5 – 11 Equity-Beteiligung 239
- ▶ 3.5 – 12 Auswirkung der verschiedenen Konsolidierungsmethoden auf einzelne Positionen ... 240
- ▶ 3.5 – 13 Vollkonsolidierung und Quotenkonsolidierung 241

3.6 Konsolidierung im mehrstufigen Konzern

Die Obergesellschaft ist oft nicht direkt an allen Konzerngesellschaften beteiligt. Sie hält sie mittelbar (indirekt) durch andere Konzernunternehmen, welche die Funktion einer Zwischen- oder Subholding annehmen. Die Konsolidierung erfolgt stufenweise in mehreren Schritten (Stufen- oder Kettenkonsolidierung).

Der Konzern wird in seine Konzernuntergruppen (Teilkonzerne) aufgeteilt, welche konsolidiert werden und auf der nächsten Stufe als Teilkonzernabschlüsse in die Konsolidierung höherer Ordnung eingehen. Die einzelnen Enkelgesellschaften werden mit ihren Zwischenholdings vorkonsolidiert.

Beispiel 1 **Konsolidierung der MZ-Gruppe**

Ausgangslage Der Konsolidierungsstammbaum der MZ-Gruppe sieht wie folgt aus:

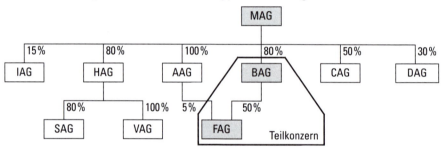

Die stufenweise Konsolidierung soll exemplarisch mit der Gesellschaft FAG dargestellt werden. Um das Beispiel einfach zu halten, wird die indirekte Beteiligung der MAG über die AAG an der FAG nicht berücksichtigt.

Beteiligungsverhältnisse	
Beteiligung MAG an BAG	**Beteiligung BAG an FAG**
■ Die Beteiligung der MAG an der BAG beträgt 1 600. ■ Das zu eliminierende Eigenkapital (Aufrechnungskapital) der BAG ist 1 360 (= 80 % von 1 700).	■ Die Beteiligung der BAG an der FAG beträgt 300. ■ Das zu eliminierende Eigenkapital (Aufrechnungskapital) der FAG ist 250 (= 50 % von 500).

3.6 Konsolidierung im mehrstufigen Konzern

Die Einzelabschlüsse der MAG, BAG und FAG

	Einzelbilanzen		
	MAG	BAG	FAG
Beteiligung	17 850	300	0
Übrige Aktiven	44 150	2 360	737
	62 000	2 660	737
Fremdkapital	25 680	785	177
Aktienkapital	20 000	1 000	500
Kapitalreserven	10 000	700	0
Gewinnreserven	3 220	0	0
Jahresgewinn	3 100	175	60
	62 000	2 660	737

1. Stufe: Teilkonsolidierung

Die Enkelgesellschaft FAG wird mit ihrer Zwischenholding BAG vorkonsolidiert.

Ermittlung des Goodwills

	Aufrechnung BAG mit FAG (Teilkonzern)
Beteiligungswert	300
Aufrechnungskapital	250
Goodwill	50

Ermittlung der Minderheitsanteile am Kapital und Gewinn

Die Minderheiten bei der FAG dürfen nur zu 45 % berücksichtigt werden. Der Beteiligungsanteil von 5 % der AAG an der FAG ist eine Konzernbeteiligung.

	Minderheitsanteile FAG 45 %	
Aufrechnungskapital	225	45 % von 500
Gewinn	27	45 % von 60
Minderheiten	252	

Für die Konsolidierung werden alle Bilanz- und Erfolgsrechnungspositionen der FAG geteilt:
- 5 % gehen in die AAG ein (= Anteil der AAG) und
- 95 % werden für die Konsolidierung der BAG berücksichtigt (= 50 % Anteil der BAG und 45 % Minderheiten).

Teilkonzernbilanz

	Einzelbilanzen		Aufrechnung		Teilkonzernbilanz BAG/FAG
	BAG	FAG (95%)	Soll	Haben	
Beteiligung	300			300	0
Übrige Aktiven	2 360	700			3 060
Goodwill			50		50
	2 660	700			3 110
Fremdkapital	785	168			953
Aktienkapital	1 000	475	475		1 000
Kapitalreserven	700				700
Jahresgewinn	175	57	27		205
Minderheiten					
■ Kapital				225	225
■ Jahresgewinn				27	27
	2 660	700	552	552	3 110

Da über die AAG und die BAG, welche im nächsten Schritt mit der MAG konsolidiert werden, zusammen wieder 100% der FAG (5% über die AAG und 95% über die BAG) in den Konzernabschluss einmünden, handelt es sich nicht um eine Quotenkonsolidierung, sondern um eine Aufteilung mehrseitiger Konzernbeteiligungen entsprechend den Beteiligungsquoten.

2. Stufe: Konsolidierung

Der Teilkonzern BAG/FAG wird mit der Muttergesellschaft MAG konsolidiert.

Ermittlung des Goodwills

	Aufrechnung MAG mit BAG/FAG (Gesamtkonzern)
Beteiligungswert	1 600
Aufrechnungskapital	1 360
Goodwill	240

Ermittlung der Minderheitsanteile am Kapital und Gewinn

	Minderheitsanteile BAG/FAG 20%	
Aufrechnungskapital	340	20% von 1 700
Gewinn	41	20% von 205
Minderheiten	381	

Gesamtkonzernbilanz

	Einzelbilanz	Teil-konzernbilanz	Aufrechnung		Konzern-bilanz
	MAG	BAG/FAG	Soll	Haben	
Beteiligung	17 850			1 600	16 250
Übrige Aktiven	44 150	3 060			47 210
Goodwill		50	240		290
	62 000	3 110			63 750
Fremdkapital	25 680	953			26 633
Aktienkapital	20 000	1 000	1 000		20 000
Kapitalreserven	10 000	700	700		10 000
Gewinnreserven	3 220				3 220
Jahresgewinn	3 100	205	41		3 264
Minderheiten					
■ Kapital		225		200	425
■ Reserven				140	140
■ Jahresgewinn		27		41	68
	62 000	3 110	1 981	1 981	63 750

Die Beteiligungsquote von 5 % der AAG an der FAG wird durch die Teilkonsolidierung erfasst und fliesst via Teilkonzern AAG/FAG in den Konzernabschluss ein.

Aufgaben zu Abschnitt 3.6

▶ 3.6 – 1   Stufenkonsolidierung 242

3.7 Halten gegenseitiger Beteiligungen

Beim Halten gegenseitiger Beteiligungen sind die folgenden vier Fälle denkbar:

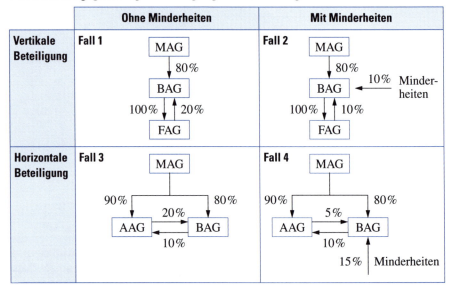

Die grafisch dargestellten Fälle 1, 2 und 3 mit den angegebenen Beteiligungsverhältnissen werden anschliessend an den Beispielen 1 bis 3 erörtert.

Erläuterungen zum Fall 4: Die wechselseitigen Beziehungen sind komplexer als in den drei anderen Fällen. Durch die Beteiligung der BAG an der AAG partizipieren die Minderheitsaktionäre der BAG auch an der AAG. Wegen der Rückbeteiligung der AAG partizipieren sie wiederum an der BAG und damit wieder an der AAG usw.

Um die Anteile von Konzern und Minderheiten an Kapital und Jahresergebnis aufzuteilen, muss auf ein algebraisches Gleichungssystem zurückgegriffen werden. Häufig werden Annäherungsmethoden verwendet.

3.7 Halten gegenseitiger Beteiligungen

Beispiel 1 **Gegenseitige vertikale Beteiligungen ohne Minderheiten**

Ausgangslage Anfang 20_1 hat die MAG eine 80 %-Beteiligung der BAG zu 1 600 erworben. Die Erstkonsolidierung erfolgt am 31.12.20_1. Auf die Amortisation des Goodwills wird verzichtet, da er werthaltig ist. Durch den Neuzugang BAG wird auch die FAG erstmals in den Konsolidierungskreis einbezogen.

Die folgende Aufstellung enthält zusätzliche Angaben, die nötig sind, um den Goodwill zu berechnen.

Ermittlung des Goodwills

	MAG-Beteiligung an BAG 80 %	BAG-Beteiligung an FAG 100 %	FAG-Beteiligung an BAG 20 %	Total
Beteiligung	1 600	500	360	2 460
Aktienkapital	−800	−200	−200	−1 200
Kapitalreserven	−560	−100	−140	−800
Goodwill	240	200	20	460

Der Goodwill von 20 aus der Rückbeteiligung der FAG an der BAG ist ein Goodwill, den die Zwischenholding BAG gegenüber sich selbst ausweist. Deshalb muss er als selbstgeschaffener, originärer Goodwill betrachtet werden und darf in der Konzernbilanz nicht erscheinen.

Bestand die Rückbeteiligung schon vor dem Erwerb der BAG durch die MAG, kann die Korrektur auch erfolgsneutral über die Gewinnreserven erfolgen.

In den Folgejahren wird dieser Posten ergebnisneutral berichtigt.

Ermittlung Konzernbilanz

	Einzelbilanzen			Aufrechnungen		Konzernbilanz
	MAG	BAG	FAG			
Beteiligung an BAG	1 600		360		1 960	
Beteiligung an FAG		500			500	
Übrige Beteiligungen	16 250					16 250
Übrige Aktiven	44 150	2 160	140			46 450
Goodwill				460	20	440
	62 000	2 660	500			63 140
Fremdkapital	25 680	785	150			26 615
Aktienkapital	20 000	1 000	200	1 200		20 000
Kapitalreserven	10 000	700	100	800		10 000
Gewinnreserven	3 220					3 220
Jahresgewinn	3 100	175	50	20		3 305
	62 000	2 660	500	2 480	2 480	63 140

Beispiel 2 **Gegenseitige vertikale Beteiligungen mit 10% Minderheiten**

Ausgangslage Anfang 20_1 hat die MAG eine 80%-Beteiligung der BAG zu 1 600 erworben. Die Erstkonsolidierung erfolgt am 31.12.20_1. Auf die Amortisation des Goodwills wird verzichtet, da er werthaltig ist. Durch den Neuzugang BAG wird auch die FAG erstmals in den Konsolidierungskreis einbezogen. An der BAG sind Minderheiten mit 10% beteiligt.

Die folgende Aufstellung enthält zusätzliche Angaben, die nötig sind, um den Goodwill zu berechnen.

Ermittlung des Goodwills

	MAG-Beteiligung an BAG 80%	BAG-Beteiligung an FAG 90%	FAG-Beteiligung an BAG 9%	Total
Beteiligung	1 600	500	180	2 280
Aktienkapital	–800	–180	–90	–1 070
Kapitalreserven	–560	–90	–63	–713
Goodwill	240	230	27	497

Ermittlung der Minderheitsanteile

	MAG-Beteiligung an BAG 10%	BAG-Beteiligung an FAG 10%	FAG-Beteiligung an BAG 1%	Total
Aktienkapital	100	20	10	130
Kapitalreserven	70	10	7	87
Jahresgewinn	17,5	5	1,75	24
Minderheiten	187,5	35	18,75	241

Ermittlung Konzernbilanz

	Einzelbilanzen			Aufrechnungen		Konzernbilanz
	MAG	BAG	FAG			
Beteiligung an BAG	1 600		180		1 780	
Beteiligung an FAG		500			500	
Übrige Beteiligungen	16 250					16 250
Übrige Aktiven	44 150	2 160	320			46 630
Goodwill				497	27	470
	62 000	2 660	500			63 350
Fremdkapital	25 680	785	150	1 200		26 615
Aktienkapital	20 000	1 000	200	800		20 000
Kapitalreserven	10 000	700	100			10 000
Gewinnreserven	3 220					3 220
Jahresgewinn	3 100	175	50	27/24		3 274
Minderheiten						
▪ Aktienkapital					130	130
▪ Reserven					87	87
▪ Jahresgewinn					24	24
	62 000	2 660	500	2 548	2 548	63 350

3.7 Halten gegenseitiger Beteiligungen

Beispiel 3 **Gegenseitige horizontale Beteiligungen ohne Minderheiten**

Ausgangslage

Anfang 20_1 hat die MAG eine 80%-Beteiligung der BAG zu 1 600 erworben. Die Erstkonsolidierung erfolgt am 31.12.20_1. Auf die Amortisation des Goodwills wird verzichtet, da er werthaltig ist. Anstelle der Enkelgesellschaft FAG (siehe Beispiel 1 und 2) tritt die AAG, welche eine 90%-Tochtergesellschaft der MAG ist und mit der BAG eine wechselseitige Beteiligung hält.

Die folgende Aufstellung enthält zusätzliche Angaben, die nötig sind, um den Goodwill zu berechnen.

Ermittlung des Goodwills

	MAG-Beteiligung an AAG 90%	MAG-Beteiligung an BAG 80%	AAG-Beteiligung an BAG 20%	BAG-Beteiligung an AAG 10%	Total
Beteiligung	4 000	1 600	400	500	6 500
Aktienkapital	–2 700	–800	–200	–300	–4 000
Kapitalreserven	–1 170	–560	–140	–130	–2 000
Goodwill	130	240	60	70	500

Der Goodwill von 60 und 70 (= 130), der durch konzerninterne Wechselbeteiligungen entsteht, darf in der Konzernbilanz nicht erscheinen.

Ermittlung Konzernbilanz

	Einzelbilanzen MAG	Einzelbilanzen AAG	Einzelbilanzen BAG	Aufrechnungen		Konzernbilanz
Beteiligung an AAG	4 000		500		4 500	
Beteiligung an BAG	1 600	400			2 000	
Übrige Beteiligungen	12 250					12 250
Übrige Aktiven	44 150	5 600	2 160			51 910
Goodwill				500	130	370
	62 000	6 000	2 660			64 530
Fremdkapital	25 680	2 000	785			28 465
Aktienkapital	20 000	3 000	1 000	4 000		20 000
Kapitalreserven	10 000	1 300	700	2 000		10 000
Gewinnreserven	3 220					3 220
Jahresgewinn/-verlust	3 100	–300	175	130		2 845
	62 000	6 000	2 660	6 630	6 630	64 530

Aufgaben zu Abschnitt 3.7

▶ 3.7 – 1 Vertikale Beteiligung ohne Minderheiten 244
▶ 3.7 – 2 Vertikale Beteiligung mit 10% Minderheiten 245
▶ 3.7 – 3 Horizontale Beteiligung ohne Minderheiten 246
▶ 3.7 – 4 Vertikale Beteiligungen mit 30% Minderheiten 247

3.8 Eigenkapital und Rechnungslegung von eigenen Aktien

3.8.1 Einzelabschluss

_{* Für weitere Angaben zum Erwerb eigener Anteile siehe Carlen/Gianini/Riniker: Finanzbuchhaltung 1, Praxis der Finanzbuchhaltung, Kapitel 17, Abschnitt 176, Eigene Wertschriften.}

Mit dem Erwerb eigener Aktien* (und Partizipationsscheine) kauft eine Gesellschaft Anteile, deren Wert durch die eigenen Aktiven verkörpert wird. Materiell handelt es sich um eine Rückzahlung von Aktienkapital an den verkaufenden Aktionär und somit um eine Herabsetzung des Eigenkapitals. Der Nennwert der eigenen Aktien darf 10% des Aktienkapitals nicht überschreiten. Die über 10% hinaus erworbenen Aktien sind innert zweier Jahre zu veräussern oder durch Kapitalherabsetzung zu vernichten (OR 659).

Bei der Gesellschaft müssen genügend flüssige Mittel und frei verwendbares Eigenkapital (z.B. Freie Reserven) vorhanden sein. Diese müssen bei Erwerb eigener Aktien in der Höhe des Anschaffungswertes in eine Reserve für eigene Aktien umgebucht werden (Reservenausschüttungssperre, OR 659a).

Für die Berechnung des Bestandes an eigenen Aktien zählen auch die durch Tochtergesellschaften erworbenen Titel, sofern die Mutter an der Tochter eine Mehrheitsbeteiligung hält (Konzernbetrachtungsweise, OR 659b).

Die beschriebene Regelung gilt für den Einzelabschluss, der auf der Grundlage des Aktienrechts erstellt wird.

Beispiel 1 **Reserve für eigene Aktien im Einzelabschluss**

Ausgangslage Das Eigenkapital der Schiller Holding AG hat sich im Jahr 20_2 wie folgt entwickelt:

Eigenkapital (in Mio. Fr.)	31.12.20_1	31.12.20_2
Aktienkapital	37	7
Partizipationskapital	30	6
Allgemeine gesetzliche Reserve	317	317
Reserve für eigene Aktien	166	28
Freie Reserve	405	465
Vortrag aus Vorjahr	5	6
Jahresgewinn	115	120
Total	1 075	949

Anhang Im Anhang zur Jahresrechnung stehen folgende Angaben über die Reserve für eigene Aktien:

Die auf Ende 20_1 ausgewiesene Reserve für eigene Aktien von 166 Mio. Fr. reduzierte sich auf Ende 20_2 auf 28 Mio. Fr. als Folge
- der Vernichtung von eigenen Aktien und Partizipationsscheinen von 131 Mio. Fr. und
- des im Berichtsjahr erfolgten Nettoverkaufs von 7 Mio. Fr.

3.8.2 Konzernabschluss

Gemäss Aktienrecht stellen eigene Aktien im Einzelabschluss der Holding einen Vermögenswert dar. Darum werden sie bei den Aktiven bilanziert.

Im Konzernabschluss, der auf der Grundlage von nationalen und internationalen Rechnungslegunsnormen erstellt wird, ist der Kauf eigener Aktien zu Anschaffungswerten zu erfassen. Der Bestand der eigenen Aktien ist nicht bei den Aktiven, sondern als Minusposten im Eigenkapital auszuweisen. Der Erwerb wird wie eine, wenn auch nur vorübergehende, Kapitalherabsetzung behandelt. Für die erworbenen Aktien findet keine Folgebewertung statt.

Mehr- oder Mindererlöse bei der späteren Veräusserung werden im Konzernabschluss im Gegensatz zum Einzelabschluss nach Aktienrecht nicht erfolgswirksam, sondern als Zugang bzw. Reduktion der Kapitalreserven (Agioreserven) erfasst. Der Kauf eigener Aktien wird als eine Auszahlung an Aktionäre, der Verkauf eigener Aktien als eine Einzahlung von Aktionären betrachtet. Somit können aus diesen Transaktionen auch keine Gewinne oder Verluste entstehen.

Der Bestand sowie Käufe und Verkäufe eigener Anteile sind im Jahresabschluss detailliert darzustellen.

Beispiel 2 **Eigene Aktien im Konzernabschluss**

Ausgangslage   Das Konzerneigenkapital des Schiller-Konzerns zeigt im Jahr 20_2 Folgendes:

Konzerneigenkapital (in Mio. Fr.)	31.12.20_1	31.12.20_2
Aktien- und Partizipationskapital	67	13
Kapitalreserven	259	133
Eigene Aktien und Partizipationsscheine	−166	−28
Umrechnungsdifferenzen[1]	−193	−357
Gewinnreserven	1 362	1 306
Total	1 329	1 067

[1] Vergleiche 5 «Fremdwährungsumrechnung».

Der Anhang enthält folgende Angaben zum Aktien- und Partizipationsscheinkapital:

- Anzahl Aktien und Partizipationsscheine
  Die Namenaktien und Partizipationsscheine, die im Jahr 20_2 im Verhältnis 1:10 gesplittet wurden, hatten einen Nennwert von Fr. 50.−. Danach wurde der Nominalwert um Fr. 4.− je Teilhaberpapier herabgesetzt, sodass er noch Fr. 1.− beträgt.

Aktien- und PS-Kapital (in Mio. Fr.)	Anzahl Aktien	Aktien-kapital	Anzahl PS	PS-Kapital	Grund-kapital
31.12.20_1	748 866	37	592 424	30	67
31.12.20_2	7 356 820	7	5 506 990	6	13

- Eigene Aktien und eigene Partizipationsscheine

Aktien und PS (Werte in Mio. Fr.)	Anzahl Aktien	Wert Aktien	Anzahl PS	Wert PS	Wert Aktien und PS
31.12.20_1	32 561	70	42 880	96	166
Abgang Kapitalbeteiligungsplan	−1 000	−2	−	−	−2
Vernichtung	−17 184	−38	−41 725	−93	−131
Rückkäufe	57	−	−	−	−
Verkäufe	−2 559	−6	−	−	−6
Zwischentotal vor Split 1:10	11 875		1 155		
Zwischentotal nach Split	118 750		11 550		
Rückkäufe	1 911	1	−	−	1
Verkäufe	−260	−	−	−	−
31.12.20_2	120 401	25	11 550	3	28

3.8 Eigenkapital und Rechnungslegung von eigenen Aktien

Konzerneigenkapitalnachweis

Der Konzerneigenkapitalnachweis enthält folgende Angaben:

(in Mio. Fr.)	Aktien- und PS-Kapital	Kapital-reserven	Eigene Aktien und PS	Umrech-nungs-differenzen	Gewinn-reserven	Total Eigenkapital
31.12.20_1	67	259	−166	−193	1 362	1 329
Dividenden					−64	−64
Vernichtung eigener Aktien und PS	−3	−128	131			0
Teilrückzahlung des Nennwertes	−51					−51
Kauf/Verkauf eigener Aktien und PS		1	7			8
Optionen Beteiligungsplan		1				1
Konzerngewinn					8	8
Umrechnungsdifferenzen				−164		−164
31.12.20_2	13	133	−28	−357	1 306	1 067

Im Anhang ist im Zusammenhang mit dem Eigenkapital zu lesen:

Die Kapitalreserven beinhalten die über dem Nennwert liegenden Einzahlungen von Aktionären und Partizipanten. Es handelt sich somit um Agio, reduziert um den über dem Nennwert liegenden Betrag aus der Vernichtung von eigenen Aktien und Partizipationsscheinen.

In den Kapitalreserven werden auch die realisierten Gewinne und Verluste aus dem Verkauf von eigenen Aktien und Partizipationsscheinen sowie der zum Zeitpunkt der Gewährung gültige «Fair Value» von Optionen auf Mitarbeiteraktien erfasst.

Bei den Gewinnreserven handelt es sich um thesaurierte Gewinne, welche frei verfügbar sind.

Aufgaben zu Abschnitt 3.8

▶ 3.8 – 1 Eigenkapital im Einzel- und Konzernabschluss 249

4 Konzerngeldflussrechnung

4.1 Rechnungslegungsnormen

Das Aktienrecht sieht die Geldflussrechnung weder für den Einzelabschluss noch für den Konzernabschluss vor. Die nationalen und internationalen Rechnungslegungsnormen verlangen hingegen für den Unternehmungs- bzw. Konzernabschluss die Geldflussrechnung.

4.2 Inhalt der Geldflussrechnung*

<small>* Für weiterführende Informationen zur Geldflussrechnung siehe Gianini/Riniker: Finanzbuchhaltung 4, Ergänzende Bereiche der Finanzbuchhaltung, Kapitel 2 Geldflussrechnung.</small>

Die Geldflussrechnung
- stellt die Zu- und Abgänge für einen abgegrenzten Bestand an Mitteln (Liquiditätsfonds) während eines Zeitabschnittes – in der Regel eines Geschäftsjahres – dar und
- zeigt, wie die Geldmittel in den folgenden drei Bereichen fliessen:

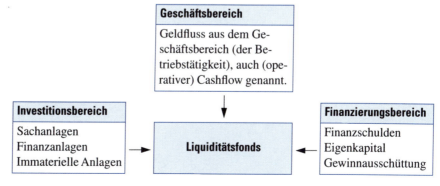

4.3 Wahl des Liquiditätsfonds

Ein zentrales Problem der Geldflussrechnung ist die Umschreibung des Liquiditätsfonds bzw. die Definition der Liquidität.

Swiss GAAP FER 4 folgt in ihrer Empfehlung den internationalen Rechnungslegungsnormen und sieht folgende zwei Liquiditätsfonds vor:

Flüssige Mittel	Netto-Flüssige Mittel
Die Flüssigen Mittel umfassen: - Bargeld (Kassenbestände) - Sichtguthaben bei Post und Banken - Geldnahe Mittel (Restlaufzeit von höchstens 90 Tagen)	Die Netto-Flüssigen Mittel umfassen Kasse, Post, Bank und geldnahe Mittel abzüglich die kurzfristigen, jederzeit fälligen Bankverbindlichkeiten (Kontokorrente).

4.4 Cashflow und Free Cashflow

Der Cashflow entspricht dem Geldfluss aus dem Geschäftsbereich (bzw. aus der Geschäftstätigkeit). Er gibt Auskunft über das Finanzpotenzial, das sich aus der betrieblichen Leistungserstellung der Unternehmung bzw. des Konzerns ergibt.

In veröffentlichten Jahresrechnungen wird der Cashflow normalerweise indirekt ausgewiesen, bzw. mit der indirekten Methode ermittelt.

Direkte Ermittlung	Indirekte Ermittlung
Fondswirksamer Ertrag − Fondswirksamer Aufwand	Jahresergebnis + Fondsunwirksamer Aufwand − Fondsunwirksamer Ertrag

=

Cashflow *operativer CF*

−

Netto-Investitionen
(Netto-Geldabfluss im Investitionsbereich)

=

Free Cashflow

Der nicht reinvestierte Cashflow stellt das Ausschüttungspotenzial dar.

Je höher der Free Cashflow ist, desto
- grösser ist der Spielraum für finanzpolitische Entscheidungen (z.B. Ausschüttung von Dividende, Rückzahlung von Fremd- oder Eigenkapital)
- kleiner ist die Abhängigkeit von externen Kapitalgebern (Gläubiger und Teilhaber).

negativ: Kredit aufnehmen

Beispiel 1 **Konzerngeldflussrechnung des Delfi-Konzerns**

Die nach IFRS erstellte Konzerngeldflussrechnung mit indirekter Cashflow-Berechnung zeigt Folgendes:

		Flüssige Mittel	
		Zunahme	Abnahme
Geschäftsbereich			
Konzerngewinn	100		
Abschreibungen Sachanlagen	60		
Amortisation Goodwill[1]	10		
Zunahme Latente Steuerrückstellung[2]	4		
Ertrag aus nichtkonsolidierten Beteiligungen (Equity-Methode)[3]	−6		
Zunahme Forderungen	−15		
Abnahme Vorräte	60		
Zunahme Lieferantenschulden	27		
Netto-Geldzufluss (Cashflow)	+240	240	
Investitionsbereich			
Kauf Sachanlagen	−100		
Kauf Wertschriften	−50		
Netto-Geldabfluss	−150		150
Finanzierungsbereich			
Tilgung Bankschulden	−50		
Emission einer Anleihe	+100		
Dividendenausschüttung	−20		
Netto-Geldzufluss	+30	30	
Flüssige Mittel			
Anfangsbestand	80		
Endbestand	200		
Zunahme Flüssige Mittel	+120		120
		270	270

1 Siehe 3.4 «Behandlung des Goodwills».
2 Siehe 6 «Ertragssteuern (Gewinnsteuern)».
3 Siehe 3.5 «Konsolidierungsmethoden», Equity-Methode.

Der Free Cashflow beträgt 90 (= 240 − 150). Der Kauf von Wertschriften ist gemäss IFRS als Investition zu verstehen. Der Verkauf ist sinngemäss ein Devestitionsvorgang. Die Dividendenauszahlung ist ein Definanzierungsvorgang, da er das Eigenkapital verringert.

Die Konzerngeldflussrechnung kann entweder auf der Grundlage der bereinigten Konzernbilanzen und Konzernerfolgsrechnungen (siehe Beispiele 2 und 3) oder aus den Geldflussrechnungen der einzelnen Gesellschaften erstellt werden (eher kompliziert).

Beispiel 2 Konzerngeldflussrechnung der GG-Gruppe

Ausgangslage: Konsolidierte Abschlussrechnungen der GG-Gruppe:

Konsolidierte Bilanzen	1.1.20_1	31.12.20_1
Flüssige Mittel	300	280
Forderungen	800	840
Vorräte	760	720
Sachanlagen	1 600	1 700
Nichtkonsolidierte Beteiligungen	60	80
	3 520	3 620
Lieferantenschulden	380	340
Rückstellungen (kurzfristig)	200	240
Darlehen	400	296
Hypotheken	1 200	1 372
Aktienkapital	600	600
Reserven	640	670
Minderheitsanteile	100	102
	3 520	3 620

Konsolidierte Erfolgsrechnung	20_1
Nettoverkaufserlös	4 060
Material- und Fabrikateaufwand	−1 860
Personalaufwand	−1 520
Übriger Gemeinaufwand	−340
Abschreibungen	−180
Übriger Baraufwand	−100
Konzerngewinn	60
Minderheitsanteile	−6
Gewinn Holdingaktionäre	54

Bewegungen Anlagevermögen	20_1
Sachanlagen 1.1.	1 600
Investitionen	+280
Abschreibungen	−180
Sachanlagen 31.12.	1 700
Nichtkonsolidierte assoziierte Beteiligungen: Kauf eines Aktienpakets	20

4 Konzerngeldflussrechnung

Konzerngeldflussrechnung für 20_1

		Flüssige Mittel	
		Zunahme	Abnahme
Geschäftsbereich			
Konzerngewinn	60		
Abschreibungen	180		
Zunahme Forderungen	−40		
Abnahme Vorräte	40		
Abnahme Lieferantenschulden	−40		
Zunahme Kurzfristige Rückstellungen	40		
Netto-Geldzufluss (Cashflow)[1]	+240	240	
Investitionsbereich			
Kauf Sachanlagen	−280		
Kauf Beteiligung	−20		
Netto-Geldabfluss	−300		300
Finanzierungsbereich			
Rückzahlung Darlehen	−104		
Erhöhung Hypothek	+172		
Dividendenausschüttung[2]	−28		
Netto-Geldzufluss	+40	40	
Flüssige Mittel			
Anfangsbestand	300		
Endbestand	280		
Abnahme Flüssige Mittel	−20	20	
		300	300

1 und 2: Siehe Ergänzende Angaben.

Ergänzende Angaben

1 Direkte Ermittlung des Cashflows:

Kundenzahlungen	4 020	4 060 − 40
Lieferantenzahlungen	−1 860	1 860 − 40 + 40
Zahlungen Personal	−1 520	
Zahlungen übriger Gemeinaufwand	−300	340 − 40
Übriger Baraufwand	−100	
Cashflow	240	

2

	Reserven		
Dividenden	28	640	Anfangsbestand
Minderheitsanteil	6	60	Konzerngewinn
Endbestand	670	4	Abnahme Minderheiten
	704	704	

4.4 Cashflow und Free Cashflow

Beispiel 3 Geldflussrechnung der Giga-Gruppe

Ausgangslage Von der Giga-Gruppe sind folgende Jahresrechnungen bekannt:

Konzernbilanz	31.12.20_1	31.12.20_2
Flüssige Mittel	3 000	2 400
Forderungen	8 400	9 600
Vorräte	6 000	7 800
Sachanlagen	9 600	16 200
Goodwill	600	3 780
	27 600	39 780
Kreditoren	13 500	15 180
Steuerrückstellungen	1 500	1 200
Finanzschulden (langfristig)	4 800	10 800
Aktienkapital	4 800	6 000
Reserven und Gewinnvortrag	3 000	6 600
	27 600	39 780

Konzernerfolgsrechnung	20_2
Verkäufe	48 000
Herstellkosten der verkauften Produkte	−36 000
Übriger Aufwand	−8 400
Gewinn vor Steuern	3 600
Steuern	−1 440
Konzerngewinn	2 160

Ergänzende Angaben zum Geschäftsjahr 20_2

1. Die Giga-Gruppe hat auf den 1.1.20_2 alle Aktien der XYZ AG zum Kaufpreis von 7 200 bar übernommen.

Bilanz der XYZ AG (zu Marktwerten)	1.1.20_2
Flüssige Mittel	720
Forderungen	2 640
Vorräte	480
Sachanlagen	1 800
	5 640
Kreditoren	1 200
Finanzschulden (langfristig)	840
Aktienkapital	1 800
Reserven	1 800
	5 640

2. Während des Jahres hat die Giga-Gruppe Sachanlagen für 8 400 beschafft; davon 6 720 bar bezahlt. Für den Differenzbetrag hat sie Finanzleasing-Verträge abgeschlossen, die bilanzwirksam (kaufähnlich) gebucht werden. Die Giga-Gruppe hat zudem Sachanlagen zum Buchwert von 480 bar verkauft.
3. Die ausbezahlte Dividende beträgt 960.
4. Mitte Jahr wurde das Aktienkapital mit einem Agio von 200 % erhöht.

Konzerngeldflussrechnung für 20_2

		Flüssige Mittel	
		Zunahme	Abnahme
Geschäftsbereich			
Konzerngewinn	2 160		
Abschreibung Sachanlagen	3 120		
Abschreibung Goodwill	420		
Abnahme Steuerrückstellung	−300		
Abnahme Forderungen	1 440		
Zunahme Vorräte	−1 320		
Zunahme Kreditoren	480		
Netto-Geldzufluss (Cashflow)	+6 000	6 000	
Investitionsbereich			
Verkauf Sachanlagen	480		
Kauf Sachanlagen	−6 720		
Akquisition XYZ AG	−6 480		
Netto-Geldabfluss	−12 720		12 720
Finanzierungsbereich			
Aktienkapitalerhöhung mit Agio	3 600		
Dividendenausschüttung	−960		
Erhöhung Finanzschulden	3 480		
Netto-Geldzufluss	+6 120	6 120	
Flüssige Mittel			
Anfangsbestand	3 000		
Endbestand	2 400		
Abnahme Flüssige Mittel	−600	600	
		12 720	12 720

Erläuterungen
Kauf der XYZ AG (Tochtergesellschaft), Berechnung des Goodwills und Ausweis in der Konzerngeldflussrechnung:

Kauf XYZ AG	7 200
Aktienkapital	−1 800
Reserven	−1 800
Goodwill	3 600

4.4 Cashflow und Free Cashflow

Käufe und Verkäufe von konsolidierten Gesellschaften sind netto im Investitionsbereich zu zeigen. Vom Kauf- bzw. Verkaufspreis sind die übernommenen bzw. abgegebenen flüssigen Mittel zu subtrahieren. Da der Kauf des Aktienpakets als Ganzes liquiditätswirksam ausgewiesen wird, dürfen die übernommenen Aktiven und das Fremdkapital der XYZ AG nicht auch noch liquiditätswirksam gezeigt werden.

Kontoführung

Forderungen				Vorräte			
AB	8 400			AB	6 000		
XYZ	2 640	1 440	Abnahme	XYZ	480		
				Zunahme	1 320		
		9 600	EB			7 800	EB
	11 040	11 040			7 800	7 800	

Sachanlagen				Goodwill			
AB	9 600			AB	600		
Barkauf	6 720	480	Verkauf	XYZ	3 600	420	Abschreibung
Finanzleasing	1 680	3 120	Abschreibung				
XYZ	1 800	16 200	EB			3 780	EB
	19 800	19 800			4 200	4 200	

Kreditoren				Steuerrückstellung			
		13 500	AB			1 500	AB
		1 200	XYZ				
		480	Zunahme	Abnahme	300		
EB	15 180			EB	1 200		
	15 180	15 180			1 500	1 500	

Finanzschulden			
		4 800	AB
		840	XYZ
		1 680	Finanzleasing
EB	10 800	3 480	Zunahme
	10 800	10 800	

Aktienkapital				Reserven, Gewinnvortrag			
		4 800	AB			3 000	AB
		1 200	Erhöhung	Dividende	960	2 400	Agio
						2 160	Konzerngewinn
EB	6 000			EB	6 600		
	6 000	6 000			7 560	7 560	

Aufgaben zu Kapitel 4

- 4 – 1   Konzerngeldflussrechnung der GI-Gruppe 253
- 4 – 2   Konzerngeldflussrechnungen der PB-Gruppe 255
- 4 – 3   Jahresrechnung der Champion Fussball AG 256
- 4 – 4   Konzerngeldflussrechnung der Colmar-Gruppe 258
- 4 – 5   Konzerngeldflussrechnung der Mega-Gruppe 260
- 4 – 6   Erwerb einer Tochtergesellschaft und Geldflussrechnung der Fox-Gruppe 262

5 Fremdwährungsumrechnung

5.1 Arten der Fremdwährungsumrechnung

Die in der Schweiz domizilierten Konzerne bzw. Holdinggesellschaften mit Tochtergesellschaften im Ausland sind normalerweise mit der Umrechnung von Fremdwährungen konfrontiert.

Grundsätzlich lassen sich zwei Arten von Umrechnungen unterscheiden:

- *Umrechnung von Fremdwährungen während des Jahres bei Konzerngesellschaften*
  Die während des Jahres in den einzelnen Konzerngesellschaften zu erfassenden Transaktionen in Fremdwährungen werden zum Tageskurs im Zeitpunkt der Transaktion in die Lokalwährung (oft funktionale Währung genannt) der Konzerngesellschaft umgerechnet. Realisierte Kursgewinne und -verluste aus diesen Transaktionen sowie Buchgewinne und -verluste im Zusammenhang mit der Bewertung von Fremdwährungsbeständen am Bilanzstichtag werden erfolgswirksam verbucht. Diese Fremdwährungsumrechnungen werden nicht weiter behandelt.*

- *Umrechnung der Jahresrechnungen der Konzerngesellschaften in die Konzernwährung*
  Die zu konsolidierenden Jahresrechnungen der Konzerngesellschaften sind von der Lokal- in die Konzernwährung (z.B. Schweizer Franken) umzurechnen. Gegenstand dieses Kapitels ist lediglich diese Art der Umrechnung. Ferner beschränken sich die Ausführungen lediglich auf die in den nationalen und internationalen Rechnungslegungsnormen vorgeschriebene Stichtagsmethode.

* Zu den fremden Währungen im Einzelabschluss siehe Carlen/Gianini/Riniker: Finanzbuchhaltung 1, Praxis der Finanzbuchhaltung, Kapitel 16, Fremde Währungen.

5.2 Stichtagsmethode

Die Jahresrechnungen der ausländischen Konzerngesellschaften in Fremdwährungen werden grundsätzlich wie folgt in die Konzernwährung umgerechnet:

- *Bilanz*
  Die Bilanzpositionen (ohne Eigenkapital) werden zum Kurs am Bilanzstichtag umgerechnet. Anstelle dieses Stichtagskurses ist auch ein Durchschnittskurs der letzten Woche bzw. des letzten Monats des Geschäftsjahres zulässig.
  Es gibt verschiedene Möglichkeiten, wie die Positionen des Eigenkapitals umgerechnet werden können. Da das Eigenkapital die Residualgrösse aus dem umgerechneten Vermögen und Fremdkapital ist, führen alle Umrechnungsmethoden zum gleichen in die Konzernwährung umgerechneten Gesamteigenkapital. Die Swiss GAAP FER äussern sich nicht zur Umrechnung der Eigenkapitalpositionen. Oft wird folgendes Vorgehen gewählt:
    - Das Aktienkapital und die Kapitalreserven werden zum Kurs im Zeitpunkt des Erwerbs oder der Kapitalerhöhung umgerechnet. Dieser Kurs bleibt unverändert (historischer Kurs).
    - Die Gewinnreserven und der Jahresgewinn werden zum Durchschnittskurs des abgelaufenen Jahres umgerechnet.

- *Erfolgsrechnung*
  Die einzelnen Positionen der Erfolgsrechnung werden (normalerweise) zu Durchschnittskursen des Geschäftsjahres umgerechnet.*

- *Geldflussrechnung*
  Die einzelnen Positionen der Geldflussrechnung werden wie die Positionen der Erfolgsrechnung zu Durchschnittskursen des Geschäftsjahres umgerechnet.*
  Die flüssigen Mittel (Liquiditätsfonds) werden mit dem Kurs am Bilanzstichtag umgerechnet.

- *Umrechnungsdifferenzen*
  Die Umrechnungsdifferenzen, die sich aus den Bilanzpositionen ergeben, werden erfolgsneutral im Konto Umrechnungsdifferenzen (Position im Eigenkapital) erfasst.
  Bei der Umrechnung der Erfolgsrechnung zu Durchschnittskursen und der Bilanz zu Jahresendkursen führt dies zu unterschiedlichen Jahresergebnissen in Erfolgsrechnung und Bilanz. Diese Differenz wird ebenfalls erfolgsneutral im Konto Umrechnungsdifferenzen erfasst.**

* Nach Swiss GAAP FER können diese Positionen auch zum Tageskurs am Bilanzstichtag umgerechnet werden.

** Nach Swiss GAAP FER kann diese Differenz auch im Periodenergebnis erfasst werden.

Die folgende Übersicht zeigt die Kurswahl bei der Stichtagsmethode für die Positionen der Bilanz, Erfolgsrechnung und Geldflussrechnung:

	Massgebender Kurs bei der Stichtagsmethode		
	Kurs am Bilanzstichtag	**Historischer Kurs**	**Durchschnittskurs**
Bilanz	Aktiven und Fremdkapital	Aktienkapital und Kapitalreserven	Gewinnreserven und Jahreserfolg
Erfolgsrechnung	–	–	Aufwand, Ertrag und Jahreserfolg
Geldflussrechnung	Flüssige Mittel (Liquiditätsfonds)	–	Geldfluss aus Geschäfts-, Investitions- und Finanzierungsbereich

Beispiel 1 Ermittlung und erfolgsneutrale Behandlung der Umrechnungsdifferenzen

Ausgangslage Die MAG mit Domizil in der Schweiz hat Anfang 20_1 alle Aktien der TAG, einer in Deutschland ansässigen Gesellschaft erworben. Der von der TAG bereinigte Jahresabschluss 20_1 in Euro wird in die Konzernwährung Schweizer Franken unter Anwendung der Stichtagsmethode umgerechnet.

Entwicklung des Euro-Kurses:

	1.1.20_1	Durchschnitt 20_1	31.12.20_1
Euro-Kurs (CHF/EUR)	1.70	1.62	1.64

Jahresrechnungen in EUR und in CHF

Schlussbilanz 31.12.20_1	EUR	Kurs	CHF
Flüssige Mittel	9 100	1.64	14 924
Forderungen	9 600	1.64	15 744
Vorräte	12 400	1.64	20 336
Sachanlagen	6 000	1.64	9 840
Finanzanlagen	900	1.64	1 476
	38 000		62 320
Lieferantenverbindlichkeiten	7 100	1.64	11 644
Obligationenanleihen	10 000	1.64	16 400
Aktienkapital	10 000	1.70	17 000
Kapitalreserven	5 700	1.70	9 690
Umrechnungsdifferenzen			−838
Jahresgewinn	5 200	1.62	8 424
	38 000		62 320

Erfolgsrechnung 20_1	EUR	Kurs	CHF
Warenertrag	94 000	1.62	152 280
Warenaufwand	−59 000	1.62	−95 580
Personalaufwand	−26 000	1.62	−42 120
Zinsaufwand	−800	1.62	−1 296
Abschreibungen	−1 300	1.62	−2 106
Übriger Aufwand	−1 700	1.62	−2 754
Jahresgewinn	5 200	1.62	8 424

Der Jahresgewinn laut Erfolgsrechnung beträgt CHF 8 424. Dieser Wert wird auch in die Bilanz übernommen. Würde der Jahresgewinn in der Bilanz mit dem Kurs am Bilanzstichtag umgerechnet, wäre er CHF 8 528 (= EUR 5 200 × 1.64), d.h. um CHF 104 grösser. Diese Differenz wird in die Position Umrechnungsdifferenzen gebucht.

Nachweis der Umrechnungsdifferenzen

Kursverlust auf den Nettoaktiven (entspricht der Summe des Aktienkapitals und der Kapitalreserven) von Anfang 20_1: EUR 15 700 × (1.70 − 1.64)	−942
Differenz zwischen dem Jahresgewinn in der Erfolgsrechnung und dem Jahresgewinn in der Bilanz: EUR 5 200 × (1.64 − 1.62)	+104
Gesamte Umrechnungsdifferenz	−838

5.2 Stichtagsmethode

Beispiel 2 Währungsumrechnung im Einzelabschluss für zwei Jahre

Ausgangslage

Anfang 20_1 erwarb die MAG alle Aktien der TAG für USD 1 280 zum Kurs von 1.30. Das Eigenkapital der TAG betrug im Erwerbszeitpunkt USD 1 200. Die TAG schüttete im Jahr 20_2 eine Dividende von USD 160 aus. Die Konzernwährung ist der Schweizer Franken.

Entwicklung des USD-Kurses:

	1.1.20_1	Durchschnitt 20_1	31.12.20_1	Durchschnitt 20_2	31.12.20_2
USD-Kurs (CHF/USD)	1.30	1.10	1.25	1.20	1.15

Einzelabschluss der TAG 20_1

Die Schlussbilanz der TAG vom 31.12.20_1 in USD und CHF zeigt Folgendes:

Schlussbilanz vom 31.12.20_1	USD	Kurs	CHF
Flüssige Mittel	240	1.25	300
Forderungen	960	1.25	1 200
Vorräte	400	1.25	500
Sachanlagen	800	1.25	1 000
	2 400		3 000
Lieferantenverbindlichkeiten	560	1.25	700
Obligationenanleihen	400	1.25	500
Aktienkapital	800	1.30	1 040
Kapitalreserven	400	1.30	520
Umrechnungsdifferenzen			−24
Jahresgewinn	240	1.10	264
	2 400		3 000

Erfolgsrechnung 20_1	USD	Kurs	CHF
Warenertrag	4 000	1.10	4 400
Warenaufwand	−2 400	1.10	−2 640
Personalaufwand	−800	1.10	−880
Zinsaufwand	−20	1.10	−22
Abschreibungen	−80	1.10	−88
Übriger Aufwand	−460	1.10	−506
Jahresgewinn	240	1.10	264

Nachweis der Umrechnungsdifferenzen

Kursverlust auf den Nettoaktiven (= Aktienkapital und Kapitalreserven) von Anfang 20_1: USD 1 200 × (1.30 − 1.25)	−60
Differenz zwischen dem Jahresgewinn in der Erfolgsrechnung und dem Jahresgewinn in der Bilanz: USD 240 × (1.25 − 1.10)	+36
Gesamte Umrechnungsdifferenz	−24

Einzelabschluss der TAG 20_2

Die Schlussbilanz der TAG vom 31.12.20_2 und die Erfolgsrechnung 20_2 in USD und CHF zeigen Folgendes:

Schlussbilanz vom 31.12.20_2	USD	Kurs	CHF
Flüssige Mittel	320	1.15	368
Forderungen	880	1.15	1 012
Vorräte	480	1.15	552
Sachanlagen	720	1.15	828
	2 400		2 760
Lieferantenverbindlichkeiten	480	1.15	552
Obligationenanleihen	400	1.15	460
Aktienkapital	800	1.30	1 040
Kapitalreserven	400	1.30	520
Gewinnreserven	80	1.20	96
Umrechnungsdifferenzen			−196
Jahresgewinn	240	1.20	288
	2 400		2 760

Erfolgsrechnung 20_2	USD	Kurs	CHF
Warenertrag	4 200	1.20	5 040
Warenaufwand	−2 500	1.20	−3 000
Personalaufwand	−800	1.20	−960
Zinsaufwand	−20	1.20	−24
Abschreibungen	−80	1.20	−96
Übriger Aufwand	−560	1.20	−672
Jahresgewinn	240	1.20	288

Nachweis der Umrechnungsdifferenzen

Anfangsbestand	−24
Kursverlust auf den Nettoaktiven (USD 2 400 − USD 960) von Anfang 20_2: USD 1 440 × (1.25 − 1.15)	−144
Korrektur des in den Gewinnreserven bereits erfassten Kursgewinns: USD 80 × (1.10 − 1.20)	−8
Differenz Jahresgewinn Erfolgsrechnung und Bilanz: USD 240 × (1.20 − 1.15)	−2
Kursverlust Dividendenauszahlung: USD 160 × (1.10 − 1.15)*	−8
Gesamte kumulierte Umrechnungsdifferenz	−196

* Der Kurs von 1.10 entspricht dem Durchschnittskurs vom Vorjahr. Der Kurs von 1.15 ist der Kurs, zu dem die Dividende bei den flüssigen Mitteln ausgebucht wurde.

Aufgaben zu Kapitel 5

▶ 5 – 1 Stichtagsmethode und Umrechnungsdifferenzen 265
▶ 5 – 2 Währungsumrechnung im Einzelabschluss für die Konsolidierung 267

6 Ertragssteuern (Gewinnsteuern)

6.1 Arten von Ertragssteuern

Das Hauptproblem beim Ausweis von Ertragssteuern liegt in der periodengerechten Abgrenzung. Aktuelle und zukünftige steuerliche Auswirkungen sind im Konzernabschluss angemessen zu berücksichtigen. Dabei ist zwischen der Ermittlung von laufenden Ertragssteuern sowie der Abgrenzung von latenten Ertragssteuern zu unterscheiden.

	Laufende Ertragssteuern	**Latente Ertragssteuern**
Begriff	Jährlich wiederkehrende tatsächlich geschuldete Gewinnsteuern	Aufgeschobene Steuern
Grundlage der Bewertung	Steuergesetze	Konzernweite (einheitliche) Richtlinien und Grundsätze
Entstehung	Anwendung der steuerrechtlichen Bewertungs- und Betrachtungsweise	▪ Anwendung einer wirtschaftlichen Bewertungs- und Betrachtungsweise ▪ Berücksichtigung der latenten Steuern auf den (zeitlich befristeten) Bewertungsdifferenzen

Beispiel 1 Ertragssteuern

Ausgangslage

Anfang 20_1 erwirbt die Latenda AG, eine Tochtergesellschaft der Konsi Holding, eine Software zum Anschaffungspreis von 6 Mio. Fr. Die Nutzungsdauer beträgt 3 Jahre.

Im Steuerabschluss der Latenda AG wird die ganze Anschaffung im Erwerbsjahr als Aufwand verbucht. Für die Konzernrechnung wird die Anschaffung aktiviert und linear über die Nutzungsdauer abgeschrieben.

Steuer- und Konzernabschluss

Da in der Steuerbilanz der Latenda AG die Software nicht aktiviert wird, zeigt die Erfolgsrechnung im Jahr 20_1 einen Software-Aufwand von 6 Mio. Fr. Durch diese sofortige Abschreibung wird im Steuerabschluss ein tieferer Gewinn als im Konzernabschluss ausgewiesen. In den Jahren 20_2 und 20_3 ist der Konzerngewinn jedoch wegen der restlichen Abschreibungsraten tiefer als derjenige im Steuerabschluss. Deshalb muss die Steuerersparnis im Jahr 20_1 gleichmässig wie die Abschreibung gemäss Konzernrechnung auf die drei Jahre verteilt werden.

Bei einem Steuersatz von 50% und einem Gewinn vor Steuern (ohne Berücksichtigung des Software-Aufwandes) von je 10 Mio. Fr. für die Jahre 20_1, 20_2 und 20_3 sieht die Rechnung wie folgt aus (Gegenwartsbemessung):

Steuerabschluss

Laufende Ertragssteuern in der Erfolgsrechnung	20_1	20_2	20_3	Total
Gewinn[1]	10	10	10	30
Software-Aufwand	−6	0	0	−6
Gewinn vor Steuern	4	10	10	24
Laufende Ertragssteuern (50%)	−2	−5	−5	−12
Gewinn nach Steuern	2	5	5	12

[1] Ergebnis vor Software-Aufwand

Konzernabschluss

Ermittlung der latenten Steuern	20_1	20_2	20_3
Bilanzwert des Aktivums (31.12.)			
▪ in der Konzernbilanz	4	2	0
▪ in der Steuerbilanz	−0	−0	−0
Zeitlich befristete (zukünftig steuerbare) Bewertungsdifferenz	4	2	0
Rückstellung[1] für latente Ertragssteuer (50 %)	2	1	0
Veränderung Rückstellungen[1]	+2	−1	−1

Laufende und latente Ertragssteuern in der Konzern-ER	20_1	20_2	20_3	Total
Gewinn[2]	10	10	10	30
Software-Aufwand (Abschreibung)	−2	−2	−2	−6
Gewinn vor Steuern	8	8	8	24
Laufende Ertragssteuern	−2	−5	−5	−12
Latente Ertragssteuern	−2	+1	+1	0
Gewinn nach Steuern	4	4	4	12

1 Latente Steuerpassiven oder Latente Steuerverbindlichkeiten
2 Ergebnis vor Software-Aufwand

Durch die Bildung der latenten Steuerpassiven im Konzernabschluss im Jahr 20_1 und deren Auflösung in den Jahren 20_2 und 20_3 wird die steuerliche Auswirkung der zwischen Steuer- und Konzernbilanz unterschiedlichen Bewertung der Software berücksichtigt.

Der Gesamtsteueraufwand für die drei Jahre ist im Konzernabschluss (= Total der laufenden und latenten Ertragssteuern) wie auch im Steuerabschluss (= Total der laufenden Ertragssteuern) 12. Die Verteilung der Ertragssteuern auf die einzelnen Jahre ist aber im Konzern- und Steuerabschluss verschieden.

Beispiel 2 **Ausweis der Ertragssteuern im Konzernabschluss**

Ausgangslage Der Roco-Konzern weist folgende Positionen im Konzernabschluss aus:

Konzernbilanz (in Mio. Fr.)	31.12.20_1	31.12.20_2	Veränderung
Latente Steuerforderungen	220	226	+6
Latente Steuerverbindlichkeiten	86	67	−19

Konzernerfolgsrechnung (in Mio. Fr.)	20_2
Gewinn vor Steuern	442
Ertragssteuern	−45
Konzerngewinn	397
Anteil Holdingaktionäre	379
Minderheitsanteile	18

Ertragssteuerliche Auswirkungen von vorübergehenden Differenzen zwischen den konzerninternen und den steuerlichen Bilanzwerten werden als langfristiges Fremdkapital bzw. übriges Anlagevermögen erfasst. Massgeblich sind die tatsächlichen oder die zu erwartenden lokalen Steuersätze. Die Veränderungen der latenten Steuern erfolgt über den Steueraufwand.

Ergänzende Angaben im Anhang zu den Ertragssteuern Die Position Ertragssteueraufwand setzt sich wie folgt zusammen:

Ertragssteueraufwand (in Mio. Fr.)	20_2
Laufende Steuern	70
Latente Steuern	−25
Total	45

Die Zunahme der latenten Steuerforderungen um 6 und die Abnahme der latenten Steuerverbindlichkeiten um 19 reduzieren die bei den Konzerngesellschaften anfallenden laufenden Steuern um 25, sodass der Ertragssteueraufwand für den Konzern lediglich 45 beträgt.

6.2 Latente Steuern

In der Konzernrechnung soll der Steueraufwand ausgewiesen werden, der dem publizierten Konzernergebnis entspricht. Um dieses Ziel zu erreichen, sind latente Steuern zu erfassen.

Latente Steuern entstehen wegen der Differenz zwischen dem Wert der Aktiven und Passiven zu Konsolidierungszwecken und dem Wert gemäss Handelsbilanz bzw. dem Wert für Steuerzwecke. Grundsätzlich sind auf all diesen zeitlich befristeten (temporären) Differenzen latente Steuern zu berücksichtigen.

Um die Ertragssteuern periodengerecht zu verteilen, gibt es verschiedene Methoden. Die nationalen und internationalen Rechnungslegungsnormen sehen die Liability-Methode (Verpflichtungs-Methode) vor: Die Liability-Methode führt zu einem wirklichkeitsgetreuen Bild der Steuerrückstellungen (zukünftige Steuerverpflichtungen). Die Einschätzung künftiger Steuersituationen ist allerdings mit Unsicherheiten verbunden.

Die jährliche Abgrenzung der latenten Ertragssteuern
- basiert auf einer bilanzorientierten Sichtweise («Balance sheet method») (latente Steuern sind Steuerverbindlichkeiten bzw. -forderungen),
- berücksichtigt grundsätzlich alle zukünftigen ertragssteuerlichen Auswirkungen («Comprehensive method»),
- ist in jeder Geschäftsperiode und für jedes Steuersubjekt (Gesellschaft) getrennt vorzunehmen.

Die Berechnung der jährlich abzugrenzenden latenten Ertragssteuern auf den temporären Differenzen erfolgt aufgrund der massgebenden Steuersätze (Liability-Methode). Massgebend sind die tatsächlich zu erwartenden – sofern bekannt – oder die im Zeitpunkt der Bilanzierung gültigen Sätze. Der Steueraufwand wird somit durch die Änderung der Steuersätze beeinflusst.

Latente Steuerforderungen und latente Steuerverbindlichkeiten dürfen nur saldiert werden, soweit sie das gleiche Steuersubjekt betreffen.

Beispiel 3 **Steuerabgrenzung mit konstanten und variablen Steuersätzen**

Ausgangslage   Bei der ABC AG fallen jährlich zusätzlich zeitlich begrenzte Differenzen (Konzernaktiven > Aktiven im Einzelabschluss) in der Höhe von 500 an, die sich über 5 Jahre (linear) wieder auflösen.

Veränderung und Bestand der zeitlich begrenzten Differenzen

	20_1	20_2	20_3	20_4	20_5
20_1	+500	−100	−100	−100	−100
20_2		+500	−100	−100	−100
20_3			+500	−100	−100
20_4				+500	−100
20_5					+500
Nettozunahme	+500	+400	+300	+200	+100
Bestand	500	900	1 200	1 400	1 500

Ermittlung der latenten Steuerabgrenzung
Um den Bestand der latenten Steuerverbindlichkeiten zu berechnen, ist der Bestand der zeitlich begrenzten Differenzen mit dem massgebenden Steuersatz zu belegen. Die Veränderung der latenten Steuerverbindlichkeiten ist erfolgswirksam zu erfassen.

Variante 1   Der massgebende Steuersatz beträgt über den ganzen Betrachtungszeitraum 40 %.

	20_1	20_2	20_3	20_4	20_5
Bestand Latente Steuerverbindlichkeiten	200	360	480	560	600
Veränderung	+200	+160	+120	+80	+40

Buchungen

20_1	Latenter Steueraufwand	/ Latente Steuerverbindlichkeiten	200
20_2	Gewinnreserven	/ Latente Steuerverbindlichkeiten	200
	Latenter Steueraufwand	/ Latente Steuerverbindlichkeiten	160
20_3	Gewinnreserven	/ Latente Steuerverbindlichkeiten	360
	Latenter Steueraufwand	/ Latente Steuerverbindlichkeiten	120
20_4	Gewinnreserven	/ Latente Steuerverbindlichkeiten	480
	Latenter Steueraufwand	/ Latente Steuerverbindlichkeiten	80
20_5	Gewinnreserven	/ Latente Steuerverbindlichkeiten	560
	Latenter Steueraufwand	/ Latente Steuerverbindlichkeiten	40

6.2 Latente Steuern

Variante 2 Der massgebende Steuersatz, der über den Betrachtungszeitraum nicht konstant ist, ist bereits in der zutreffenden Spalte eingetragen.

	20_1	20_2	20_3	20_4	20_5
Steuersatz in %	40	40	45	45	40
Bestand Latente Steuerverbindlichkeiten	200	360	540	630	600
Veränderung	+200	+160	+180	+90	−30

Buchungen

20_1	Latenter Steueraufwand	/ Latente Steuerverbindlichkeiten	200
20_2	Gewinnreserven	/ Latente Steuerverbindlichkeiten	200
	Latenter Steueraufwand	/ Latente Steuerverbindlichkeiten	160
20_3	Gewinnreserven	/ Latente Steuerverbindlichkeiten	360
	Latenter Steueraufwand	/ Latente Steuerverbindlichkeiten	180
20_4	Gewinnreserven	/ Latente Steuerverbindlichkeiten	540
	Latenter Steueraufwand	/ Latente Steuerverbindlichkeiten	90
20_5	Gewinnreserven	/ Latente Steuerverbindlichkeiten	630
	Latente Steuerverbindlichkeiten	/ Latenter Steueraufwand	30

Beispiel 4 **Steuerabgrenzung mit variablen Steuersätzen und latenten Steuerpassiven**

Ausgangslage
Die MAG hat eine Software zum Anschaffungspreis von 600 erworben. Die Nutzungsdauer beträgt zwei Jahre. Für die Konzernrechnung wird die Anschaffung aktiviert und linear über die Nutzungsdauer abgeschrieben.

Für den Steuerabschluss wird die ganze Anschaffung im Erwerbsjahr als Aufwand verbucht. Steuerlich wird diese Einmalabschreibung zugelassen.

Das Jahresergebnis vor dieser Abschreibung und der damit verbundenen Steuerfolge beträgt für beide Jahre 1 000. Der Ertragssteuersatz ist im ersten Jahr 40 %. Für das zweite Jahr beträgt er 50 %. (Annahme: Der Steuersatz des zweiten Jahres ist im ersten Jahr bereits bekannt.)

Bei variablen Steuersätzen errechnen sich die laufenden und latenten Steuern wie folgt:

Steuerliche Gewinnermittlung im Einzelabschluss	20_1	20_2
Bisheriges Jahresergebnis	1 000	1 000
Abschreibung	−600	−0
Ergebnis vor Steuern	400	1 000
Laufende Ertragssteuern	−160	−500
Ergebnis nach Steuern	240	500

Konzernbilanz	20_1	20_2
Anlagen	600	300
Abschreibung	−300	−300
Buchwert	300	0
Latente Steuerpassiven	150	0

Latente Steuern in der Konzernerfolgsrechnung	20_1	20_2
Bisheriges Jahresergebnis	1 000	1 000
Abschreibung	−300	−300
Ergebnis vor Steuern	700	700
Ertragssteuern		
■ Laufende Steuern	−160	−500
■ Latente Steuern	−150	+150
Ergebnis nach Steuern	390	350

Beispiel 5   Steuerabgrenzung mit variablen Steuersätzen und latenten Steueraktiven

Ausgangslage Die MAG hat eine Maschine, die sie während des abgeschlossenen ersten Geschäftsjahres für 600 erworben hat, vollständig abgeschrieben. Steuerlich wird aber nur eine Abschreibung von jährlich 300 zugelassen.

Das Jahresergebnis vor dieser Abschreibung und der damit verbundenen Steuerfolge beträgt für beide Jahre 1 000. Der Ertragssteuersatz ist im ersten Jahr 40%. Für das zweite Jahr beträgt er 50%. (Annahme: Der Steuersatz des zweiten Jahres ist im ersten Jahr bereits bekannt.)

Bei variablen Steuersätzen errechnen sich die laufenden und latenten Steuern wie folgt:

Steuerliche Gewinnermittlung im Einzelabschluss	20_1	20_2
Bisheriges Jahresergebnis	1 000	1 000
Abschreibung	−300	−300
Ergebnis vor Steuern	700	700
Laufende Ertragssteuern	−280	−350
Ergebnis nach Steuern	420	350

Konzernbilanz	20_1	20_2
Anlagen	600	0
Abschreibung	−600	0
Buchwert	0	0
Latente Steueraktiven	150	0

Latente Steuern in der Konzernerfolgsrechnung	20_1	20_2
Bisheriges Jahresergebnis	1 000	1 000
Abschreibung	−600	0
Ergebnis vor Steuern	400	1 000
Ertragssteuern		
■ Laufende Steuern	−280	−350
■ Latente Steuern	+150	−150
Ergebnis nach Steuern	270	500

Beispiel 6   Verlustvortrag und latente Steuern

Ausgangslage

Die MAG weist Anfang 20_1 einen Verlustvortrag von 1 500 aus. Auf diesem Betrag sind aus verschiedenen Gründen keine latenten Steuern erfasst worden. Anfang 20_1 bestehen keine zeitlich befristeten Differenzen zwischen den Werten der Konzernbilanz und denjenigen der Steuerbilanz. Der Konzerngewinn für das Jahr 20_1 beträgt 1 000. In den folgenden Jahren kann mit Gewinnen gerechnet werden. Der massgebliche Steuersatz beträgt 30 %.

Ende 20_1 bestehen folgende zeitlich befristeten Differenzen:

	Vorräte	Sachanlagen	Summe
Konzernbilanz	900	800	1 700
Steuerbilanz	500	900	1 400
Zeitlich befristete Differenz	+400	–100	+300

Berechnung der geschuldeten Steuern auf dem Jahresgewinn 20_1

Verlustvortrag 1.1.20_1	–1 500
Konzerngewinn 20_1	+1 000
Zunahme Zeitlich befristete Differenzen	–300
Steuerrechtlicher Gewinn	+700
Verlustvortrag 31.12.20_1	–800
Steuerbarer Gewinn	0

Berechnung der latenten Steuerpassiven und Steueraktiven am 31.12.20_1

Die zeitlich befristete Differenz bei den Vorräten von 400 führt zu latenten Steuerpassiven. Die zeitlich befristete Differenz bei den Sachanlagen von 100 sowie der Verlustvortrag von 800 führen zu latenten Steueraktiven.

		Latente Steueraktiven	Latente Steuerpassiven
Vorräte	30 % von 400		120
Sachanlagen	30 % von 100	30	
Verlustvortrag	30 % von 800	240	
		270	120

Die MAG hat eine latente Steuerverpflichtung von 120 auf den Vorräten und ein latentes Steuerguthaben von 30 auf den Sachanlagen. Auf dem noch vorhandenen Verlustvortrag besteht ein latentes Steuerguthaben von 240. Das gesamte Potenzial an latenten Steueraktiven beträgt 270.

Latente Steuerforderungen, einschliesslich solcher auf steuerlich verwendbaren Verlustvorträgen sowie auf zu erwartenden Steuergutschriften, werden nur dann berücksichtigt, wenn es wahrscheinlich ist, dass zukünftig Gewinne verfügbar sind.

6.2 Latente Steuern

Übersicht über die zeitlich befristeten Differenzen und ihre Wirkungen auf die latenten Steuern (Steuersatz 30 %)

		Bilanz		Erfolgsrechnung	
		Aktiven	Passiven	Aufwand	Ertrag
Latente Steuerpassiven		K > S	K < S	K < S	K > S
Zeitlich befristete Differenzen, die in zukünftigen Jahresrechnungen zu steuerbarem Gewinn führen.	Beispiele	Vorräte	Pauschale Garantierückstellung	Verzögerter Aufwand	Verzögerter Ertrag
		Die Vorräte sind im Steuerabschluss um den steuerlich zulässigen «Warendrittel» tiefer bewertet.	Für die Steuerbilanz wird eine pauschale Garantierückstellung gebildet, die betriebswirtschaftlich nicht nötig ist.	Aufwendungen werden steuerlich früher anerkannt, als sie betriebswirtschaftlich (effektiv) entstehen.	Für den Konzernabschluss werden Erträge früher berücksichtigt als im Steuerabschluss. (Ein Leasingverkauf wird als Verkauf erfasst, während im Steuerabschluss die jährlichen Leasingraten dargestellt werden.)
	Konzernabschluss	300	250	0	500
	Steuerabschluss	−200	−300	−100	−100
	Differenz	100	−50	−100	400
	Lat. Steuer	**30**	**15**	**30**	**120**
Latente Steueraktiven		K < S	K > S	K > S	K < S
Zeitlich befristete Differenzen, die in zukünftigen Jahresrechnungen zu steuerlich abzugsfähigem Aufwand führen (inkl. Steuerliche Verlustvorträge).	Beispiele	Anlagevermögen	Rückstellung für Grossrenovation	Verzögerter Aufwand	Verzögerter Ertrag
		Betriebswirtschaftlich wird eine höhere Abschreibung vorgenommen, als im Steuerabschluss erlaubt ist.	Betriebswirtschaftlich wird eine Rückstellung gebildet, die im Steuerabschluss nicht akzeptiert wird.	Aufwendungen werden betriebswirtschaftlich früher als im Steuerabschluss erfasst oder sie werden steuerlich nicht anerkannt.	Erträge werden früher versteuert als betriebswirtschaftlich vereinnahmt.
	Konzernabschluss	400	60	60	0
	Steuerabschluss	−480	−0	−0	−20
	Differenz	−80	60	60	−20
	Lat. Steuer	**24**	**18**	**18**	**6**

K = Werte im Konzernabschluss
S = Werte im Steuerabschluss

6.3 Stufen der Steuerabgrenzung in der Konzernrechnung

Neben den latenten Steuern, die sich aus der Abgrenzung zwischen dem handels- und steuerrechtlichen Abschluss ergeben, entstehen durch die Erstellung des Konzernabschlusses weitere latente Steuern. Folgende vier Stufen der Entstehung lassen sich unterscheiden:

Steuerrechtlicher Einzelabschluss

1. Stufe
Latente Steuern im Einzelabschluss

Handelsrechtlicher Einzelabschluss (= Handelsbilanz 1)

2. Stufe
Latente Steuern durch Angleichung an die Konzernbewertung

Handelsrechtlicher Einzelabschluss nach konzerneinheitlichen Bewertungsvorschriften (= Handelsbilanz 2)

3. Stufe
Latente Steuern durch Fremdwährungsumrechnung

Umgerechnete Handelsbilanz 2

4. Stufe
Latente Steuern durch Konsolidierung

Konzernabschluss

6.3.1 | 1. Stufe: Latente Steuern im Einzelabschluss

In der ersten Stufe werden die Abweichungen aufgrund zeitlich begrenzter Differenzen zwischen dem handels- und steuerrechtlichen Ergebnis ermittelt.

6.3.2 | 2. Stufe: Latente Steuern durch Angleichung an die Konzernbewertung

In der zweiten Stufe werden die Abweichungen aufgrund von konzernspezifischen Bilanzierungs- und Bewertungsmethoden ermittelt (= Handelsbilanz 2).

Bei der Erstellung der Handelsbilanz 2 ergeben sich durch
- die Verwendung konzerneinheitlicher Ansatz- und Bewertungsvorschriften und
- die (teilweise) Änderung der Bewertungsbasis (z.B. Bilanzierung zu Tageswerten)

Umbewertungen (vor allem beim Umlaufvermögen und beim abnützbaren Anlagevermögen), bei denen ebenfalls latente Steuern zu berücksichtigen sind.

6.3.3 | 3. Stufe: Latente Steuern durch Fremdwährungsumrechnung

*Siehe 5 «Fremdwährungsumrechnung».

Bei der Umrechnung von in fremder Währung erstellten Abschlüssen von Konzerngesellschaften in die Konzernwährung entstehen Umrechnungsdifferenzen*.

Erfolgsneutrale Behandlung	Erfolgswirksame Behandlung
Bei der erfolgsneutralen Behandlung der Umrechnungsdifferenzen entstehen keine latenten Steuern.	Werden die Umrechnungsdifferenzen erfolgswirksam erfasst, so können steuerliche Gewinn- und Verlustkompensationen erst bei Rückzug des im Ausland investierten Kapitals erfolgen.
	Da diese Differenzen somit erst beim Beteiligungsverkauf ausgeglichen werden, stellen sie praktisch zeitlich unbegrenzte Differenzen dar, die keine latente Steuerabgrenzung nach sich ziehen.
	Latente Steuern sollen nur geschaffen werden, wenn die Veräusserung der Beteiligung und damit die Realisierung der Umrechnungsgewinne und -verluste beabsichtigt ist.

6.3.4 4. Stufe: Latente Steuern durch Konsolidierung

In der vierten Stufe werden Steuerabgrenzungen für erfolgswirksame Konsolidierungsmassnahmen vorgenommen. Der zum Konzernergebnis gehörende Steueraufwand ist verursachungs- und periodengerecht auszuweisen. Folgende Konsolidierungsmassnahmen sind zu unterscheiden:

Kapitalkonsolidierung	Schuldenkonsolidierung
Die Amortisation des aktivierten Goodwills verringert das Jahresergebnis. Da aber dieser Mehraufwand in einer späteren Periode nicht ausgeglichen wird (höchstens beim Verkauf der Tochtergesellschaft), handelt es sich um eine zeitlich unbegrenzte Differenz, die keine Abgrenzung latenter Steuern nach sich zieht.	Die Schuldenkonsolidierung führt normalerweise zu keinen Bewertungsunterschieden zwischen der Konzern- und Steuerbilanz und verursacht keine Abgrenzung latenter Steuern. Eine Ausnahme bilden von Konzerngesellschaften im Einzelabschluss vorgenommene steuerlich abzugsfähige Verluste. Die Verluste sind für die Konsolidierung rückgängig zu machen. Da das Konzernergebnis dadurch vergrössert wird, ist der Steueraufwand zu niedrig und muss durch eine passive Steuerabgrenzung korrigiert werden.
Konsolidierung von Aufwand und Ertrag	**Zwischengewinneliminierung**
Konzerninterne Aufwendungen und Erträge werden miteinander verrechnet. Dies führt zu keinen Abweichungen zwischen dem Konzernergebnis und der Summe der Ergebnisse in den Einzelabschlüssen. Eine Steuerabgrenzung ist nicht nötig.	Für den Konzernabschluss sind konzerninterne Gewinne und Verluste rückgängig zu machen. Die Eliminierung von Zwischengewinnen führt zu latenten Steueraktiven, da die Gewinne im Einzelabschluss früher realisiert werden als im Konzernabschluss. Zwischenverlusteliminierungen führen zu latenten Steuerpassiven, weil Verluste im Einzelabschluss früher entstehen als im Konzernabschluss.
Gewinnreserven	**Equity-Bewertung**
Auf den ausschüttbaren Gewinnreserven bei Tochtergesellschaften sind, sofern die Absicht besteht, sie auszuzahlen, latente Steuern abzugrenzen. Für die Ermittlung der latenten Steuerschuld wird wegen des Holdingprivilegs normalerweise ein reduzierter Steuersatz angewendet.	Da bei assoziierten Gesellschaften lediglich ein massgeblicher (nicht ein beherrschender) Einfluss besteht, werden grundsätzlich keine latenten Steuerabgrenzungen von den frei verfügbaren Reserven vorgenommen.

Beispiel 7 **Neubewertung beim Erwerb einer Tochtergesellschaft**

Ausgangslage Anfang 20_1 erwirbt die MAG sämtliche Aktien der TAG. Bei der TAG werden die Maschinen zu einem Buchwert von 1 200 in der Handelsbilanz 1 ausgewiesen. Für die Handelsbilanz 2 werden die Maschinen auf 1 400 aufgewertet. Die Nutzungsdauer beträgt 4 Jahre. Die Abschreibung erfolgt linear. Der Steuersatz beträgt 30 %.

Entwicklung der Maschinenwerte und der latenten Steuerpassiven

Maschinen	Handelsbilanz 1	Handelsbilanz 2	Bewertungs-differenz	Latente Steuerpassiven
Anfang 20_1	1 200	1 400	200	60
Ende 20_1	900	1 050	150	45
Ende 20_2	600	700	100	30
Ende 20_3	300	350	50	15
Ende 20_4	0	0	0	0

Anfang 20_1 wird die Aufwertung von 200 erfolgsneutral über die Neubewertungsreserve verbucht. Das Jahresergebnis wird dadurch nicht beeinflusst, aber der Eigenkapitalanteil in der Bilanz höher ausgewiesen. Auf dieser Bewertungsdifferenz sind latente Steuerpassiven von 60 zu bilden.

Buchungen
Maschine / Neubewertungsreserven 200 Aufwertung
Neubewertungsreserven / Latente Steuerpassiven 60 Latente Steuern

Ende 20_1 sind die Abschreibung der Maschine und die Herabsetzung der latenten Steuerpassiven vorzunehmen.

Buchungen
Abschreibung / Maschine 350 Abschreibung
Latente Steuerpassiven / Latenter Steuerertrag 15 Herabsetzung

Handelt es sich allerdings um quasi zeitlich unbegrenzte Differenzen, etwa aus nicht abnutzbarem Anlagevermögen (z. B. Grundstück), so sind keine latenten Steuern zu berücksichtigen.

Beispiel 8 Schuldenkonsolidierung und latente Steuern

Ausgangslage Die Tochtergesellschaft TAG hat im Jahr 20_1 von der Muttergesellschaft MAG ein Darlehen von 100 erhalten. Die MAG schreibt im Jahr 20_1 von dieser Forderung 10 ab. Im Jahr 20_3 wertet die MAG ihre Forderung wieder auf 100 auf. Der Steuersatz beträgt 40%.

Konsolidierungsbuchungen

20_1	Aktivdarlehen	/	Übriger Aufwand	10
	Passivdarlehen	/	Aktivdarlehen	100
	Steueraufwand	/	Latente Steuerpassiven	4
20_2	Aktivdarlehen	/	Gewinnreserven	10
	Passivdarlehen	/	Aktivdarlehen	100
	Gewinnreserven	/	Latente Steuerpassiven	4
20_3	Ausserordentlicher Ertrag	/	Aktivdarlehen	10
	Passivdarlehen	/	Aktivdarlehen	100
	Gewinnreserven	/	Latente Steuerpassiven	4
	Latente Steuerpassiven	/	Steueraufwand	4

Beispiel 9 Ausschüttung von Gewinnen und latente Steuern

Ausgangslage Die Tochtergesellschaft TAG erzielt im Jahr 20_1 einen Gewinn vor Steuern von 100, den sie im Jahr 20_2 an die Muttergesellschaft MAG ausschütten wird. Die Muttergesellschaft führt den Gewinn ihren Reserven zu. Der Gewinnsteuersatz bei der Tochtergesellschaft beträgt 35%, jener der Muttergesellschaft 40%. Die MAG hat kein Holdingprivileg.

Steuern bei der TAG, der MAG und im Konzern in den Jahren 20_1 und 20_2

	20_1		20_2	
	TAG	Konzern	MAG	Konzern
Gewinn vor Steuern	100	100	65	0
Laufende Ertragssteuern	−35	−35	−26	−26
Latente Ertragssteuern	–	−26	–	+26
Gewinn nach Steuern	65	39	39	0

Im Jahr 20_1 betragen die laufenden Ertragssteuern der TAG 35 (35% von 100). Im Konzern ist zusätzlich eine latente Steuerabgrenzung von 26 (40% von 65) vorzunehmen.

Im Jahr 20_2 betragen die laufenden Ertragssteuern der MAG 26 (40% von der erhaltenen Dividende von 65). Im Konzern ist die im Jahr 20_1 gebildete Steuerrückstellung aufzulösen. Der Gewinn im Konzern ist null, da die Gewinnausschüttung der TAG an die MAG lediglich eine Liquiditätsverlagerung innerhalb des Konzerns darstellt.

Aufgaben zu Kapitel 6

- 6 – 1 Ertragssteuern 269
- 6 – 2 Steuerabgrenzung mit variablen Steuersätzen und Konsolidierungsbuchungen 270
- 6 – 3 Steuerabgrenzung mit variablen Steuersätzen und latente Steueraktiven 271
- 6 – 4 Ermittlung und Verbuchung von latenten Steuern 272
- 6 – 5 Latente Steuern bei der Aufwertung von abnutzbarem Anlagevermögen 273
- 6 – 6 Schuldenkonsolidierung und latente Steuern 274
- 6 – 7 Gewinnausschüttung und latente Steuern 274
- 6 – 8 Latente Steuern 275
- 6 – 9 Zwischengewinneliminierung und Latente Steuern 276
- 6 – 10 Verlustvortrag, Wertdifferenzen und Steuern 276
- 6 – 11 Gewinnsteuern im Konzern 278

7 Ergänzende Angaben zum Konzernabschluss

7.1 Anhang

* Zum aktienrechtlichen Mindestinhalt des Anhanges siehe Carlen/Gianini/Riniker, Finanzbuchhaltung 1, Praxis der Finanzbuchhaltung, Kapitel 12 Aktiengesellschaft.

** Siehe 2 «Gesetzesbestimmungen und Rechnungslegungsnormen».

Der Anhang
- ist Bestandteil der Konzernrechnung,
- ergänzt, erläutert und entlastet die Bilanz, Erfolgsrechnung und Geldflussrechnung sowie den Eigenkapitalnachweis von Detailangaben,
- erhöht die Aussagekraft des Jahresabschlusses und
- ermöglicht erst eine Analyse der Konzernrechnung.

Ein gut gegliederter und informativer Anhang* gibt schwerpunktmässig Auskunft über
- angewandte Rechnungslegungsnormen,**
- Grundsätze der Rechnungslegung (Konsolidierungskreis, Konsolidierungs- und Bewertungsgrundsätze) und
- weitere Angaben, die in der Bilanz, Erfolgsrechnung und Geldflussrechnung sowie im Eigenkapitalnachweis noch nicht berücksichtigt sind.

Zu den Grundsätzen der Rechnungslegung gehören unter anderem folgende Informationen:

Konsolidierungskreis	Konsolidierungsgrundsätze	Bewertungsgrundsätze
Kriterien für den Einbezug der Gesellschaften in die Konsolidierung (z.B. Stimmenmehrheit)	Konsolidierungsmethode, insbesondere Kapitalkonsolidierung und Behandlung des Goodwills	Bewertungsgrundlage (historische/ aktuelle Werte)
Änderungen im Konsolidierungskreis (Käufe und Verkäufe von Konzerngesellschaften)	Behandlung von nichtkonsolidierten Gesellschaften und Gemeinschaftsunternehmungen	Bewertungsansätze für bestimmte Positionen (soweit erforderlich)
	Fremdwährungsumrechnungsmethode und Behandlung der Umrechnungsdifferenzen	Darstellung und Auswirkungen von Methodenänderungen
	Angaben über die Behandlung von Steuerabgrenzungen	
	Behandlung von konzerninternen Gewinnen (Zwischengewinnen)	

Die folgenden Angaben ergänzen die drei Teile der Jahresrechnung:

Bilanz	Erfolgsrechnung	Geldflussrechnung
Anlagespiegel (Entwicklung der Bruttowerte des Sachvermögens bzw. der immateriellen Anlagen und kumulierte Abschreibungen)	Aufgliederung (Segmentierung) der Nettoerlöse nach ■ Geschäftsbereichen ■ geografischen Märkten	Zusammensetzung und Wahl des Fonds
Goodwill-Behandlung	Aussergewöhnliche schwebende Geschäfte und Risiken (z.B. mit Finanzinstrumenten, Termin- und Ausserbilanzgeschäften)[1]	Erläuterungen des Geldflusses im ■ Geschäftsbereich ■ Investitionsbereich ■ Finanzierungsbereich
Angaben über langfristiges Fremdkapital, inkl. Art und Form der geleisteten Sicherheiten	Erläuterung der Ergebnisse (Betriebs-, Finanz- und übrige Ergebnisse)	Auswirkungen der Umrechnungsdifferenzen auf den Geldfluss
Eigenkapitalnachweis		

[1] Zu Ausserbilanzgeschäften wie Derivaten Finanzinstrumenten siehe Carlen/Gianini/Riniker, Finanzbuchhaltung 2, Sonderfälle der Finanzbuchhaltung, Kapitel 6 Derivate Finanzinstrumente, und Finanzbuchhaltung 1, Praxis der Finanzbuchhaltung, Kapitel 12 Aktiengesellschaft.

In den weiteren Angaben des Anhanges ist auch auf den Bereich der Forschung und Entwicklung sowie auf Ereignisse nach dem Bilanzstichtag einzugehen, sofern dies nicht bereits im Jahresbericht oder im Lagebericht geschieht.

Auf den folgenden Seiten wird im Einzelnen auf den Eigenkapitalnachweis, auf den Anlagespiegel und auf die Segmentberichterstattung eingegangen.

7.2 Eigenkapitalnachweis

<small>* Siehe 3.8 «Eigenkapital und Rechnungslegung von eigenen Aktien», Beispiel 2.</small>

Durch den Nachweis der Veränderungen des Konzerneigenkapitals* werden zwei Bilanzen (Eröffnungs- und Schlussbilanz) miteinander verknüpft. Der Eigenkapitalnachweis zeigt die Ursachen, die zu den Differenzen zwischen Anfangs- und Endbestand der einzelnen Positionen geführt haben.

Im Zusammenhang mit der Kapitalkonsolidierung, der Fremdwährungsumrechnung und zahlreichen anderen Konsolidierungsvorgängen ist die Offenlegung der Veränderungen des konsolidierten Eigenkapitals von besonderer Bedeutung.

Die verschiedenen Ursachen, die zu Veränderungen des Eigenkapitals führen, sind zu erläutern.

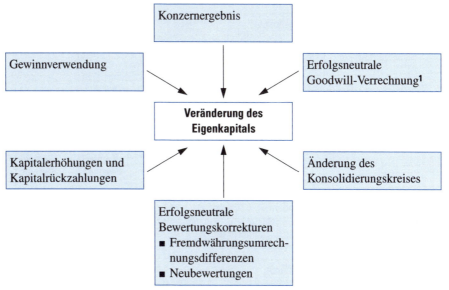

<small>* Siehe auch 3.4 «Behandlung des Goodwills».</small>

1 Eine Verrechnung des erworbenen Goodwills mit dem Eigenkapital ist gemäss Swiss GAAP FER 30 zulässig, sofern die Auswirkungen einer theoretischen Aktivierung im Anhang dargestellt werden.*

Der Eigenkapitalnachweis kann in Tabellen- oder Matrixform (üblicher) dargestellt werden (siehe folgendes Beispiel).

Beispiel 1 **Konzerneigenkapital und Eigenkapitalnachweis**

Ausgangslage
Die GBZ-Gruppe weist in der Eröffnungsbilanz und Schlussbilanz folgendes Konzerneigenkapital aus:

	Eröffnungs-bilanz	Schluss-bilanz
Aktienkapital	900	1 500
Kapitalreserven	60	120
Gewinnreserven	2 100	2 550
Umrechnungsdifferenzen	–60	–90
	3 000	4 080

Eigenkapital-nachweis in Tabellenform

Anfangsbestand	3 000
Dividendenausschüttung	–300
Kapitalerhöhung	660
Umrechnungsdifferenzen	–30
Konzerngewinn	750
Endbestand	4 080

Eigenkapital-nachweis in Matrixform

	Aktien-kapital	Kapital-reserven	Gewinn-reserven	Umrech-nungs-differenzen	Eigen-kapital
Anfangsbestand	900	60	2 100	–60	3 000
Dividendenausschüttung			–300		–300
Kapitalerhöhung	600	60			660
Umrechnungsdifferenzen				–30	–30
Konzerngewinn			750		750
Endbestand	1 500	120	2 550	–90	4 080

7.3 Anlagespiegel

Der Anlagespiegel zeigt die Veränderungen des Anlagevermögens (insbesondere der Sachanlagen und der immateriellen Anlagen) während der Berichtsperiode.

Die Höhe, die Zusammensetzung und der Abnutzungsgrad des Anlagevermögens sind für den Konzern von besonderer Bedeutung. Zwischen den Veränderungen des Anlagevermögens und dem Geldfluss des Konzerns besteht ein enger Zusammenhang durch Investitionen (Kauf von Sachanlagen, Erwerb von Beteiligungen) und Devestitionen.

Sachanlagen werden zu Anschaffungs- oder zu Herstellungskosten erfasst. Bei der Folgebewertung sind die kumulierten Abschreibungen zu berücksichtigen. Sachanlagen können auch zu aktuellen Werten bilanziert werden. Übersteigt der aktuelle Wert den Nettobuchwert, ist die sich daraus ergebende Aufwertung erfolgsneutral als Neubewertungsreserve* zu erfassen. Falls die Aufwertung eine vorangegangene als Aufwand erfasste Abwertung rückgängig macht, ist sie dem Periodenergebnis gutzuschreiben.

* Siehe 6.3 «Stufen der Steuerabgrenzung in der Konzernrechnung», Beispiel 7.

Gemäss Swiss GAAP FER 18 sind folgende Kategorien von Sachanlagen auszuweisen:
- Unbebaute Grundstücke
- Grundstücke und Bauten
- Anlagen und Einrichtungen
- Sachanlagen im Bau
- Übrige Sachanlagen

Die Anlagen und Einrichtungen sowie die übrigen Sachanlagen sind weiter aufzugliedern, falls wesentliche zusätzliche Anlagekategorien bestehen. Anzahlungen auf Anlagen im Bau sind separat auszuweisen, wenn sie wesentlich sind.

Geleaste Sachanlagen (Finanzierungsleasing*) sind als kaufähnlicher Vorgang zu erfassen, d.h. die geleasten Sachanlagen sind zu aktivieren und die Verpflichtungen gegenüber der Leasinggesellschaft (Leasinggeber) zu passivieren.

* Siehe Carlen/Gianini/Riniker: Finanzbuchhaltung 2, Sonderfälle der Finanzbuchhaltung, Kapitel 5 Leasing.

Beispiel 2 Anlagespiegel Sachanlagen

Die Roco-Gruppe weist im Geschäftsbericht 20_2 im Anhang folgende Informationen aus:

	Grundstücke und Bauten	Anlagen und Einrichtungen	Sachanlagen im Bau	Übrige Sachanlagen	Total 20_2	Total 20_1
Anschaffungswerte						
Anfangsbestand	8 000	10 000	1 500	1 000	20 500	17 000
Zugänge	200	900	800	200	2 100	2 000
Abgänge	−150	−800	−20	−130	−1 100	−800
Veränderung des Konsolidierungskreises	20	50	0	30	100	2 700
Umbuchungen	300	400	−700	−40	0	0
Umrechnungsdifferenzen	−200	−300	−60	0	−600	−400
Endbestand	8 170	10 250	1 520	1 060	21 000	20 500
Kumulierte Abschreibungen						
Anfangsbestand	−2 500	−6 000	0	−600	−9 100	−8 000
Veränderung des Konsolidierungskreises	10	20	0	10	40	50
Abschreibungen Berichtsjahr	−300	−1 000	0	−100	−1 400	−1 300
Abgänge	100	500	0	50	650	50
Umrechnungsdifferenzen	50	200	0	10	260	100
Endbestand	−2 640	−6 280	0	−630	−9 550	−9 100
Nettobuchwerte						
Anfangsbestand	5 500	4 000	1 500	400	11 400	9 000
Endbestand	5 530	3 970	1 520	430	11 450	11 400

Ende 20_2 betragen die aktivierten geleasten Anlagen und Einrichtungen (Finanzierungsleasing) 200 (Anfang 20_2: 240). Ende 20_2 ist der Nettobuchwert dieser Sachanlagen 80 (Anfang 20_2: 160).

Sachanlagen werden
- zu Nettobuchwerten nach Abzug der kumulierten Abschreibungen ausgewiesen,
- zu Anschaffungs- oder Herstellkosten bewertet und
- linear (mit Ausnahme der Grundstücke) abgeschrieben.

Die geschätzte Nutzungsdauer für die Hauptkategorien beträgt:
- Grundstücke und Gebäude   40 Jahre
- Anlagen und Einrichtungen   5 bis 15 Jahre
- Büroeinrichtungen   3 Jahre
- Motorfahrzeuge   5 Jahre

Reparatur- und Unterhaltskosten werden laufend der Erfolgsrechnung belastet. Finanzierungskosten werden nicht aktiviert.

7.3 Anlagespiegel

Beispiel 3 **Anlagespiegel Immaterielles Anlagevermögen**

Die Roco-Gruppe weist im Geschäftsbericht 20_2 im Anhang folgende Informationen aus:

	Goodwill	Patente, Lizenzen, Marken usw.	Total 20_2	Total 20_1
Anschaffungswerte				
Anfangsbestand	2 500	11 000	13 500	6 000
Zugänge	50	400	450	300
Abgänge	0	−50	−50	−200
Veränderung des Konsolidierungskreises	0	0	0	7 600
Umrechnungsdifferenzen	10	−200	−190	−200
Endbestand	2 560	11 150	13 710	13 500
Kumulierte Abschreibungen				
Anfangsbestand	−100	−2 300	−2 400	−1 830
Veränderung des Konsolidierungskreises	0	10	10	50
Abschreibungen Berichtsjahr	−150	−800	−950	−600
Abgänge	0	100	100	30
Umrechnungsdifferenzen	−10	140	130	−50
Endbestand	−260	−2 850	−3 110	−2 400
Nettobuchwerte				
Anfangsbestand	2 400	8 700	11 100	4 170
Endbestand	2 300	8 300	10 600	11 100

Immaterielles Anlagevermögen wird zum Nettobuchwert nach Abzug der kumulierten Abschreibungen ausgewiesen.

Der Goodwill aus Akquisitionen wird aktiviert und ab dem Erwerbszeitpunkt erfolgswirksam über die geschätzte wirtschaftliche Nutzungsdauer, längstens jedoch über 20 Jahre, linear abgeschrieben.

Das sonstige immaterielle Anlagevermögen umfasst akquiriertes Eigentum (Patente, Technologien und Know-how, Handelsmarken, Lizenzen) und übrige identifizierbare immaterielle Rechte. Es wird zum Anschaffungswert bilanziert und ab dem Erwerbszeitpunkt über die geschätzte wirtschaftliche Nutzungsdauer, längstens jedoch über 20 Jahre, linear abgeschrieben.

7.4 Segmentberichterstattung

Börsenkotierte Unternehmungen bzw. Konzerne sind verpflichtet, Angaben über
- die wesentlichen Geschäftsbereiche (Branchen) und
- die geographischen Regionen, in denen sie tätig sind, offenzulegen.

Mit Hilfe der Segmentinformationen soll die Qualität der Analyse der Konzernrechnung erhöht werden. Segmente werden als solche identifiziert, wenn sie mehr als 10% des gesamten Umsatzes, der Aktiven oder des Ergebnisses ausmachen.

Beispiel 4   Segmentberichterstattung

Ausgangslage   Die Roco-Gruppe besteht aus zwei Geschäftsbereichen, dem Gesundheitsbereich und dem Bereich Riechstoffe und Aromen. Der Gesundheitsbereich umfasst im Wesentlichen die drei Divisionen Pharma, Diagnostics sowie Vitamine/Feinchemie. Der Konzern ist weltweit tätig.

Die Roco-Gruppe weist im Geschäftsbericht 20_2 im Anhang folgende Informationen zu den Geschäftsbereichen aus:

Geschäftsbereiche	Umsatz mit Dritten	Betriebliches Vermögen	Ausgaben für Forschung und Entwicklung	Getätigte Investitionen in Sachanlagen	Anzahl Mitarbeiter
Gesundheitsbereich					
■ Pharma	14 000	17 000	3 000	900	40 000
■ Diagnostics	5 000	9 000	600	400	14 000
■ Vitamine/Feinchemie	4 000	4 000	400	400	8 000
	23 000	30 000	4 000	1 700	62 000
Riechstoffe/Aromen	2 000	3 000	100	300	5 000
Total	25 000	33 000	4 100	2 000	67 000

Das betriebliche Vermögen beinhaltet Forderungen aus Lieferungen und Leistungen, Vorräte, Sachanlagen, immaterielles Anlagevermögen sowie zugehörige Teile des sonstigen Anlagevermögens.

7.4 Segmentberichterstattung

Der Anhang enthält ferner Informationen über die Ergebnisse der einzelnen Divisionen.

Divisionen / Ergebnisse	Pharma	Diagnostics	Vitamine/ Feinchemie	Rohstoffe/ Aromen	Total
Umsatz	14 000	5 000	4 000	2 000	25 000
EBITDA[1]	4 200	1 200	900	400	6 700
in % des Umsatzes	30	24	23	20	27
EBIT[2]	3 000	600	700	300	4 600
in % des Umsatzes	21	12	18	15	18
Konzerngewinn[3]	–	–	–	–	4 400

1 Ergebnis vor Zinsen, Steuern, Abschreibungen Sachanlagen und Amortisationen Immaterielle Anlagen
2 Ergebnis vor Zinsen und Steuern
3 Eine Aufteilung des Konzerngewinnes auf die vier Dimensionen ist nicht möglich.

Die EBIT-Margen werden wesentlich durch die unterschiedliche Sachanlageintensität sowie die bisher erfolgten Akquisitionen der Divisionen beeinflusst. Bei den EBITDA-Margen sind diese Faktoren ausgeschlossen.

Der Anhang enthält ferner Informationen über die geografische Verteilung des Umsatzes, des betrieblichen Vermögens und der getätigten Investitionen in Sachanlagen.

Geografische Verteilung	Umsatz mit Dritten	Betriebliches Vermögen	Getätigte Investitionen in Sachanlagen
Schweiz	500	4 300	300
Europäische Union	8 800	12 400	500
Übriges Europa	1 000	300	100
Nordamerika	8 700	11 400	800
Lateinamerika	2 500	2 000	100
Asien	2 600	2 200	150
Afrika, Australien, Rest	900	400	50
Total	25 000	33 000	2 000

Die Umsätze zwischen den geografischen Gebieten und die Aufteilung des Betriebsgewinnes nach Gebieten sind nicht ausgewiesen, da der dazu notwendige Arbeitsaufwand im Verhältnis zur Aussagekraft unverhältnismässig hoch ist.

7.5 Zusammenhänge zwischen Bilanz, Erfolgsrechnung, Geldflussrechnung und Anhang

Am folgenden Beispiel werden Zusammenhänge aufgezeigt, die zwischen den Abschlussrechnungen, dem Eigenkapitalnachweis, dem Anlagespiegel und der Segmentberichterstattung bestehen.

Beispiel 5 **Konzernabschluss der Dentalli-Gruppe**

Ausgangslage Die Dentalli-Gruppe besteht aus den Geschäftsbereichen Dentalimplantate und Schädel-Chirurgie, ist weltweit tätig und hat ihren Sitz in der Schweiz.

Jahresabschluss 20_2 Die folgenden Informationen stammen aus dem Jahresabschluss 20_2:

Konzernbilanz (in Fr. 1 000.–)	31.12.20_1	31.12.20_2
Aktiven		
Flüssige Mittel	19 028	38 240
Übriges Umlaufvermögen	68 593	75 358
Sachanlagen	76 627	79 069
Immaterielle Anlagen	8 080	10 070
Übriges Anlagevermögen	6 349	8 529
	178 677	211 266
Passiven		
Fremdkapital	64 311	63 827
Eigenkapital		
▪ Aktienkapital	7 711	4 639
▪ Kapitalreserven	25 568	29 133
▪ Umrechnungsdifferenzen	3 660	2 723
▪ Gewinnreserven	77 427	110 944
	178 677	211 266

Konzernerfolgsrechnung (Auszug) (in Fr. 1 000.–)	20_1	20_2
Nettoumsatz	190 069	231 599
Abschreibungen	9 374	15 150
EBIT	51 189	61 889
Konzerngewinn	37 599	40 728

7.5 Zusammenhänge Bilanz, Erfolgsrechnung, Geldflussrechnung und Anhang

Konzerngeldflussrechnung (in Fr. 1 000.–)	20_1		20_2	
Geschäftsbereich				
Konzerngewinn	37 599		40 728	
Abschreibungen	9 374		15 150	
Übrige Positionen	–7 987		–9 110	
Geldzufluss (Cashflow)		+38 986		+46 768
Investitionsbereich				
Investitionen Sachanlagen	–30 124		–14 259	
Investitionen immaterielle Anlagen	–3 785		–5 323	
Geldabfluss		–33 909		–19 582
Finanzierungsbereich				
Nennwertreduktion	0		–3 084	
Dividendenausschüttung	–7 700		–6 871	
Ausgabe von Aktien	725		1 733	
Ausgabe von Optionen	0		1 844	
Rückzahlung von Darlehen	–363		–319	
Geldabfluss		–7 338		–6 697
Währungseinflüsse		436		–1 277
Veränderung Flüssige Mittel		–1 825		+19 212

Die Zunahme der flüssigen Mittel im Jahr 20_2 beträgt 19 212 und kann direkt aus der Bilanz berechnet werden (Flüssige Mittel 38 240 – 19 028).

Eigenkapitalnachweis (in Fr. 1 000.–)	Aktien-kapital	Kapital-reserven	Umrech-nungs-differenzen	Gewinn-reserven	Total Eigen-kapital
31.12.20_1	7 711	25 568	3 660	77 427	114 366
Nennwertreduktion	–3 084				–3 084
Dividendenausschüttung				–6 871	–6 871
Ausgabe von Aktien	12	1 721			1 733
Ausgabe von Optionen		1 844			1 844
Währungsdifferenzen			–937	–340	–1 277
Konzerngewinn				40 728	40 728
31.12.20_2	4 639	29 133	2 723	110 994	147 439

Die Erläuterungen zum Eigenkapitalnachweis sind im Anhang zu finden.

7 Ergänzende Angaben zum Konzernabschluss

Anhang Der Anhang enthält Erläuterungen zum Eigenkapitalnachweis, Anlagespiegel Sachanlagen und immaterielle Anlagen (mit Erläuterungen) sowie zur Segmentberichterstattung.

Erläuterungen zum Eigenkapitalnachweis
Der Eigenkapitalnachweis zeigt die Ursachen, die zu den Differenzen zwischen Anfangs- und Endbestand der einzelnen Positionen geführt haben.

- Die Nennwertreduktion von 3 084 verkleinert das Aktienkapital und hat für den Aktionär, im Vergleich zu einer Dividendenausschüttung, steuerliche Vorteile (keine Verrechnungssteuer, keine Einkommenssteuer).
- Das Aktienkapital wird um nominal 12 erhöht. Das Agio beträgt 1 721. Der gesamte Liquiditätszugang beträgt 1 733.
- Dem Management wurden auf der Grundlage des Kapitalbeteiligungsplanes Aktienoptionen in der Höhe von 1 844 verkauft.
- Da die Nennwertreduktion, die Aktienkapitalerhöhung, die Ausgabe von Optionen und die Ausschüttung der Dividende liquiditätswirksam sind, werden sie in der Geldflussrechnung im Finanzierungsbereich ausgewiesen.
- Der Konzerngewinn und die Umrechnungsdifferenzen, die das Eigenkapital auch verändern, sind hingegen liquiditätsunwirksam.

Anlagespiegel Sachanlagen

(in Fr. 1 000.–)	Boden	Gebäude	Maschinen, Einrichtungen	Fahrzeuge	Total
Anschaffungswerte					
1.1.20_2	3 121	61 335	27 798	22 910	115 164
Zugänge		849	6 769	7 194	14 812
Abgänge			−292	−1 378	−1 670
31.12.20_2	3 121	62 184	34 275	28 726	128 306
Kumulierte Abschreibungen					
1.1.20_2	0	9 442	16 251	12 844	38 537
Zugänge		2 966	3 881	4 970	11 817
Abgänge			−325	−792	−1 117
31.12.20_2	0	12 408	19 807	17 022	49 237
Nettobuchwerte					
1.1.20_2	3 121	51 893	11 547	10 066	76 627
31.12.20_2	3 121	49 776	14 468	11 704	79 069

Anlagespiegel immaterielle Anlagen

(in Fr. 1 000.–)	Goodwill	Entwicklungs-kosten	Sonstige Anlagen	Total
Anschaffungswerte				
1.1.20_2	2 669	6 793	2 205	11 667
Zugänge		3 337	3 150	6 487
Abgänge		–621	–1 287	–1 908
31.12.20_2	2 669	9 509	4 068	16 246
Kumulierte Abschreibungen				
1.1.20_2	1 986	350	1 251	3 587
Zugänge	456	1 298	1 579	3 333
Abgänge			–744	–744
31.12.20_2	2 442	1 648	2 086	6 176
Nettobuchwerte				
1.1.20_2	683	6 443	954	8 080
31.12.20_2	227	7 861	1 982	10 070

Erläuterungen zu den Anlagespiegeln:

Die Buchwerte der Sachanlagen und der immateriellen Anlagen in den beiden Anlagespiegeln sind auch in den jeweiligen Bilanzen ersichtlich.

Die Sachanlagen und die immateriellen Anlagen sind in ihre Hauptgruppen gegliedert. Für jede Hauptgruppe ist die Entwicklung der Anschaffungswerte und der kumulierten Abschreibungen ersichtlich.

Der im Jahr 20_2 in der Erfolgsrechnung und Geldflussrechnung ausgewiesene Gesamtbetrag der Abschreibungen von 15 150 kann auch im Anlagespiegel abgelesen werden. Der Betrag setzt sich aus Abschreibungen auf Sachanlagen von 11 817 und Amortisation von immateriellen Anlagen von 3 333 zusammen. Die beiden Beträge könnten auch einzeln in der Erfolgsrechnung und Geldflussrechnung gezeigt werden.

Die im Jahr 20_2 in der Geldflussrechnung ausgewiesenen Investitionen in Sachanlagen von 14 259 und in immaterielle Anlagen von 5 323 können im jeweiligen Anlagespiegel nicht abgelesen werden, da nicht alle Zu- und Abgänge liquiditätswirksam sind. Beispiele für liquiditätsunwirksame Zugänge: Selbstproduzierte Sachanlagen, Goodwill, Erwerb von Sachanlagen durch Finanzierungsleasing, Sachanlagen von Gesellschaften, die akquiriert wurden.

Der Vergleich der Anschaffungswerte und der kumulierten Abschreibungen lässt auch einen gewissen Schluss darüber zu, wie «modern» die Sachanlagen sind. Für jede Kategorie kann

- der Abnutzungsgrad (kumulierte Abschreibungen in Prozent des Anschaffungswertes) und
- die Abschreibungsquote (Jahresabschreibung in Prozent des Anschaffungswertes) berechnet werden.

Diese beiden Kennzahlen sind aussagekräftiger, wenn sie für die einzelnen Positionen separat statt für die gesamten Sachanlagen und die gesamten immateriellen Anlagen berechnet werden.

Ferner kann für jede Kategorie die Wachstumsquote (getätigte Bruttoinvestitionen in Prozent der Jahresabschreibung) berechnet werden und der Schluss gezogen werden, ob tendenziell eine auf Wachstum gerichtete Investitionspolitik vorliegt.

Der Buchwert des Goodwills gibt das noch mögliche Amortisationspotenzial an, welches das Eigenkapital verkleinern könnte.

Segmentberichterstattung
Die Risiken sowie die Rendite sind stark davon abhängig, in welchen Ländern der Konzern agiert.

Die Primärsegmentierung erfolgt nach Geschäftseinheiten, die sich aus den Bereichen Dentalimplantate und Schädel-Chirurgie (SC-Produkte) zusammensetzen. Der Vertrieb von SC-Produkten wurde Ende 20_2 eingestellt.

Ergebnisse nach Geschäftseinheiten	Dentalimplantate		SC-Produkte		Total	
(in Fr. 1 000.–)	20_1	20_2	20_1	20_2	20_1	20_2
Nettoumsatz	188 778	229 943	1 291	1 656	190 069	231 599
EBIT	54 030	65 283	−2 841	−3 394	51 189	61 889
EBIT-Marge (in %)	28,6	28,4	–	–	26,9	26,7

Der Gesamtnettoumsatz und das Total der Grösse EBIT werden auch in der Erfolgsrechnung ausgewiesen.

Die Sekundärsegmentierung erfolgt nach geografischen Zonen. Der Nettoumsatz und die Grösse EBIT sind in folgenden Zonen angefallen:

Ergebnisse nach geografischen Zonen	Nettoumsatz		EBIT	
(in Fr. 1 000.–)	20_1	20_2	20_1	20_2
Schweiz inkl. Vertriebshändler				
■ Schweiz	12 991	16 799		
■ Italien	9 073	9 786		
■ Japan	18 819	22 996		
■ Übrige	10 067	9 215		
Konzerninterne Umsätze	73 228	91 575		
	124 178	150 371	40 309	51 574
Deutschland	48 629	60 990	4 856	4 468
Übrige Länder Europas	40 918	50 949	4 122	3 521
Nordamerika	49 572	60 864	2 075	1 964
	263 297	323 174	51 362	61 527
Eliminierungen konzerninterner Umsätze	−73 228	−91 575	−173	362
Total	190 069	231 599	51 189	61 889

Die Totalbeträge (Nettoumsatz und EBIT) aus der Primärsegmentierung nach Geschäftsbereichen entsprechen den Totalbeträgen der Sekundärsegmentierung nach geografischen Zonen.

Die Konzernaktiven und das Konzernfremdkapital verteilen sich wie folgt auf die geografischen Zonen:

(in Fr. 1 000.–)	Aktiven		Fremdkapital	
	20_1	20_2	20_1	20_2
Schweiz inkl. Vertriebshändler	216 949	255 997	93 177	99 714
Deutschland	8 523	6 506	4 331	3 101
Übrige Länder Europas	20 233	23 186	16 517	17 495
Nordamerika	20 303	24 108	14 069	17 012
	266 008	309 797	128 094	137 322
Eliminierungen	−87 331	−98 531	−64 308	−74 337
Total	178 677	211 266	63 786	62 985

Erläuterungen zur Segmentberichterstattung:

Der gesamte Nettoumsatz hat um 41 530 (+21,8 %) zugenommen. Der Nettoumsatz aus dem verbleibenden Kerngeschäft (Dentalimplantate) ist um 41 165 (+21,8 %) gewachsen.

Der Konzern hat in allen geografischen Zonen, in denen er tätig ist, den Umsatz ausgeweitet.

Die EBIT-Grösse hat für den ganzen Konzern um 10 700 (+20,9 %) zugenommen. Die EBIT-Marge von 26,7 % konnte gegenüber dem Vorjahr (26,9 %) gehalten werden.

Die EBIT-Marge bei den SC-Produkten bleibt negativ wie im Vorjahr. Dies könnte dazu führen, diesen Geschäftsbereich in den nächsten Jahren einzustellen.

Die EBIT-Grösse in der Schweiz (inkl. Vertriebshändler) ist gewachsen. In den anderen Ländern ist sie hingegen zurückgegangen.

Aufgaben zu Kapitel 7

▶ 7 – 1 Eigenkapitalnachweis der Multi-Gruppe 279
▶ 7 – 2 Eigenkapitalnachweis der Media-Gruppe 280
▶ 7 – 3 Anlagespiegel Sachanlagen und immaterielle Anlagen 282
▶ 7 – 4 Eigenkapitalnachweis 284
▶ 7 – 5 Analyse des Eigenkapitalnachweises der ABC-Gruppe 285

8 Analyse des Konzernabschlusses und Aktienbewertung

Bei der Aktienbewertung und -analyse steht die Prognose des «Aktienkurses von morgen» im Vordergrund. Die Aufgabe der Analysten besteht unter anderem darin, unter- und überbewertete Titel zu suchen. Grundsätzlich werden folgende Analysearten* unterschieden:

* Zur Analyse des Jahresabschlusses siehe Gianini/Riniker: Finanzbuchhaltung 4, Ergänzende Bereiche der Finanzbuchhaltung, Kapitel 5.

Fundamentale Analyse	**Technische Analyse**

Sie hat zum Ziel, den inneren Wert einer Aktie zu ermitteln. Folgende Analysen sind zu unterscheiden:
 	
■ Makroanalyse
    □ Gesamtwirtschaftliches Umfeld
    □ Branchenanalyse
    □ Markt- und Länderanalyse
    □ usw.
 	
■ Mikroanalyse (Unternehmungsanalyse)
    □ Ertrags-, Finanz- und Vermögenslage
    □ Leistungs- und Produkteangebot
    □ Marktstellung, Konkurrenzsituation
    □ Qualität des Managements
    □ usw.
	Sie hat zum Ziel, mit Hilfe vergangener Börsenkurse bestimmte Formationen und Trends in der Kursentwicklung zu erkennen und daraus Kauf- und Verkaufssignale abzuleiten. Die Aktie wird losgelöst von der Unternehmung betrachtet.
	
	Die Kursverläufe werden häufig mit Charts dargestellt.
	
	Die Nützlichkeit der technischen Analyse ist umstritten. Allerdings stützen sich zahlreiche Marktteilnehmer auf diese Charts ab. Deshalb kann die technische Analyse durchaus marktpsychologische Auswirkungen haben.

Die in diesem Abschnitt vorgestellten Kennzahlen werden anhand des folgenden Beispiels berechnet und erklärt.

Beispiel 1 **Aktienbewertung und Aktienanalyse der Aski-Gruppe**

Ausgangslage Die Aski-Gruppe produziert und handelt Pharma- und Dentalmedizinprodukte. Es handelt sich um eine an der Schweizer Börse kotierte Unternehmung. Die Zahlen sind vereinfacht. Folgendes ist bekannt:

Konsolidierte Erfolgsrechnung (in Mio. Fr.)	20_1	
Betrieblicher Gesamtertrag		
Nettoerlös aus Lieferungen und Leistungen	110	
Bestandesänderung Halb- und Fertigfabrikate	−4	
Andere betriebliche Erträge	1	
Total Operativer Ertrag		107
Betrieblicher Gesamtaufwand		
Material- und Warenaufwand	−51	
Personalaufwand	−28	
Übriger Betriebsaufwand	−16	
Total Operativer Aufwand		−95
Betriebsergebnis vor Zinsen, Steuern, Abschreibungen und Amortisation (EBITDA)		12
Abschreibungen Sachanlagen		−3
Amortisation Goodwill		−2
Betriebsergebnis vor Zinsen und Steuern (EBIT)		7
Finanzergebnis		13
Ordentliches Unternehmungsergebnis vor Steuern		20
Gewinn aus Veräusserung Anlagevermögen		1
Ausserordentlicher Aufwand		−1
Ausserordentlicher Ertrag (Auflösung Rückstellung)		6
Jahresergebnis vor Steuern (EBT)		26
Ertragssteuern		−4
Konzerngewinn		22

Konsolidiertes Eigenkapital (in Mio. Fr.)	31.12.20_1
Aktienkapital	8,4
Kapitalreserven	12,4
Gewinnreserven	108,0
Eigene Aktien	−4,2
Konzerngewinn	22,0
Eigenkapital	146,6

8 Analyse des Konzernabschlusses und Aktienbewertung

Ergänzende Angaben
- Aktienkapital und Aktien
  - Anzahl Aktien   168 000 Stück
  - Nominalwert   Fr. 50.–
  - Börsenkurs Ende 20_1   Fr. 1 380.–
  - Dividendensatz   70 %
- Eigene Aktien
  - Bestand Anfang 20_1   5 000 Stück
  - Verkauf Mitte 20_1   2 000 Stück
  - Bestand Ende 20_1   3 000 Stück
- Weitere Angaben aus der Bilanz vom 31.12.20_1 (in Mio. Fr.)
  - Verzinsliches Fremdkapital   51
  - Flüssige Mittel   16

Kennzahlen Aufgrund der konsolidierten Erfolgsrechnung, des konsolidierten Eigenkapitals und der ergänzenden Angaben werden im Folgenden häufig verwendete Kennzahlen berechnet und kommentiert.

Börsenkapitalisierung (Marktwert)

Aus der Sicht der Unternehmung steht ihr Marktwert im Vordergrund. Der Marktwert einer kotierten Unternehmung drückt sich in der Börsenbewertung, d.h. Börsenkapitalisierung aus. Die Börsenkapitalisierung ist für die Unternehmung bedeutsam, da sie die Kapitalbeschaffungsmöglichkeiten und deren Kosten beeinflusst. An der Börsenkapitalisierung kann auch die Entwicklung des Shareholders Value gemessen werden.

$$\text{Börsenkapitalisierung} = \text{Anzahl ausstehende Aktien} \times \text{Kurs} = (168\,000 - 3\,000) \times 1\,380.- = 227{,}7 \text{ Mio. Fr.}$$

Um die Börsenkapitalisierung besser beurteilen zu können, wird sie häufig zu anderen Unternehmungsgrössen in Beziehung gesetzt, z.B. zum Gesamtertrag, zum Gesamtumsatz, zum Eigenkapital oder zum Jahresgewinn.

$$\frac{\text{Börsenkapitalisierung} \times 100}{\text{Gesamtertrag}} = \frac{227{,}7 \text{ Mio. Fr.} \times 100}{107 \text{ Mio. Fr.}} = 212{,}8\,\%$$

Je höher dieser Wert, desto teurer und riskanter ist eine Aktie im Vergleich zu anderen Unternehmungen der gleichen Branche. Die Börsenkapitalisierung in Beziehung zum Gesamtertrag zu setzen, macht beispielsweise bei Wachstumsunternehmungen Sinn, die oftmals (noch) keine Gewinne erzielen.

$$\frac{\text{Börsenkapitalisierung} \times 100}{\text{Eigenkapital}} = \frac{227{,}7 \text{ Mio. Fr.} \times 100}{146{,}6 \text{ Mio. Fr.}} = 155{,}3\,\%$$

* Siehe 2 «Gesetzesbestimmungen und Rechnungslegungsnormen».

Die Börsenkapitalisierung ist rund 1,5-mal grösser als das Eigenkapital. Da börsenkotierte Gesellschaften einen Abschluss vornehmen müssen, der auf dem «True and fair view»-Prinzip* basiert, entspricht das Eigenkapital dem Substanzwert. In der Börsenkapitalisierung ist ein Goodwill von rund 55 % vom Substanzwert eingerechnet.

Gewinn je Aktie (Earnings per Share, EPS)

Aus der Sicht des Anlegers steht der einzelne Titel im Vordergrund, da er nicht die Unternehmung als Ganzes, sondern nur Anteile davon erwirbt. Eine oft verwendete Kennzahl ist der Gewinn je Aktie.

$$\text{Gewinn je Aktie} = \frac{\text{Jahresgewinn}}{\text{ø Anzahl ausstehende Aktien}}$$

$$= \frac{22 \text{ Mio. Fr.}}{(163\,000 + 165\,000) : 2} = 134.15$$

Im Konzern mit Minderheitsansprüchen (im Beispiel der Aski-Gruppe ist dies nicht der Fall) ist nur der den Holdingaktionären zustehende Konzerngewinn zu berücksichtigen.

Gemäss IFRS ist der Gewinn je Aktie nach zwei Methoden zu berechnen und auszuweisen:
- Ausgewiesener (unverwässerter) Gewinn je Aktie (Basic Earnings per Share)
- Verwässerter Gewinn je Aktie (Diluted Earnings per Share) (nach Berücksichtigung von Wandel- und Optionsrechten, Mitarbeiteroptionen usw.)

Im Anhang ist die Berechnungsart der Anzahl Aktien (normal und verwässert) sowie des verwässerten Konzerngewinnes auszuweisen.

Kurs-Gewinn-Verhältnis (KGV, Price-Earnings Ratio, PER, P/E)

Eine weitverbreitete Kennzahl für die Beurteilung der Preiswürdigkeit von Aktien ist das Kurs-Gewinn-Verhältnis. Diese Kennzahl sagt aus, wie oft der Reingewinn je Aktie im Kurs enthalten ist.

$$\text{Kurs-Gewinn-Verhältnis} = \frac{\text{Kurs}}{\text{Gewinn je Aktie (EPS)}}$$

$$= \frac{1380.-}{134.15} = 10,3$$

Das Kurs-Gewinn-Verhältnis kann vom vergangenen (wie in diesem Beispiel), vom laufenden oder zukünftigen Gewinn berechnet werden. Für den Anleger ist vor allem der zukünftige Gewinn von Bedeutung. Die zuverlässige Schätzung des Zukunftsgewinnes ist allerdings nicht einfach.

In der Praxis kommt es nicht selten vor, dass Finanzanalysten Gewinnschätzungen bereits nach wenigen Wochen widerrufen müssen, da sich die Ausgangslage entscheidend verändert hat.

Die Annahmen über die gesamtwirtschaftliche Entwicklung im In- und Ausland, die Zins- und Inflationsschätzungen, usw. sind für die Zukunftsgewinne sehr wichtig. Die Wechselkurs-Entwicklung ist beispielsweise für international tätige schweizerische Konzerne ebenfalls von Bedeutung, da die Konzernrechnung in Schweizer Franken erstellt wird, die Aufwände und Erträge aber mehrheitlich in fremden Währungen anfallen.

Ein tiefes Kurs-Gewinn-Verhältnis (< 10) bedeutet, dass eine Aktie tief bewertet ist. Dies ist aber nicht unbedingt als Kaufsignal zu werten. Die umgekehrte Schlussfolgerung bei einem hohen KGV (> 25) darf auch nicht erfolgen. Gesellschaften mit guten Ertragsaussichten werden vom Markt grundsätzlich über dem Durchschnitt bewertet und haben ein hohes KGV. In den USA beträgt der Mittelwert der KGV der letzten 15 Jahre 16. In der Schweiz beträgt er etwa 13.*

* Geschäftsbericht der Bank für Internationalen Zahlungsausgleich, 2008

Price-Earnings to Growth (PEG)/Dynamisches Kurs-Gewinn-Verhältnis

Bei einem sektorübergreifenden KGV-Vergleich werden branchenspezifische Unterschiede, insbesondere die Gewinnwachstumsraten der einzelnen Brachen, nicht berücksichtigt. Darum verwenden Finanzanalysten häufig eine modifizierte Kennzahl, das dynamische KGV oder Price-Earnings to Growth (PEG, Kurs-Gewinn-Verhältnis in Beziehung zum Wachstum).

Unter der Annahme, dass die Gewinnwachstumsrate 5 % beträgt, ergibt sich folgende PEG:

$$\text{Price-Earnings to Growth} = \frac{\text{KGV}}{\text{Wachstumsrate}}$$

$$= \frac{10{,}3}{5} = 2{,}1$$

Je höher die zukünftige Gewinnwachstumsrate, desto grösser kann heute das Kurs-Gewinn-Verhältnis sein. Um festzustellen, ob eine Aktie fair bewertet ist, kann als Faustregel «KGV = Langfristiges Gewinnwachstum» herangezogen werden. Dies entspricht einem PEG von 1.

Ist das KGV grösser als das langfristige Gewinnwachstum (wie in unserem Beispiel), ist die PEG grösser als 1. Die Aktie gilt dann als relativ teuer. Ein PEG von unter 1 zeigt eine günstige Bewertung an. Das Gewinnwachstum ist grösser als das KGV, was als Kaufsignal gedeutet werden kann.

Gewinnrendite

Die Gewinnrendite ist der Kehrwert des KGV. Sie gibt an, welche Rendite der Anleger erzielen könnte, wenn die Gesellschaft den ganzen Gewinn ausschütten würde.

$$\text{Gewinnrendite} = \frac{\text{Gewinn je Aktie (EPS)} \times 100}{\text{Kurs}}$$

$$= \frac{134{.}15 \times 100}{1380{.}-} = 9{,}7\,\%$$

Die Gewinnrendite wird beispielsweise mit dem allgemeinen Zinsniveau, mit Renditen anderer Kapitalanlagen oder mit der allgemeinen Risikoprämie (= Gewinnrendite abzüglich Obligationenrendite) verglichen und beurteilt.

Dividendenrendite (Barrendite)
Die Dividendenrendite spielt für den einkommensorientierten Anleger eine grössere Rolle als für institutionelle Anleger.

$$\text{Dividendenrendite} = \frac{\text{Dividende} \times 100}{\text{Kurs}}$$

$$= \frac{35.- \times 100}{1380.-} = 2{,}5\,\%$$

Für den Anleger, der bereits Aktien besitzt, ist der seinerzeitige Kaufkurs massgebend, für den potenziellen Anleger der aktuelle Börsenkurs.

Gesamtertragsrendite (Anlagerendite)
Die Dividende ist häufig nur ein kleiner Teil des Aktienertrages. Die Kursgewinne und -verluste sind auch zu berücksichtigen.

$$\text{Gesamtertragsrendite} = \frac{(\text{Dividende} +/- \text{Kursdifferenz}) \times 100}{\text{Kurs}}$$

$$= \frac{(35.- + [1380.- - 1870.-]) \times 100}{1870.-} = -24{,}3\,\%$$

Die in diesem Beispiel ermittelte Gesamtertragsrendite wurde für den Aktionär berechnet, der Anfang Jahr Aktien zu Fr. 1 870.– gekauft hatte. Die Rendite ist negativ, da der Kursrückgang höher als die Dividendenausschüttung ist.

Ausschüttungsquote (Pay-out Ratio)
Die Ausschüttungsquote gibt an, wie viel Prozent des Gewinnes je Aktie in Form von Dividenden dem Aktionär zufliessen.

$$\text{Ausschüttungsquote} = \frac{\text{Dividende} \times 100}{\text{Gewinn je Aktie}}$$

$$= \frac{35.- \times 100}{134.15} = 26{,}1\,\%$$

Die Pay-out Ratio liegt leicht unter dem Durchschnitt aller schweizerischen Gesellschaften (rund 30 %).

Eine tiefe Ausschüttungsquote hat zur Folge, dass
- Liquidität erhalten bleibt und
- eine relativ hohe Selbstfinanzierung erfolgt.

Dies fördert das unternehmerische Wachstumspotenzial, das später dem Aktionär zugute kommt.

Enterprise Value (EV) im Vergleich zum EBITDA

Eine neuere Kennzahl, die dem verbreiteten KGV in jüngster Zeit Konkurrenz macht, ist der Vergleich des Gesamtunternehmungswerts (Enterprise Value, EV = Börsenkapitalisierung + Verzinsliches Fremdkapital − Flüssige Mittel) mit dem EBITDA.

$$\text{EV im Vergleich zum EBITDA} = \frac{\text{EV}}{\text{EBITDA}} = \frac{227{,}7 \text{ Mio. Fr.} + 51 \text{ Mio. Fr.} - 16 \text{ Mio. Fr.}}{12 \text{ Mio. Fr.}} = 21{,}9$$

Diese Kennzahl gibt an, wie hoch eine Unternehmung bewertet ist. Im Unterschied zum KGV, das auf dem Reingewinn basiert, stützt sich die Kennziffer EV/EBITDA auf die operative Ertragskraft. Sie ist eine Art weiterentwickeltes KGV.

Da die Aski-Gruppe einen wesentlichen Teil des Jahresgewinnes mit Finanzerträgen erwirtschaftet, ist der EV/EBITDA (21,9) im Vergleich zum KGV (10,3) sehr hoch.

Das Finanzergebnis beträgt 13 Mio. Fr. und ist grösser als der EBITDA von 12 Mio. Fr.!

Durch die Kennzahl EV/EBITDA wird die Vergleichbarkeit verschiedener Unternehmungen verbessert, da im Gegensatz zum KGV folgende Punkte nicht berücksichtigt sind:
- Finanzierungsverhältnis und damit das Finanzergebnis
- Steueraufwendungen
- Bewertung der Aktiven und damit die Höhe der Abschreibungen
- Behandlung des Goodwills

Wie das KGV basiert die EV/EBITDA auf einer statischen Betrachtungsweise für ein bestimmtes Jahr. Das künftige Gewinnwachstum bleibt ebenso unberücksichtigt wie das unterschiedliche Titelrisiko.

Ein weiterer Nachteil besteht darin, dass die Steueraufwendungen die Kennzahl nicht beeinflussen − dies besonders im länderübergreifenden Vergleich. Eine Unternehmung mit einer anhaltend tieferen Steuerquote ist mehr wert als eine gleiche mit einer höheren Steuerquote.

Bei der Übernahme einer Unternehmung ist vor allem die operative Stärke der zu übernehmenden Unternehmung wichtig. Demgegenüber ist das Finanzergebnis von kleinerer Bedeutung, da sich nach der Übernahme die Finanzierung und die Finanzierungsbedingungen häufig ändern.

Buchwert je Aktie (Book Value per Share)
Die Aussagekraft des Buchwerts je Aktie ist stark von der angewandten Rechnungslegungsnorm abhängig.

$$\text{Buchwert je Aktie} = \frac{\text{Eigenkapital}}{\text{Anzahl ausstehende Aktien}}$$

$$= \frac{146{,}6 \text{ Mio. Fr.}}{168\,000 - 3000} = 888.48$$

Am aussagekräftigsten ist der Buchwert je Aktie, der aus einer auf dem Tageswertprinzip erstellten Bilanz abgeleitet wird. Er entspricht dann etwa dem Substanzwert.

Börsenkurs im Vergleich zum Buchwert je Aktie (Price-Book Ratio)
Der Börsenkurs kann in Beziehung gesetzt werden zum Buchwert bzw. Substanzwert je Aktie.

$$\text{Börsenkurs im Vergleich zum Buchwert je Aktie} = \frac{\text{Börsenkurs}}{\text{Buchwert je Aktie}}$$

$$= \frac{1380.-}{888.48} = 1{,}55$$

Der Börsenkurs ist rund 1,5 mal höher als der Substanzwert. Der bei einer Übernahme zu zahlende Goodwill beträgt somit rund 50 % des Substanzwertes.

Erwirtschaftet die Unternehmung einen marktkonformen Gewinn und ist diese Kennzahl kleiner als 1, lässt dies auf eine Unterbewertung schliessen.

Aufgaben zu Kapitel 8

▶ 8 – 1   Aktienbewertung 287
▶ 8 – 2   Analyse der Inso-Gruppe 288
▶ 8 – 3   Analyse der Jahresrechnungen der Amor-Gruppe 290
▶ 8 – 4   Aktienbewertung der Naski-Gruppe 298

Aufgaben

1 Grundlagen der Konzernrechnung

1 – 1 Unternehmungswert vor und nach der Unternehmungsverbindung 161
1 – 2 Arten von Unternehmungsverbindungen 164
1 – 3 Konzerninterne Transaktionen 165
1 – 4 Grundlagen der Konzernrechnung 166

2 Gesetzesbestimmungen und Rechnungslegungsnormen

2 – 1 Konsolidierungspflicht 167
2 – 2 Bereinigungen des Einzelabschlusses 168
2 – 3 Handelsbilanz 1 und Handelsbilanz 2 168
2 – 4 Überleitung Handelsbilanz 1 in Handelsbilanz 2 169
2 – 5 Anwendung der Konzernbewertungsrichtlinien 170
2 – 6 Überleitung vom Aktienrecht zu Swiss GAAP FER 171
2 – 7 Bereinigungen beim Erwerb einer Gesellschaft und bei der Erstkonsolidierung 174

3 Konsolidierung

3.1 Konsolidierung der Bilanz

3.1 – 1 Kapitalkonsolidierung einer 100-prozentigen Tochtergesellschaft 177
3.1 – 2 Kapitalkonsolidierung und Elimination von Konzerndarlehen 179
3.1 – 3 Kapitalkonsolidierung bei unterschiedlichen Erwerbspreisen 180
3.1 – 4 Konsolidierung mit Minderheitsanteilen 181
3.1 – 5 Konsolidierung von Schulden und Forderungen 183
3.1 – 6 Konsolidierung von Forderungen und Schulden 184
3.1 – 7 Konzerneigenkapital und Goodwill 185

3.2 Konsolidierung der Erfolgsrechnung

- 3.2 – 1 Konsolidierung COM AG und DOT AG 186
- 3.2 – 2 Konsolidierung CALL AG und PUT AG 188
- 3.2 – 3 Konsolidierung HARD SA und SOFT SA 190
- 3.2 – 4 Konsolidierung DUO SA und TRI SA 192
- 3.2 – 5 Konsolidierung einer Tochtergesellschaft 194
- 3.2 – 6 Konsolidierung der Erfolgsrechnung und Bilanz 196
- 3.2 – 7 Konzerninterne Lieferung einer Maschine 196
- 3.2 – 8 Elimination von konzerninternen Umsätzen und Gewinnen 197
- 3.2 – 9 Konzerninterne Lieferung von Sachanlagen 198
- 3.2 – 10 Konsolidierungsbuchungen 199
- 3.2 – 11 Gewinnausschüttung einer Tochtergesellschaft 199

3.3 Methoden der Kapitalkonsolidierung

- 3.3 – 1 Erst- und Folgekonsolidierung 200
- 3.3 – 2 Neubewertung sowie Erst- und Folgekonsolidierung 203
- 3.3 – 3 Neubewertung und Folgekonsolidierung 206
- 3.3 – 4 Erst-, Folgekonsolidierung und stille Reserven 207
- 3.3 – 5 Konsolidierung von Obligationen (Wertschriften) und Obligationenanleihen 209
- 3.3 – 6 Neubewertung und Folgekonsolidierung 211
- 3.3 – 7 Folgekonsolidierung 212
- 3.3 – 8 Umsatz- und Gewinneliminierung während vier Jahren 213
- 3.3 – 9 Konsolidierungsbuchungen bei Folgekonsolidierung 214
- 3.3 – 10 Bereinigung Handelsbilanz 1 und 2, Erst- und Folgekonsolidierung 215
- 3.3 – 11 Zwischengewinnelimination mit Minderheitsanteilen 218
- 3.3 – 12 Zwischengewinnelimination im Konzern 219

3.4 Behandlung des Goodwills

- 3.4 – 1 Methoden der Goodwill-Behandlung und Eigenkapitalrentabilität 220
- 3.4 – 2 Goodwill, Werthaltigkeit und Eigenkapitalrentabilität 221
- 3.4 – 3 Goodwill Accounting 224
- 3.4 – 4 Kapitalerhöhungen und Konzerneigenkapital 224
- 3.4 – 5 Erstkonsolidierung bei Anwendung von Swiss GAAP FER 225

3.5 Konsolidierungsmethoden
- 3.5 – 1 Quotenkonsolidierung 227
- 3.5 – 2 Konsolidierungsmethoden 228
- 3.5 – 3 Equity-Bewertung einer Beteiligung 230
- 3.5 – 4 Equity-Methode im Konzernabschluss 230
- 3.5 – 5 Vollkonsolidierung, Quotenkonsolidierung und Equity-Methode ... 232
- 3.5 – 6 Vergleich von Quotenkonsolidierung und Equity-Methode 234
- 3.5 – 7 Quotenkonsolidierung 235
- 3.5 – 8 Konzernabschluss mit Quotenkonsolidierung 235
- 3.5 – 9 Assoziierte Gesellschaften 237
- 3.5 – 10 Fortschreibung des Equity-Wertes 238
- 3.5 – 11 Equity-Beteiligung 239
- 3.5 – 12 Auswirkung der verschiedenen Konsolidierungsmethoden auf einzelne Positionen .. 240
- 3.5 – 13 Vollkonsolidierung und Quotenkonsolidierung 241

3.6 Konsolidierung im mehrstufigen Konzern
- 3.6 – 1 Stufenkonsolidierung 242

3.7 Halten gegenseitiger Beteiligungen
- 3.7 – 1 Vertikale Beteiligung ohne Minderheiten 244
- 3.7 – 2 Vertikale Beteiligung mit 10% Minderheiten 245
- 3.7 – 3 Horizontale Beteiligung ohne Minderheiten 246
- 3.7 – 4 Vertikale Beteiligungen mit 30% Minderheiten 247

3.8 Eigenkapital und Rechnungslegung von eigenen Aktien
- 3.8 – 1 Eigenkapital im Einzel- und Konzernabschluss 249

4 Konzerngeldflussrechnung
- 4 – 1 Konzerngeldflussrechnung der GI-Gruppe 253
- 4 – 2 Konzerngeldflussrechnungen der PB-Gruppe 255
- 4 – 3 Jahresrechnung der Champion Fussball AG 256
- 4 – 4 Konzerngeldflussrechnung der Colmar-Gruppe 258
- 4 – 5 Konzerngeldflussrechnung der Mega-Gruppe 260
- 4 – 6 Erwerb einer Tochtergesellschaft und Geldflussrechnung der Fox-Gruppe 262

5 Fremdwährungsumrechnung
- 5 – 1 Stichtagsmethode und Umrechnungsdifferenzen 265
- 5 – 2 Währungsumrechnung im Einzelabschluss für die Konsolidierung 267

6 Ertragssteuern (Gewinnsteuern)
- 6 – 1 Ertragssteuern 269
- 6 – 2 Steuerabgrenzung mit variablen Steuersätzen und Konsolidierungsbuchungen 270
- 6 – 3 Steuerabgrenzung mit variablen Steuersätzen und latente Steueraktiven 271
- 6 – 4 Ermittlung und Verbuchung von latenten Steuern 272
- 6 – 5 Latente Steuern bei der Aufwertung von abnutzbarem Anlagevermögen 273
- 6 – 6 Schuldenkonsolidierung und latente Steuern 274
- 6 – 7 Gewinnausschüttung und latente Steuern 274
- 6 – 8 Latente Steuern 275
- 6 – 9 Zwischengewinneliminierung und Latente Steuern 276
- 6 – 10 Verlustvortrag, Wertdifferenzen und Steuern 276
- 6 – 11 Gewinnsteuern im Konzern 278

7 Ergänzende Angaben zum Konzernabschluss
- 7 – 1 Eigenkapitalnachweis der Multi-Gruppe 279
- 7 – 2 Eigenkapitalnachweis der Media-Gruppe 280
- 7 – 3 Anlagespiegel Sachanlagen und immaterielle Anlagen 282
- 7 – 4 Eigenkapitalnachweis 284
- 7 – 5 Analyse des Eigenkapitalnachweises der ABC-Gruppe 285

8 Analyse des Konzernabschlusses und Aktienbewertung
- 8 – 1 Aktienbewertung 287
- 8 – 2 Analyse der Inso-Gruppe 288
- 8 – 3 Analyse der Jahresrechnungen der Amor-Gruppe 290
- 8 – 4 Aktienbewertung der Naski-Gruppe 298

1 Grundlagen der Konzernrechnung

▶ **1 – 1** **Unternehmungswert vor und nach der Unternehmungsverbindung**

Ausgangslage Die Einzelabschlüsse der AAG und der BAG und eine theoretisch sich aus dem Zusammenschluss ergebende Bilanz und Erfolgsrechnung (stark vereinfacht durch blosse Addition sämtlicher Positionen aus den Einzelabschlüssen) sind bekannt.

Bilanzen	AAG		BAG		AAG + BAG	
Flüssige Mittel	310		100		410	
Forderungen	90		150		240	
Vorräte	250		100		350	
Anlagevermögen	350		200		550	
Lieferantenschulden		200		130		330
Übriges Fremdkapital		350		190		540
Aktienkapital		300		200		500
Reserven		100		10		110
Jahresgewinn		50		20		70
	1 000	1 000	550	550	1 550	1 550

Erfolgsrechnungen	AAG		BAG		AAG + BAG	
Warenertrag		2 500		1 000		3 500
Warenaufwand	1 500		500		2 000	
Übriger Aufwand	950		480		1 430	
Jahresgewinn	50		20		70	
	2 500	2 500	1 000	1 000	3 500	3 500

Firmenzusammenschlüsse führen selten zum Erfolg – Beratung ist der grösste Kostenfaktor – Management vernachlässigt die Firmenintegration

«Viele Unternehmen sind vor einer Fusion mehr wert als danach»

Dr. Michael Träm
Partner, A.T. Kearney
Düsseldorf

— *Herr Träm, die Fusionswelle hat in dieser Woche einen neuen Höhepunkt erreicht. Deutsche Bank und Bankers Trust wollen sich zur grössten Bank, Exxon und Mobil zur grössten Erdölgesellschaft zusammenschliessen. In den Monaten zuvor feierten zahlreiche Grosskonzerne untereinander Elefantenhochzeiten. Zahlen sich die Riesenfusionen aus?*

Gerade solche grossen Fusionen haben sich in der Vergangenheit sehr häufig nicht als erfolgreich erwiesen. Kürzlich untersuchten wir 115 Transaktionen weltweit, an denen mehr als 230 Firmen beteiligt waren. Dabei hat sich herausgestellt, dass die drei wichtigsten Kennziffern in der Mehrzahl der Fälle negativ entwickelt haben. So verschlechterte sich in 57% der Fälle der Unternehmenswert. Die Unternehmen waren oft allein mehr wert als im Verbund nach der Fusion. Ausserdem nahm die Rentabilität ab. Drei Jahre nach dem Zusammenschluss befand sich die Rentabilität 10% unter der Rentabilität des Branchendurchschnitts. Von einem Aufstieg in die ‹Best of class›-Gruppe ist gar nicht mehr die Rede, obwohl er mit einer Fusion erreicht werden sollte. Erschreckend ist auch, dass in 72% der Fälle die strategischen Ziele, die ursprünglich mit der Fusion verfolgt wurden, nicht erreicht werden. Diese Ergebnisse sind alarmierend.

— *Welche Fehler werden begangen?*

Eine Fusion reicht von der Festlegung der Strategie bis zur Integration der Unternehmen nach dem Zusammenschluss. Die meisten Fehler passieren in zwei Phasen: am Anfang, wenn es darum geht, die Strategie zu entwickeln, und am Ende, wenn die Firmen integriert werden müssen.

— *Wo investieren die Fusionspartner die meiste Zeit und die meisten Ressourcen?*

Interessanterweise wird das meiste Geld nicht am Anfang zur Strategiefestlegung und Marktanalyse und auch nicht am Ende für die Integration aufgewendet, sondern in der Phase, in der die Verhandlungen geführt werden und die Bewertung erfolgt. Diese Phase einer Fusion, in der die meisten Berater, Rechtsanwälte und Wirtschaftsprüfer eingesetzt werden, erweist sich somit als die kostspieligste. Ist dann der Abschluss tatsächlich getätigt, wird das Unternehmen sehr oft seinem Schicksal überlassen. Es ist riskant, ein Unternehmen zu erwerben, das nicht in die eigene Strategie passt, und es auf Verdacht zu integrieren.

— *Sind Fusionen nicht vielfach eine unternehmerische Kapitulation, wenn das Heil im externen Wachstum gesucht wird, anstatt die Probleme im eigenen Haus zu bewältigen?*

Ja. Man sucht dieses Heil in der Tat oft ausserhalb. Die Verantwortlichen finden keine Antworten mehr, wie neue Märkte besetzt werden können, andere Kundengruppen gefunden und innovative Produkte lanciert werden können. Dabei sind solche Situationen, in denen Unternehmen nach Ausbau trachten, noch die positive Seite in der Fusionswelle. Oftmals wird allein aus Kostengesichtspunkten fusioniert. Eine solche Strategie ist ganz besonders traurig. Eine Vielzahl der Unternehmen richtet sich in der Integration zu sehr auf die Suche nach Kostensynergien aus.

— *Wieviel Kosten lassen sich denn mit Fusionen einsparen?*

Unsere grobe Hausformel lautet: 1+1=1,5. Es lassen sich mit Kostenmassnahmen 25% einsparen. Leider begnügen sich Unternehmen oftmals mit diesem Kostenargument. Aber sie müssen auch die Marktsynergie suchen. Hier lautet die vergleichbare Formel: 1+1=2,3 und mehr. Es muss also mindestens eine Umsatzsteigerung von 15% erreicht werden. In Wirklichkeit jedoch nutzen 76% der von uns untersuchten Unternehmen die Synergiepotenziale ausschliesslich bei den Kostensynergien. Das ist zu wenig und ist keine Strategie, die aufbaut. Ob das volkswirtschaftlich Sinn macht, wage ich zu bezweifeln.

— *Warum lernen die Unternehmen nicht daraus? Warum werden immer grössere und komplexere Zusammenschlüsse geschmiedet, deren Erfolg noch fraglicher ist?*

Die notwendigen Erfolgskriterien sind den Unternehmen bekannt, aber sie werden nicht angewendet. Oft fehlen die Managementkapazitäten. Ein Multimilliardenunternehmen hat mit seinem normalen Tagesgeschäft auch ohne Fusion schon einen immensen Pflegeaufwand. Wenn dann noch ein Zusammenschluss hinzukommt, muss das Unternehmen einen Spagat vollziehen: Es benötigt die besten Leute, um die Integration durchzuführen, und es ist dringend auf sie angewiesen, um das Tagesgeschäft am Laufen zu halten.

— *Wie lange darf die Integration von zwei Grossunternehmen dauern?*

In den ersten hundert Tagen müssen die Weichen gestellt werden. Die Führungsgemeinschaft muss benannt und die Strategie kommuniziert sein. Organisatorische Massnahmen müssen umgesetzt sein. Andere Fragen, wie die Zusammenführung zu einer gemeinsamen Informatiklösung, dauern natürlich länger.

— *Wer profitiert nach Ihrer Erfahrung am meisten von den Zusammenschlüssen: das Management oder die Aktionäre?*

Die Aktionäre profitieren dann, wenn die wichtigsten Erfolgskriterien beachtet werden und die Fusion erfolgreich verläuft.

— *Nur ist das in den seltensten Fällen so.*

Ja, oft besteht nicht die notwendige Bereitschaft des Managements, auch unpopuläre Massnahmen zu treffen, und oft ist auch der Einsatz und das Bekenntnis nach der Vertragsunterzeichnung nicht mehr das gleiche wie vorher. In diesem Fall erweist sich das Ganze als kurzfristiger Erfolg für das Management.

— *Sie stellen einen schlechten Ausweis für die Geschäftsleitung aus.*

Wir haben beobachtet, dass einige Geschäftsleitungsmitglieder bis zum Zeitpunkt der Unterzeichnung an vorderster Front stehen und danach die Weiterführung an die operativen Kräfte übergeben. Das ist falsch, denn das Top-Management muss vorangehen. Entscheidend ist die Kommunikation – intern und extern. Die Mitarbeiter, die Analysten, die Presse und die Shareholder müssen über den Fortgang der Integration informiert werden. Auf diese Weise wird Verständnis geschaffen. Die Betroffenen sind in die Integration eingebunden, und das Verantwortungsgefühl wächst. Aber in den wenigsten Fällen wird das so praktiziert. 86% der Unternehmen bekunden, dass die Fusion nicht mit einer ausreichenden Kommunikation verbunden war. Das ist unglaublich viel.

— *Haben die befragten Unternehmen jemals im Nachhinein bedauert, einen zu hohen Kaufpreis bezahlt zu haben?*

Der Preis ist nicht das Entscheidende, sondern das, was daraus gemacht wird. Wenn die Gesellschaft die erwarteten finanziellen Kennzahlen erreichen kann, die bei der Preisfindung angestrebt wurden, dann ist der Preis gerechtfertigt. Wenn ein Unternehmen durch fehlerhaftes Vorgehen die Ziele nicht erreicht, war der Preis natürlich zu hoch.

— *Beurteilt die Börse die Riesenfusionen zu optimistisch?*

Ich kann darauf nur allgemein antworten. Wenn die Integration vom Management richtig begleitet wird, können Unternehmen ihre Leistungen relativ zum Branchendurchschnitt deutlich erhöhen.

— *Gibt es volkswirtschaftliche Grenzen im Konzentrationsprozess, oder wird es bald nur noch eine Gesellschaft pro Branche geben?*

Grenzen bilden sich dort, wo in eindeutig fokussierten Branchen drei globale Player tätig sind. Entscheidend ist dabei der Fokus der Branche. Dieser Prozess lässt sich am Beispiel der chemischen Industrie aufzeigen. Vor einigen Jahren galt alles als Chemie, dann trennten sich Chemie und Pharma, nun gibt es wiederum eine gewisse ‹Health industry›. Solche klarer fokussierten Branchen werden von wenigen grossen Gesellschaften dominiert sein. Keine Branche ist davon auszunehmen. Es werden sich noch vollkommen neue Strukturen herausbilden, die durch Übernahmen entstehen werden.

— *Einerseits konstatieren Sie einen Misserfolg der bisherigen Fusionen und anderseits den Zwang, weitere Fusionen durchzuführen.*

Sicherlich herrscht gegenwärtig in der Unternehmenswelt eine gewisse Manie. Aber dahinter steckt auch die Hoffnung, dass, wer es richtig macht, überragende Ergebnisse erzielen kann.

Interview: Andreas Neinhaus
Finanz und Wirtschaft,
28. November 1998, Nr. 92

Aufgabe 1 – 1

Um die folgenden Aufgaben zu lösen, müssen Sie das nebenstehende Interview der Finanz und Wirtschaft mit Dr. M. Träm lesen.

Aufgaben A Welche drei Kennziffern betrachtet die Beratungsunternehmung als wichtig, um festzustellen, ob eine Unternehmungsverbindung erfolgreich war?

B Welche Fehler werden häufig bei Unternehmungsverbindungen gemacht?

C In welcher Phase (wann) investieren die beteiligten Unternehmungen die meiste Zeit und die meisten Ressourcen?

D Berechnen Sie die Eigenkapitalrentabilität der
1. AAG
2. BAG
vor der Unternehmungsverbindung.

E Berechnen Sie die Eigenkapitalrentabilität von AAG + BAG zusammen.

F Berechnen Sie gemäss «Hausformel» der Beratungsunternehmung
1. die Kosteneinsparung und
2. den Mehrumsatz,
die aus der Unternehmungsverbindung AAG und BAG resultieren sollten.

G Berechnen Sie die für die AAG + BAG zusammen zu erwartende Eigenkapitalrentabilität, wenn die «Hausformel» in der Praxis umgesetzt werden kann.

▶ 1 – 2 Arten von Unternehmungsverbindungen

Ausgangslage Die AAG beabsichtigt, mit der BAG eine Unternehmungsverbindung einzugehen.

Bilanzen der AAG und BAG zu effektiven Werten

Aktiven	AAG	BAG	Passiven	AAG	BAG
Flüssige Mittel	600 000	300 000	Fremdkapital	1 500 000	550 000
Übriges Vermögen	1 900 000	700 000	Aktienkapital	800 000	400 000
			Reserven	200 000	50 000
	2 500 000	1 000 000		2 500 000	1 000 000

Aktien
- Anzahl 8 000 400
- Nennwert 100 1 000

Vertragsbedingungen für drei verschiedene Unternehmungsverbindungen

Fusion		Übernahme (Akquisition)
Absorption	Quasi-Fusion	
Umtauschverhältnis: 11 AAG-Aktien gegen 1 BAG-Aktie		Erwerbspreis: Fr. 540 000.– bar für sämtliche Aktien der BAG

Aufgaben A Berechnen Sie den Substanzwert einer AAG-Aktie und einer BAG-Aktie vor der Unternehmungsverbindung.

B Berechnen Sie bei einer möglichen Fusion die Anzahl AAG-Aktien, die für den Umtausch nötig sind, und die Aktienkapitalerhöhung bei der AAG.

C Erstellen Sie die Bilanz der AAG nach der Absorption der BAG. Weisen Sie darin das Fusionsagio in einem separaten Posten aus.

D Erstellen Sie die Bilanz der AAG nach der Quasi-Fusion mit der BAG. Weisen Sie darin das Fusionsagio in einem separaten Posten aus.

Die übernommenen Aktien werden zum Substanzwert, den sie vor der Fusion haben, bilanziert. Alle BAG-Aktien werden getauscht.

E 1. Erstellen Sie die Bilanz der AAG (Einzelabschluss) nach der Übernahme der BAG.
2. Erstellen Sie die Konzernbilanz der AAG-Gruppe, und weisen Sie den über dem Substanzwert bezahlten Wert der BAG separat als Goodwill aus.

1–3 Konzerninterne Transaktionen

Ausgangslage Die Saldobilanzen der Muttergesellschaft MAG und der 100-prozentigen Tochtergesellschaft TAG zeigen Folgendes:

	Saldobilanzen MAG		Saldobilanzen TAG		Summenbilanz		Bereinigte Summenbilanz	
	Soll	Haben	Soll	Haben	Soll	Haben	Soll	Haben
Flüssige Mittel	100		100					
Forderungen aus L+L	200		150					
Forderung gegenüber TAG	150							
Anlagevermögen	350		300					
Beteiligung	200		0					
Verpflichtungen aus L+L		200		100				
Verpflichtung gegenüber MAG				150				
Übriges Fremdkapital		300		0				
Aktienkapital		300		200				
Reserven		100		0				
Warenaufwand	1 500		500					
Übriger Aufwand	900		400					
Warenertrag		2 500		1 000				
	3 400	3 400	1 450	1 450				

Die MAG hat der TAG Waren zu Verkaufspreisen im Wert von 300 geliefert. Die TAG hat diese Waren bereits an Dritte weiterverkauft.

Aufgaben A Erstellen Sie die Summenbilanz.

B Erstellen Sie die bereinigte Summenbilanz, indem Sie die konzerninternen Transaktionen und Beziehungen eliminieren.

1 – 4 Grundlagen der Konzernrechnung

Aufgabe Kreuzen Sie die richtigen Aussagen an.

1 [ ] Ein Konzern besteht aus einer Gesellschaft, die einen beherrschenden Einfluss auf mindestens eine andere Gesellschaft hat.

2 [ ] Ein beherrschender Einfluss wird vermutet, wenn die Tochtergesellschaft die Stimmenmehrheit an der Muttergesellschaft hält.

3 [ ] Die von der Holding erworbenen Aktienpakete werden in der Holding-Bilanz in der Position Beteiligung ausgewiesen.

4 [ ] Die Tochtergesellschaften sind rechtlich selbstständig, aber wirtschaftlich und finanziell von der Muttergesellschaft abhängig.

5 [ ] Entsteht eine Unternehmungsverbindung durch Absorption einer anderen Gesellschaft, gibt es danach nur noch eine Gesellschaft.

6 [ ] Eine Konzerngesellschaft muss keine Jahresrechnung erstellen, weil sie zu einem Konzern gehört.

7 [ ] Die Einzelabschlüsse der zum Konzern gehörenden Gesellschaften werden zu einem Konzernabschluss zusammengefasst, als ob alle Konzerngesellschaften zusammen eine einzige Unternehmung wären.

8 [ ] Der Aktionär, der sich an einer Holding beteiligt, kann an der Generalversammlung einer Tochtergesellschaft teilnehmen.

9 [ ] Steuersubjekt für die laufenden Gewinnsteuern sind die einzelnen Konzerngesellschaften und nicht der Konzern.

10 [ ] Auf der Grundlage des Konzerngewinnes wird die Dividendenausschüttung der Holding festgelegt.

11 [ ] Erworbene Beteiligungen dürfen in der Holding-Bilanz höchstens zu den Anschaffungswerten bilanziert werden.

12 [ ] Konzerninterne Transaktionen und Beziehungen sind für die Konzernrechnung zu eliminieren.

13 [ ] Wenn eine Konzerngesellschaft einer anderen Konzerngesellschaft Waren liefert und einen Gewinn erzielt, so wird der Gewinn im Konzernabschluss ausgewiesen.

14 [ ] Ist der Kaufpreis für eine Beteiligung höher als das effektive Eigenkapital dieser Gesellschaft, so wurde ein Goodwill bezahlt.

15 [ ] Bei einer Quasi-Fusion wird die übernommene Gesellschaft (Zielgesellschaft) zu einer Tochtergesellschaft.

2 Gesetzesbestimmungen und Rechnungslegungsnormen

▶ **2–1 Konsolidierungspflicht**

Aufgabe Besteht in folgenden Fällen (eine grössere Konzernstruktur vorausgesetzt) gemäss OR eine Konsolidierungspflicht? Begründen Sie Ihre Antwort mit dem zutreffenden OR-Artikel (inkl. Absatz und Ziffer).

1. Die Holdinggesellschaft ist eine Genossenschaft.
2. Die Muttergesellschaft (zusammen mit den Tochtergesellschaften) hat eine Bilanzsumme von 20 Mio. Fr., erzielt einen Jahresumsatz von 80 Mio. Fr. und beschäftigt 170 Personen.
3. Die Muttergesellschaft hat Obligationen ausstehend.
4. Die Aktien der Muttergesellschaft sind an der Schweizer Börse kotiert. Die Bilanzsumme des Konzerns beträgt 15 Mio. Fr., der Umsatzerlös 18 Mio. Fr. und die Anzahl Mitarbeiter 190.
5. Die Gruppe ist stark verschachtelt und hat eine unübersichtliche Struktur.
6. Die Gesellschaft hat ein einziges Aktienpaket. Der Kapitalanteil beträgt 60%, der Stimmanteil ist 40%.
7. Die Muttergesellschaft gibt Weisungen im Bereich «Technische Führung» der Gesellschaft, nimmt aber auf die operative Führung keinen Einfluss.
8. Ein Minderheitsaktionär, der 8% Stimmrechte hat, verlangt eine Konzernrechnung.
9. Es handelt sich um eine Subholding mit Sitz in Zug, an der die amerikanische Muttergesellschaft alle Aktien hält. Die Aktien der Mutter sind an der New Yorker Börse kotiert.

▶ 2–2 Bereinigungen des Einzelabschlusses

Ausgangslage Die Konzerngesellschaft TAG hat Anfang 20_1 Sachanlagen zum Anschaffungswert von Fr. 10 000.– erworben. Für den Einzelabschluss, der nach handelsrechtlichen Grundsätzen erstellt wird (Handelsbilanz 1), schreibt sie linear 20 % vom Anschaffungswert ab.

Für die Konsolidierung sind die Werte der Handelsbilanz 1 zu bereinigen und zu den konzerneinheitlichen Bewertungsgrundsätzen (Handelsbilanz 2) anzusetzen. Der Abschreibungssatz für die Handelsbilanz 2 beträgt 20 % vom Buchwert.

Aufgabe Ermitteln Sie für die Handelsbilanz 1 und die Handelsbilanz 2 für die Positionen Sachanlagen, Wertberichtigung Sachanlagen und Abschreibungen die Werte, die im Jahresabschluss 20_2 und 20_3 ausgewiesen werden.

▶ 2–3 Handelsbilanz 1 und Handelsbilanz 2

Ausgangslage Die Konzerngesellschaft TAG bewertet für die Handelsbilanz 1 die Vorräte grundsätzlich um einen Drittel tiefer als zum Einstandswert. Gemäss Konzernrichtlinien ist diese Unterbewertung nicht gerechtfertigt.

Anfang 20_3 betrug der Einstandswert der Vorräte Fr. 24 000.–. Ende 20_3 werden die Vorräte in der Handelsbilanz 1 zu Fr. 36 000.– ausgewiesen. Für das Jahr 20_3 betrug der Einstandswert der eingekauften Waren Fr. 300 000.–.

Aufgabe Ermitteln Sie für die Handelsbilanz 1 und die Handelsbilanz 2 für die Positionen Vorräte und Warenaufwand (Einstandswert der verkauften Waren) die Werte, die im Jahresabschluss 20_3 ausgewiesen werden.

2–4 Überleitung Handelsbilanz 1 in Handelsbilanz 2

Warenvorrat

Unterbewertung um ein Drittel → HB1-Wert entspricht 2/3 des richtigen Wertes.

- Richtiger Wert 31.12.20_1: 2 640 · 3/2 = 3 960 → Differenz 1 320
- Richtiger Wert 31.12.20_2: 2 820 · 3/2 = 4 230 → Differenz 1 410
- Veränderung im Geschäftsjahr 20_2: 1 410 − 1 320 = 90

Buchung 31.12.20_2:

Warenvorrat 1 410
    an Gewinnvortrag 1 320
    an Warenaufwand (Bestandesänderung) 90

Sachanlagen

- HB1: Abschreibung linear über 4 Jahre = 25 % p. a. → 15 000 pro Jahr
- HB2 (Konzern): 20 % vom Anschaffungswert = 12 000 pro Jahr
- Bestand seit drei Jahren unverändert → kumulierte Abschreibung HB2 per 31.12.20_2 = 3 · 12 000 = 36 000
- Wertberichtigung HB1 per 31.12.20_2 = 45 000 → zu viel: 45 000 − 36 000 = 9 000
- Zu viel per 31.12.20_1 (Vorjahresanteil): 6 000
- Differenz laufendes Jahr (Abschreibungsaufwand): 15 000 − 12 000 = 3 000

Buchung 31.12.20_2:

Wertberichtigung Sachanlagen 9 000
    an Gewinnvortrag 6 000
    an Abschreibungen Sachanlagen 3 000

▶ 2 – 5 Anwendung der Konzernbewertungsrichtlinien

Ausgangslage Folgende Positionen im Einzelabschluss der Tochtergesellschaft TAG (Handelsbilanz 1) vom 31.12.20_2 sind für den Konzernabschluss zu bereinigen bzw. neu zu bewerten.

	31.12.20_1	31.12.20_2
Forderungen aus Lieferungen	4 500	3 500
(davon Konzernforderungen)	(500)	(750)
Delkredere	225	175

Die Konzernrichtlinien sehen nur eine pauschale Wertberichtigung von 2 % (statt 5 %) auf den Forderungen aus Lieferungen gegenüber Nichtkonzerngesellschaften vor.

	31.12.20_1	31.12.20_2
Warenvorrat	3 000	3 600

Der Warenvorrat ist in der Handelsbilanz 1 um einen Drittel unterbewertet.

	31.12.20_1	31.12.20_2
Sachanlagen	20 000	20 000
Wertberichtigung Sachanlagen	10 000	15 000

Am 31.12.20_1 war die Wertberichtigung Sachanlagen um 2 000 zu hoch ausgewiesen. Während der letzten drei Jahre hat sich der Bestand der Sachanlagen nicht verändert.

Für die Handelsbilanz 1 werden die Sachanlagen linear vom Anschaffungswert über 4 Jahre abgeschrieben. Die Konzernrichtlinien sehen eine Abschreibung von 20 % vom Anschaffungswert vor (Handelsbilanz 2).

Aufgabe Nennen Sie die Buchungen vom 31.12.20_2 für die Überleitung von der Handelsbilanz 1 zur Handelsbilanz 2.

▶ 2–6 Überleitung vom Aktienrecht zu Swiss GAAP FER

Ausgangslage Die Treck AG erstellt den Jahresabschluss auf der Grundlage des Aktienrechts. Die Jahresrechnung 20_2 zeigt folgendes Bild (Bilanz mit Vorjahreszahlen):

Bilanzen gemäss Aktienrecht					
Aktiven	**31.12.20_1**	**31.12.20_2**	**Passiven**	**31.12.20_1**	**31.12.20_2**
Umlaufvermögen			**Fremdkapital**		
Flüssige Mittel	200	216	Verbindlichkeiten aus L+L	320	360
Eigene Aktien	40	40	Kurzfristige Finanzverbindlichkeiten	540	600
Forderungen aus L+L	400	420	Langfristige Finanzverbindlichkeiten	80	80
Warenvorrat	600	660	Rückstellungen	120	140
Anlagevermögen			**Eigenkapital**		
Sachanlagen	840	1 200	Aktienkapital	800	1 000
Finanzanlagen	200	300	Allgemeine gesetzliche Reserve	152	260
			Reserve für eigene Aktien	40	40
			Freie Reserven	68	172
			Jahresgewinn	160	184
	2 280	2 836		2 280	2 836

Erfolgsrechnung 20_2 gemäss Aktienrecht	
Warenertrag	6 600
Warenaufwand	–3 200
Bruttogewinn	3 400
Personalaufwand	–1 400
Übriger Betriebsaufwand	–1 600
EBITDA	400
Abschreibungen	–80
EBIT	320
Finanzaufwand	–120
Finanzertrag	+30
EBT	230
Direkte Steuern	–46
Jahresgewinn	184

Ergänzende Angaben zum Jahresabschluss 20_2
- Im Warenvorrat sind stille Reserven enthalten; Ende 20_1: 300 und Ende 20_2: 330.
- Der tatsächliche Wert der Sachanlagen beträgt Ende 20_1: 1 180 und Ende 20_2: 1 560.
- Die Rückstellungen enthalten stille Reserven Ende 20_1: 60 und Ende 20_2: 50.
- Alle stillen Reserven sind steuerlich anerkannt.
- Der massgebende Ertragssteuersatz beträgt 20%.
- Die allgemeine gesetzliche Reserve beinhaltet Agioeinzahlungen von 180.

Aufgabe Erstellen Sie einen Jahresabschluss nach Swiss GAAP FER.

	Bilanz vom 31.12.20_2		
	Aktienrecht	Korrekturen	Swiss GAAP FER
Flüssige Mittel	216		
Eigene Aktien	40		
Forderungen aus L+L	420		
Warenvorrat	660		
Sachanlagen	1 200		
Finanzanlagen	300		
	2 836		
Verbindlichkeiten aus L+L	360		
Kurzfristige Finanzverbindlichkeiten	600		
Langfristige Finanzverbindlichkeiten	80		
Rückstellungen	140		
Latente Steuerrückstellung	–		
Aktienkapital	1 000		
Allgemeine gesetzliche Reserve	260		
Reserve für eigene Aktien	40		
Freie Reserven	172		
Kapitalreserven	–		
Eigene Aktien	–		
Gewinnreserven	–		
Jahresgewinn	184		
	2 836		

Aufgabe 2 – 6

	Erfolgsrechnung 20_2		
	Aktienrecht	Korrekturen	Swiss GAAP FER
Warenertrag	6 600		
Warenaufwand	–3 200		
Bruttogewinn	3 400		
Personalaufwand	–1 400		
Übriger Betriebsaufwand	–1 600		
EBITDA	400		
Abschreibungen	–80		
EBIT	320		
Finanzaufwand	–120		
Finanzertrag	+30		
EBT	230		
Direkte Steuern	–46		
Latente Ertragssteuern	–		
Jahresgewinn	184		

2 – 7 Bereinigungen beim Erwerb einer Gesellschaft und bei der Erstkonsolidierung

Teil 1: Bereinigungen im Erwerbszeitpunkt Anfang 20_1

Ausgangslage Die MAG erwirbt Anfang 20_1 alle Aktien der TAG für 1 000.

Ergänzende Angaben im Erwerbszeitpunkt
- In der HB 1 sind die Vorräte grundsätzlich um einen Drittel unterbewertet.
- Die Immobilien haben einen tatsächlichen Wert von 800. Sowohl in der HB 1 wie auch in der HB 2 wird linear über eine Nutzungsdauer von 40 Jahren abgeschrieben.
- Der Wert eines von der TAG entwickelten und bei ihr nicht bilanzierten Wertes eines Patents wird auf 60 geschätzt. Das Patent wird über die restliche Nutzungsdauer von 4 Jahren linear abgeschrieben.
- Die in der HB 1 ausgewiesenen Rückstellungen sind um 15 zu hoch.

Aufgaben A Erstellen Sie die HB 2 der TAG im Erwerbszeitpunkt.

	HB 1		Korrekturen		HB 2	
Diverse Aktiven	540					
Vorräte	100					
Immobilien	600					
Patent						
Fremdkapital		600				
Aktienkapital		400				
Agioreserven		70				
Übrige Reserven		55				
Freie Reserven		115				
Kapitalreserven						
Gewinnreserven						
Jahreserfolg						
	1 240	1 240				

B Berechnen Sie den bezahlten Goodwill.

Aufgabe 2 – 7

Teil 2: Bereinigungen für die Erstkonsolidierung Ende 20_1

Ausgangslage *Zusätzliche Angaben zum Jahresabschluss*
- Der Bestand an Liegenschaften ist konstant geblieben.
- In den ausgewiesenen Rückstellungen in der HB 1 sind stille Reserven von 35 enthalten.
- Die TAG hat keine Dividende ausgeschüttet.

C Erstellen Sie die HB 2 der TAG vom 31.12.20_1.

	HB 1		Korrekturen		HB 2	
Diverse Aktiven	645					
Vorräte	120					
Immobilien	585					
Patent						
Fremdkapital		635				
Aktienkapital		400				
Agioreserven		70				
Übrige Reserven		55				
Freie Reserven		115				
Kapitalreserven						
Gewinnreserven						
Jahreserfolg		75				
	1 350	1 350				

3 Konsolidierung

3.1 Konsolidierung der Bilanz

▶ 3.1 – 1 Kapitalkonsolidierung einer 100-prozentigen Tochtergesellschaft

Ausgangslage Die MAG hat Anfang Jahr sämtliche Aktien der TAG erworben. Für die folgenden drei Varianten sind die Aktiven und Passiven der MAG und der TAG vor der Konsolidierung sowie der Erwerbspreis bekannt.

Aufgabe Nennen Sie für die folgenden drei Varianten die Konsolidierungsbuchungen und erstellen Sie die Konzernbilanzen.

Variante 1 *Ohne Goodwill – Erwerbspreis der Beteiligung 2 400*

Aktiven	MAG	TAG	Summenbilanz	Korrekturen	Konzernbilanz
Vermögen	18 000	6 000			
Beteiligung	2 400	0			
	20 400	6 000			

Passiven	MAG	TAG	Summenbilanz	Korrekturen	Konzernbilanz
Fremdkapital	11 400	3 600			
Aktienkapital	6 000	1 800			
Reserven	3 000	600			
	20 400	6 000			

Variante 2 *Goodwill – Erwerbspreis der Beteiligung 3 000*

Aktiven	MAG	TAG	Summenbilanz	Korrekturen	Konzernbilanz
Vermögen	18 000	6 000			
Beteiligung	3 000	0			
Goodwill	0	0			
	21 000	6 000			

Passiven	MAG	TAG	Summenbilanz	Korrekturen	Konzernbilanz
Fremdkapital	12 000	3 600			
Aktienkapital	7 500	1 500			
Reserven	1 500	900			
	21 000	6 000			

Variante 3 *Negativer Goodwill (Badwill) – Erwerbspreis der Beteiligung 2 000*

Aktiven	MAG	TAG	Summenbilanz	Korrekturen	Konzernbilanz
Vermögen	18 000	6 000			
Beteiligung	2 000	0			
	20 000	6 000			

Passiven	MAG	TAG	Summenbilanz	Korrekturen	Konzernbilanz
Fremdkapital	11 000	3 600			
Aktienkapital	7 500	1 500			
Reserven	1 500	900			
Badwill	0	0			
	20 000	6 000			

3.1 – 2 Kapitalkonsolidierung und Elimination von Konzerndarlehen

Ausgangslage Die MAG hat Anfang Jahr sämtliche Aktien der TAG zum Nennwert erworben. Die Bilanzen vor der Konsolidierung zeigen Folgendes:

Aktiven	MAG	TAG	Passiven	MAG	TAG
Flüssige Mittel	250	0	Darlehen von MAG	0	150
Debitoren	0	100	Übriges Fremdkapital	250	600
Waren	0	250	Aktienkapital	250	100
Darlehen an TAG	150	0			
Beteiligung an TAG	100	0			
Übriges Anlagevermögen	0	500			
	500	850		500	850

Aufgaben A Nennen Sie die Konsolidierungsbuchungen und erstellen Sie die Konzernbilanz.

Aktiven	MAG	TAG	Summenbilanz	Korrekturen	Konzernbilanz
Flüssige Mittel	250	0			
Debitoren	0	100			
Waren	0	250			
Darlehen an TAG	150	0			
Beteiligung an TAG	100	0			
Übriges Anlagevermögen	0	500			
	500	850			

Passiven	MAG	TAG	Summenbilanz	Korrekturen	Konzernbilanz
Darlehen von MAG	0	150			
Übriges Fremdkapital	250	600			
Aktienkapital	250	100			
	500	850			

B Berechnen Sie für die MAG, die TAG und den Konzern den Fremdfinanzierungs- und den Eigenfinanzierungsgrad.

3.1 – 3 Kapitalkonsolidierung bei unterschiedlichen Erwerbspreisen

Ausgangslage Die MAG hat 100 % des Aktienkapitals der beiden Tochtergesellschaften T1 und T2 Anfang Jahr erworben. Bei der Beteiligung im Einzelabschluss T2 handelt es sich um eine Minderheitsbeteiligung von 15 % an einer konzernfremden Gesellschaft.

Aufgabe Erstellen Sie für die folgenden drei Varianten die Konzernbilanz.

Variante 1 *Ohne Goodwill – Erwerbspreis: T1 1 200, T2 200*

	MAG		T1		T2		Konzern	
Flüssige Mittel	200		300		120			
Konzernforderungen	400		0		60			
Übrige Forderungen	1 000		700					
Vorräte	1 600		800					
Sachanlagen	2 000		1 000					
Beteiligung	1 400		0		300			
Konzernkreditoren		60		400				
Übrige Kreditoren		1 940		1 200		280		
Aktienkapital		4 000		1 000		100		
Reserven		600		200		100		
	6 600	6 600	2 800	2 800	480	480		

Variante 2 *Goodwill – Erwerbspreis: T1 1 300, T2 330*

	MAG		T1		T2		Konzern	
Flüssige Mittel	200		300		220			
Konzernforderungen	400		0		60			
Übrige Forderungen	1 000		700					
Vorräte	1 600		800					
Sachanlagen	2 000		1 000					
Beteiligung	1 630		0		300			
Konzernkreditoren		60		400				
Übrige Kreditoren		2 100		1 200		280		
Aktienkapital		4 000		1 000		200		
Reserven		670		200		100		
Goodwill								
	6 830	6 830	2 800	2 800	580	580		

Variante 3 *Negativer Goodwill (Badwill) – Erwerbspreis: T1 1 000, T2 200*

	MAG		T1		T2		Konzern	
Flüssige Mittel	200		300		220			
Konzernforderungen	400		0		60			
Übrige Forderungen	1 000		700					
Vorräte	1 600		800					
Sachanlagen	2 000		1 000					
Beteiligung	1 200		0		300			
Konzernkreditoren		60		400				
Übrige Kreditoren		1 640		1 200		280		
Aktienkapital		4 000		1 000		200		
Reserven		700		200		100		
Badwill								
	6 400	6 400	2 800	2 800	580	580		

▶ **3.1 – 4 Konsolidierung mit Minderheitsanteilen**

Ausgangslage Die MAG-Gruppe besteht aus den Unternehmungen MAG und TAG. Die MAG besitzt 60% des Aktienkapitals der TAG. Die Bilanzen vor der Konsolidierung weisen folgende Zahlen aus:

Aktiven	MAG	TAG	Passiven	MAG	TAG
Flüssige Mittel	30	30	Kreditoren	600	1 200
Kundenforderungen	600	1 200	Bank	300	750
Forderung gegenüber TAG	300	0	Schuld gegenüber MAG	0	300
Warenvorräte	1 200	1 200	Rückstellung	150	0
Beteiligung TAG	600	0	Hypotheken	1 050	0
Maschinen	450	600	Aktienkapital	1 500	600
Immobilien	1 500	0	Reserven	1 080	180
	4 680	3 030		4 680	3 030

Aufgabe Nennen Sie die Konsolidierungsbuchungen und erstellen Sie die Konzernbilanz.

Aktiven	MAG	TAG	Summen-bilanz	Korrekturen	Konzern-bilanz
Flüssige Mittel	30	30			
Kundenforderungen	600	1 200			
Forderung gegenüber TAG	300	0			
Warenvorräte	1 200	1 200			
Beteiligung TAG	600	0			
Maschinen	450	600			
Immobilien	1 500	0			
Goodwill					
	4 680	3 030			

Passiven	MAG	TAG	Summen-bilanz	Korrekturen	Konzern-bilanz
Kreditoren	600	1 200			
Bank	300	750			
Schuld gegenüber MAG	0	300			
Rückstellung	150	0			
Hypotheken	1 050	0			
Aktienkapital	1 500	600			
Reserven	1 080	180			
Minderheiten Kapital					
Minderheiten Reserven					
	4 680	3 030			

▶ 3.1 – 5 Konsolidierung von Schulden und Forderungen

Ausgangslage Die folgenden ausgewählten Buchungstatsachen bei der MAG-Gruppe sind unabhängig voneinander. Die Konsolidierung erfolgt auf den 31.12.20_1.

Buchungstatsachen

1. Die MAG (Muttergesellschaft) weist im Einzelabschluss Ende 20_1 Konzernforderungen von 8 000 (Anfang Jahr keine) und davon eine pauschale Wertberichtigung von 3 % aus.
2. Anfang Jahr emittierte die TAG (Tochtergesellschaft) eine Obligationenanleihe von 10 000, die von der MAG zu pari übernommen wurde. Die MAG musste im Einzelabschluss auf diesen Wertschriften Ende Jahr einen Bewertungsverlust von 200 erfassen.
3. Die MAG weist im Einzelabschluss eine Forderung gegenüber der TAG von 900 aus. Die TAG hingegen zeigt in ihrem Einzelabschluss lediglich eine Verpflichtung gegenüber der MAG von 830. Die zwei Ursachen für diese Differenz sind:
   a Kurz vor dem Jahresabschluss lieferte die MAG der TAG Waren zu Einstandspreisen von 40, die bei der TAG am Abschlusstermin noch nicht eingegangen waren.
   b Die TAG überwies der MAG kurz vor dem Abschluss die Summe von 30. Die MAG hatte die Bankgutschrift beim Jahresabschluss noch nicht erhalten.
4. Anfang Jahr emittierte die TAG eine Obligationenanleihe von 5 000 mit einer Laufzeit von 10 Jahren zu 98 %. Die TAG aktiviert das Disagio und schreibt in diesem Jahr 10 % ab. Die MAG und weitere Konzerngesellschaften erwarben sämtliche Obligationen.
5. Die MAG weist im Einzelabschluss Ende 20_1 Konzernforderungen von 8 000 (Anfang Jahr 6 000) und davon eine pauschale Wertberichtigung von 3 % aus.

Aufgabe Nennen Sie die Konsolidierungsbuchungen für die Abstimmungen und Eliminationen.

3.1 – 6 Konsolidierung von Forderungen und Schulden

Ausgangslage Die MAG hält sämtliche Aktien der TAG. Die folgenden ausgewählten Buchungstatsachen sind unabhängig voneinander.

Buchungstatsachen

1 Die MAG weist ein Guthaben gegenüber der TAG (Kontokorrent TAG) von 550 aus. Die TAG weist aber lediglich eine Schuld (Kontokorrent MAG) von 500 aus. Die zwei Ursachen für diese Differenz sind:
   a Die MAG sandte der TAG Waren zu Einstandspreisen von 30, die am Abschlusstermin bei der TAG noch nicht eingetroffen waren.
   b Die TAG überwies kurz vor dem Abschluss die Summe von 20 an die MAG. Die TAG hatte die Bankbelastung erhalten. Die MAG hatte am Abschlusstermin die Bankgutschrift noch nicht bekommen.

2 Anfang Jahr emittierte die TAG eine Obligationenanleihe von 4 000, die von der MAG zu pari übernommen wurde. Die MAG wertete diese Wertschriften Ende Jahr um 200 ab.

3 Die TAG emittierte eine weitere Obligationenanleihe von 1 000 mit einer Laufzeit von 5 Jahren zu 95%. Die TAG aktivierte das Obligationendisagio und schrieb Ende Jahr 20% ab. Die MAG erwarb sämtliche Obligationen.

4 Die MAG weist insgesamt Forderungen von 5 000 aus, auf denen sie grundsätzlich ein Delkredere von 2% vornimmt. Im Bestand der Forderungen sind Konzernforderungen von 2 000 (im Vorjahr keine) enthalten.

5 Die MAG weist insgesamt Forderungen von 5 000 aus, auf denen sie grundsätzlich ein Delkredere von 2% vornimmt. Im Bestand der Forderungen sind Konzernforderungen von 2 000 (im Vorjahr 1 500) enthalten.

Aufgabe Nennen Sie die Konsolidierungsbuchungen für die Abstimmungen und Eliminationen.

▶ 3.1 – 7 Konzerneigenkapital und Goodwill

Ausgangslage Die MAG erwarb Anfang Jahr alle Aktien der TAG 1 für 900 und der TAG 2 für 300.

Die Einzelabschlüsse vom 31.12. enthalten folgende Informationen:

	MAG	TAG 1	TAG 2	Konzern
Aktienkapital	1 200	500	120	
Allgemeine gesetzliche Reserve				
■ Agio-Einzahlungen	180	90	15	
■ Erarbeitete Reserven	270	135	75	
Freie Reserven	120	45	45	
Jahresgewinn	135	54	24	
Kapitalreserven				
Gewinnreserven				
	1 905	824	279	

Aufgaben A Berechnen Sie den für den Erwerb von TAG 1 und TAG 2 bezahlten Goodwill.

B Ermitteln Sie das Konzerneigenkapital per 31.12. und weisen Sie die Reserven als Kapital- und Gewinnreserven aus.

3.2 Konsolidierung der Erfolgsrechnung

▶ 3.2 – 1 Konsolidierung COM AG und DOT AG

Ausgangslage Die COM AG erwarb Anfang 20_1 sämtliche Aktien der DOT AG für 4 Mio. Fr. Die Saldobilanzen vom 31.12.20_1 finden Sie auf dem nachfolgenden Konsolidierungsbogen.

Konsolidierungstatsachen
1 Kapitalkonsolidierung
2 Übrige Konsolidierung
   a Die DOT AG hat der COM AG (zum ersten Mal) Waren für Fr. 400 000.– zu Verkaufspreisen geliefert. Die Bruttogewinnquote (Handelsmarge) beträgt 25 %. Von den gelieferten Waren befindet sich noch ein Fünftel im Lager der COM AG.
   b Die DOT AG hat gegenüber der COM AG ein Guthaben aus Warenlieferungen von Fr. 50 000.–.
   c Die DOT AG hat der COM AG ein Darlehen von Fr. 125 000.– gewährt. Der Darlehenszins von Fr. 2 000.– wurde vor dem Abschluss überwiesen.

Aufgabe 3.2 – 1

Aufgaben A Nennen Sie die Konsolidierungsbuchungen und erstellen Sie die konsolidierte Bilanz und Erfolgsrechnung.

(in Fr. 1 000.–)	COM AG		DOT AG		Korrekturen		Konzernbilanz		Konzernerfolgs-rechnung	
Flüssige Mittel	150		90							
Kundenguthaben	1 350		925							
Vorräte	2 500		1 900							
Mobilien	5 000		3 700							
Darlehen COM AG	0		125							
Beteiligungen	4 000		0							
Goodwill										
Lieferantenschulden		1 160		615						
Banken		400		600						
Darlehen		5 500		1 450						
Aktienkapital		3 500		3 000						
Reserven		2 500		900						
Gewinnvortrag		20		10						
Warenaufwand	8 100		6 450							
Übriger Aufwand	4 150		2 015							
Warenertrag		12 150		8 600						
Sonstige Erträge		20		30						
Konzernerfolg										
	25 250	25 250	15 205	15 205						

B 1. Worauf ist der Goodwill zurückzuführen, wenn der Kaufpreis von 4 Mio. Fr. nicht überzahlt ist?
2. Wie viele ganze Prozente Dividende kann die DOT AG höchstens ausschütten, wenn mit einer Gesamtreservezuweisung von Fr. 15 000.– und einer Tantieme von Fr. 5 000.– gerechnet wird?
3. Berechnen Sie für die COM AG, die DOT AG und den Konzern den Liquiditätsgrad 2.

3.2 – 2 Konsolidierung CALL AG und PUT AG

Ausgangslage Anfang 20_1 hat die CALL AG 80 % der Aktien der PUT AG für Fr. 12 000 000.– erworben. Die Saldobilanzen vom 31.12.20_1 der beiden Gesellschaften liegen vor.

(in Fr. 1 000.–)	CALL AG Soll	CALL AG Haben	PUT AG Soll	PUT AG Haben
Flüssige Mittel	1 500		2 400	
Forderungen	5 700		3 000	
Vorräte	7 500		2 400	
Beteiligung PUT AG	12 000			
Darlehen PUT AG	4 500			
Sachanlagen	27 000		12 000	
Lieferantenschulden		10 500		4 200
Darlehen CALL AG				4 500
Aktienkapital		36 000		6 000
Reserven		6 600		4 500
Warenertrag		43 200		24 600
Warenaufwand	30 000		18 600	
Betriebsaufwand	5 700		4 200	
Übriger Aufwand	2 700		930	
Finanzertrag		300		
Finanzaufwand			270	
	96 600	96 600	43 800	43 800

Konsolidierungstatsachen

1. Kapitalkonsolidierung mit Ausweis der Minderheitsanteile
2. Die CALL AG hat Anfang Jahr der PUT AG ein Darlehen von Fr. 4 500 000.– gewährt (Zinssatz 6 %). Der Jahreszins ist in den Einzelabschlüssen bereits erfasst.
3. Die CALL AG hat von der PUT AG Waren im Wert von Fr. 9 000 000.– (Fakturawert) bezogen. Der angewandte Bruttogewinnzuschlagssatz beträgt 25 %. Die CALL AG hat von diesen gekauften Waren einen Fünftel noch nicht bezahlt und hat davon noch Waren im Wert von Fr. 1 500 000.– an Lager.

Aufgabe 3.2 – 2

Aufgaben A Ermitteln Sie den Jahresgewinn der CALL AG und der PUT AG.

B Nennen Sie die Konsolidierungsbuchungen und erstellen Sie die konsolidierte Bilanz und Erfolgsrechnung.

(in Fr. 1 000.–)	**CALL AG**		**PUT AG**		**Korrekturen**		**Konzernbilanz**		**Konzernerfolgs-rechnung**	
Flüssige Mittel	1 500		2 400							
Forderungen	5 700		3 000							
Vorräte	7 500		2 400							
Beteiligung PUT AG	12 000									
Darlehen PUT AG	4 500									
Sachanlagen	27 000		12 000							
Goodwill										
Lieferantenschulden		10 500		4 200						
Darlehen CALL AG				4 500						
Aktienkapital		36 000		6 000						
Reserven		6 600		4 500						
Konzerngewinn										
Minderheiten Kapital										
Minderheiten Reserven										
Minderheiten Gewinn										
Warenertrag		43 200		24 600						
Warenaufwand	30 000		18 600							
Betriebsaufwand	5 700		4 200							
Übriger Aufwand	2 700		930							
Finanzertrag		300								
Finanzaufwand			270							
Konzerngewinn										
Minderheiten Gewinn										
	96 600	96 600	43 800	43 800						

▶ 3.2 – 3 Konsolidierung HARD SA und SOFT SA

Ausgangslage Die HARD SA hat Anfang 20_1 75% des Aktienkapitals der SOFT SA erworben. Die Einzelabschlüsse vom 31.12.20_1 finden Sie auf dem Konsolidierungsbogen.

Konsolidierungs-tatsachen
1 Kapitalkonsolidierung mit Ausweis der Minderheitsanteile
2 Minderheitsanteile am Reingewinn
3 Elimination der
   a Konzernguthaben bzw. -schulden
   b Zinsen von 25
   c Warenumsätze von SOFT SA an HARD SA 500
4 Der Wert der noch bei der HARD SA vorhandenen Waren beträgt 60. Der Bruttogewinnzuschlagssatz, den die SOFT SA anwendet, ist 20%.
5 Die SOFT SA zahlte eine Dividende von 10%.

Aufgabe Nennen Sie die Konsolidierungsbuchungen und erstellen Sie die konsolidierte Bilanz und Erfolgsrechnung.

Aufgabe 3.2 – 3

Schlussbilanz	HARD SA Aktiven	HARD SA Passiven	SOFT SA Aktiven	SOFT SA Passiven	Korrekturen Soll	Korrekturen Haben	Konzern Aktiven	Konzern Passiven
Flüssige Mittel	1 000		550					
Forderungen	1 750		200					
Konzernguthaben	450		0					
Vorräte	1 000		900					
Beteiligung SOFT SA	400		0					
Goodwill								
Kreditoren, Banken		2 000		600				
Konzernschulden		0		450				
Aktienkapital		1 500		400				
Reserven		950		100				
Gewinn		150		100				
Minderheiten Kapital[1]								
Minderheiten Gewinn								
	4 600	4 600	1 650	1 650				

Erfolgsrechnung	Aufwand	Ertrag	Aufwand	Ertrag	Soll	Haben	Aufwand	Ertrag
Warenertrag		8 095		2 325				
Zinsertrag		75		0				
Beteiligungsertrag		30		0				
Warenaufwand	7 500		2 000					
Zinsaufwand	50		25					
Übriger Aufwand	500		200					
Gewinn	150		100					
Minderheiten Gewinn								
	8 200	8 200	2 325	2 325				

[1] Beinhaltet Minderheitsanteile am Aktienkapital und den Reserven.

3.2 – 4 Konsolidierung DUO SA und TRI SA

Ausgangslage Die DUO SA hat Anfang 20_1 80% des Aktienkapitals der TRI SA erworben. Die Einzelabschlüsse vom 31.12.20_1 finden Sie auf dem Konsolidierungsbogen.

Konsolidierungstatsachen
1. Kapitalkonsolidierung mit Ausweis der Minderheitsanteile
2. Minderheitsanteile am Reingewinn
3. Elimination der von TRI SA an die DUO SA ausgeschütteten Dividende von 12,5%
4. Die TRI SA gewährte der DUO SA ein langfristiges Darlehen von 160. Der Zins beträgt 8.
5. Die kurzfristigen (zinslosen) Forderungen zugunsten der DUO SA betragen 48.
6. Gegenseitige Warenlieferungen zu Einstandspreisen:
   a TRI SA an DUO SA 320
   b DUO SA an TRI SA 80
7. Die TRI SA verrechnete der DUO SA Regiekosten von 72.

Aufgaben A Nennen Sie die Konsolidierungsbuchungen und erstellen Sie die konsolidierte Bilanz und Erfolgsrechnung.

Aufgabe 3.2 – 4

Schlussbilanz	DUO SA Aktiven	DUO SA Passiven	TRI SA Aktiven	TRI SA Passiven	Korrekturen Soll	Korrekturen Haben	Konzern Aktiven	Konzern Passiven
Flüssige Mittel	96		120					
Forderungen	136		160					
Vorräte	152		96					
Beteiligung TRI SA	480		0					
Übriges Anlagevermögen	240		320					
Goodwill								
Kurzfristiges Fremdkapital		152		96				
Langfristiges Fremdkapital		280		200				
Aktienkapital		400		240				
Reserven		240		120				
Gewinn		32		40				
Minderheiten Kapital[1]								
Minderheiten Gewinn								
	1 104	1 104	696	696				

Erfolgsrechnung	Aufwand	Ertrag	Aufwand	Ertrag	Soll	Haben	Aufwand	Ertrag
Warenertrag		600		960				
Beteiligungsertrag		24						
Übriger Ertrag		192		136				
Warenaufwand	320		520					
Finanzaufwand	64		96					
Übriger Aufwand	400		440					
Gewinn	32		40					
Minderheiten Gewinn								
	816	816	1 096	1 096				

1 Beinhaltet Minderheitsanteile am Aktienkapital und den Reserven.

B Nennen Sie die Konsolidierungsbuchungen für die Konsolidierungstatsache 6b, wenn die Lieferungen zu Verkaufspreisen mit einem Bruttogewinnzuschlagssatz von 25% fakturiert werden und die Waren noch nicht verkauft worden sind.

▶ 3.2 – 5 Konsolidierung einer Tochtergesellschaft

Ausgangslage Die MAG erwarb am Anfang 20_1 80% der TAG-Aktien zum Preis von 100. Die Abschlussrechnungen der MAG und der TAG vor der Konsolidierung am 31.12.20_1 zeigen Folgendes:

Bilanzen vom 31.12.20_1					
Aktiven	MAG	TAG	Passiven	MAG	TAG
Flüssige Mittel	20	10	Verpflichtungen aus L+L	240	110
Forderungen aus L+L	160	140	Darlehen von MAG	0	50
Warenvorräte	270	110	Aktienkapital	300	60
Darlehen an TAG	50	0	Reserven	330	40
Beteiligung an TAG	100	0	Gewinn	50	20
Übriges Anlagevermögen	320	20			
	920	280		920	280

Erfolgsrechnungen 20_1					
Aufwand	MAG	TAG	Ertrag	MAG	TAG
Warenaufwand	420	140	Warenertrag	600	206
Verw.- u. Vertriebsaufwand	92	40	Zinsertrag	4	0
Abschreibungen	40	2			
Zinsaufwand	2	4			
Gewinn	50	20			
	604	206		604	206

Konsolidierungs-tatsachen
1. Kapitalkonsolidierung mit Ausweis der Minderheitsanteile
2. a Die MAG hat der TAG Waren zu Verkaufspreisen im Wert von 60 geliefert. In diesen Preisen ist ein Bruttogewinnzuschlag von 25% eingerechnet. Von den gelieferten Waren sind noch 5 im Lager der TAG.
   b Die aus diesen Lieferungen noch offenen Rechnungen betragen 20.
3. Anfang 20_1 hat die MAG der TAG ein Darlehen gewährt. Der Zinssatz beträgt 8%.

Aufgabe Nennen Sie die Konsolidierungsbuchungen und erstellen Sie die konsolidierten Jahresrechnungen.

Aufgabe 3.2 – 5

Aktiven	MAG	TAG	Summen	Korrekturen	Konzern
Flüssige Mittel	20	10			
Forderungen aus L+L	160	140			
Warenvorräte	270	110			
Darlehen an TAG	50	0			
Beteiligung an TAG	100	0			
Übriges Anlagevermögen	320	20			
Goodwill	0	0			
	920	280			

Passiven	MAG	TAG	Summen	Korrekturen	Konzern
Verpflichtungen aus L+L	240	110			
Darlehen von MAG	0	50			
Aktienkapital	300	60			
Reserven	330	40			
Gewinn	50	20			
Minderheiten Kapital[1]	0	0			
Minderheiten Gewinn	0	0			
	920	280			

Aufwand	MAG	TAG	Summen	Korrekturen	Konzern
Warenaufwand	420	140			
Verwaltungs- und Vertriebsaufwand	92	40			
Abschreibungen	40	2			
Zinsaufwand	2	4			
Gewinn	50	20			
Minderheiten Gewinn	0	0			
	604	206			

Ertrag	MAG	TAG	Summen	Korrekturen	Konzern
Warenertrag	600	206			
Zinsertrag	4	0			
	604	206			

[1] Beinhaltet Minderheitsanteile am Aktienkapital und an den Reserven.

▶ 3.2 – 6 Konsolidierung der Erfolgsrechnung und Bilanz

Ausgangslage Zwischen der Muttergesellschaft MAG und der Tochtergesellschaft TAG wurden während des Jahres folgende Buchungstatsachen in den Einzelabschlüssen erfasst.

Buchungstatsachen
1. Die MAG lieferte der TAG Handelswaren für Fr. 10 000.–. Die TAG hat sämtliche Waren weiterverkauft. Die Rechnung wurde beglichen.
2. Die MAG gewährte der TAG einen Kredit von Fr. 50 000.–, der bereits samt Zins von Fr. 2 000.– zurückbezahlt wurde.
3. Die MAG vermietete der TAG Räumlichkeiten für 25 000.–. Die TAG hat die Rechnung beglichen.
4. Die TAG überwies der MAG die Dividende von 10 % auf dem Aktienkapital von Fr. 200 000.–.
5. Die MAG kaufte für Fr. 20 000.– Handelswaren ein und lieferte sie der TAG für Fr. 30 000.–. Die Rechnung wurde beglichen. Ein Viertel dieser Waren konnte die TAG vor dem Jahresabschluss nicht verkaufen. Anfang Jahr hatte die TAG keine Vorräte aus Konzernlieferungen.
6. Die MAG kaufte für Fr. 20 000.– Handelswaren ein und lieferte sie der TAG für Fr. 30 000.–. Die Rechnung wurde beglichen. Der Bruttogewinnzuschlagssatz der MAG für konzerninterne Lieferungen beträgt 50 %. Ein Viertel dieser Waren konnte die TAG vor dem Jahresabschluss nicht verkaufen. Anfang Jahr wies die TAG in ihrem Einzelabschluss Vorräte aus Konzernlieferungen im Wert von Fr. 6 000.– aus.
7. Anfang Jahr lieferte die TAG der MAG für den Eigenbedarf eine selbst hergestellte Maschine für Fr. 50 000.–. Die Herstellkosten betrugen Fr. 40 000.–. Die geplante Nutzungsdauer beträgt 5 Jahre. Die Abschreibung erfolgt linear. Die Rechnung wurde beglichen.

Aufgabe Nennen Sie die Konsolidierungsbuchungen.

▶ 3.2 – 7 Konzerninterne Lieferung einer Maschine

Ausgangslage Anfang 20_1 liefert die Konzerngesellschaft MAG eine für die Konzerngesellschaft TAG produzierte Maschine zum Verkaufspreis von Fr. 240 000.–. Die Herstellkosten betragen Fr. 192 000.–. Die TAG setzt die Maschine im eigenen Betrieb ein. Die geplante Nutzungsdauer beträgt 8 Jahre. Die Abschreibungen erfolgen linear bei direkter Abschreibungsmethode.

Aufgaben A 1. Nennen Sie die Buchungen Anfang Jahr bei der MAG und der TAG. Die Zahlung erfolgt durch Banküberweisung.
2. Nennen Sie die Buchung bei der TAG für die Jahresabschreibung.

B Nennen Sie die Konsolidierungsbuchungen Ende 20_1.
1 Eliminierung der Lieferung
2 Erfassung der Lieferung zu Herstellkosten
3 Korrektur der zu hohen Jahresabschreibung

C Nennen Sie die Konsolidierungsbuchungen Ende 20_4.
1 Eliminierung des konzerninternen Bruttogewinnes der Vorjahre
2 Korrektur der zu hohen Jahresabschreibung

D Nennen Sie die Konsolidierungsbuchungen Ende 20_4 bei indirekter Abschreibungsmethode.

▶ 3.2 – 8 Elimination von konzerninternen Umsätzen und Gewinnen

Ausgangslage Die MAG besitzt alle Aktien der TAG.

Buchungstatsachen 1 Die TAG kaufte von Dritten Handelswaren für 960.
2 Die TAG verkaufte die Hälfte davon an die MAG gegen Bankzahlung von 640.
3 Die MAG verkaufte davon Waren im Einstandwert von 512 für 600 gegen Rechnung an Dritte weiter.
4 Die MAG aktivierte die unverkauften Waren aus konzerninterner Lieferung mit 128.

Aufgaben A Nennen Sie die Buchungen bei der MAG und der TAG.

B Berechnen Sie den Zwischengewinn auf dem Warenvorrat.

C Nennen Sie die Konsolidierungsbuchungen für die Elimination
1 des konzerninternen Umsatzes und
2 des Zwischengewinnes.

▶ 3.2 – 9 Konzerninterne Lieferung von Sachanlagen

Ausgangslage Die MAG besitzt alle Aktien der TAG.

Buchungstatsachen
1 Anfang Jahr verkaufte die TAG der MAG eine selbst hergestellte Produktionsmaschine für 1 200 gegen Bankzahlung. Die Herstellkosten betrugen 900.
2 Die MAG schreibt diese Anlage linear, indirekt über eine Nutzungsdauer von 10 Jahren ab.

Aufgaben A Nennen Sie die Buchungen bei der MAG und der TAG.

B Berechnen Sie bei der Lieferung und beim Jahresabschluss den Zwischengewinn auf der Produktionsmaschine.

C Nennen Sie die Konsolidierungsbuchungen für Folgendes:
1 Eliminierung der konzerninternen Lieferung
2 Aktivierte Eigenleistung
3 Korrektur Abschreibungen

3.2 – 10 Konsolidierungsbuchungen

Ausgangslage Die MAG kaufte Anfang Jahr alle Aktien der TAG für 1 760.

Konsolidierungstatsachen
1. Im Erwerbszeitpunkt setzte sich das Eigenkapital der TAG wie folgt zusammen: Aktienkapital 1 280, Gesetzliche Reserven 240, Freie Reserven 160.
2. In der Schlussbilanz wies die MAG gesamthaft gesetzliche Reserven von 680 aus, davon betrugen die Agioreserven 120, die freien Reserven 280.
3. Die TAG lieferte der MAG Waren zum Verkaufspreis von 320. Die eingerechnete Bruttogewinnmarge der TAG betrug 20%. Die MAG verkaufte von dieser Ware drei Viertel an Nichtkonzerngesellschaften für 288 weiter.
4. Die MAG gewährte der TAG am 31.10. dieses Jahres ein Darlehen von 800. Zinssatz 6%, Zinstermin 31.10.
5. Die MAG lieferte der TAG selbst hergestellte Fabrikate zum Verkaufspreis von 640. Die Herstellungskosten betrugen 576. Die TAG verkaufte davon 480 als Handelsware zum Verkaufspreis von 584 an Nichtkonzerngesellschaften.
6. Die MAG lieferte der TAG Anfang Jahr eine selbst hergestellte Sachanlage für 400 (Herstellkosten 240). Die Abschreibung erfolgt linear und indirekt über 5 Jahre.

Aufgabe Nennen Sie die Konsolidierungsbuchungen Ende Jahr.

Anmerkung:
Die Bilanz und Erfolgsrechnung bilden zwei getrennte, in sich geschlossene Buchungskreise, weshalb erfolgswirksame Konsolidierungsbuchungen über zwei Gewinnkonten (Gewinn Erfolgsrechnung und Gewinn Bilanz) zu erfassen sind.

3.2 – 11 Gewinnausschüttung einer Tochtergesellschaft

Ausgangslage Die MAG besitzt alle Aktien der TAG. Die TAG schüttete auf dem Vorjahresgewinn eine Dividende von 300 durch Bankzahlung aus. Die Verrechnungssteuer ist zu vernachlässigen.

Aufgaben A Nennen Sie die Buchungen bei der MAG und der TAG für die Dividendenzahlung.

B Wie würden sich in den Einzelabschlüssen der MAG und TAG die Konten Bankguthaben, Gewinnvortrag (= Gewinnreserven) und Beteiligungsertrag verändern, wenn die TAG keine Dividende ausschütten würde?

C Nennen Sie die Konsolidierungsbuchungen für die Elimination der Dividendenzahlung.

3.3 Methoden der Kapitalkonsolidierung

▶ **3.3 – 1 Erst- und Folgekonsolidierung**

Ausgangslage Anfang 20_1 hat die MAG 80 % der TAG zum Erwerbspreis von 80 übernommen.

Reserven der MAG und der TAG im Erwerbszeitpunkt

	MAG	TAG
Kapitalreserven	6	16
Gewinnreserven	4	14
Freie Reserven	2	0
Total	12	30

Einzelbilanzen der MAG und TAG

	1.1.20_1				31.12.20_2				31.12.20_3			
	MAG		TAG		MAG		TAG		MAG		TAG	
Beteiligung	80				80				80			
Übrige Aktiven	50		96		54		126		64		142	
Fremdkapital		60		16		64		20		58		22
Aktienkapital		40		50		40		50		40		50
Reserven		12		30		16		38		20		54
Gewinnvortrag		4		0		4		2		4		2
Jahresgewinn		14		0		10		16		22		14
	130	130	96	96	134	134	126	126	144	144	142	142

Ergänzende Angaben

Der Goodwill wird linear über 8 Jahre abgeschrieben.

In der Konzernbilanz sind die Reserven aufzuteilen in Kapital- und Gewinnreserven. Alle im Erwerbszeitpunkt bei der TAG vorhandenen Reserven von 30 stellen aus Konzernsicht Kapitalreserven dar. In den folgenden Einzelabschlüssen wurde diesem Umstand bereits Rechnung getragen.

Aufgabe Nennen Sie die Konsolidierungsbuchungen und erstellen Sie die Konzernbilanz.

1. *Erstkonsolidierung am 1.1.20_1*

	MAG		TAG		Summenbilanz		Korrekturen		Konzernbilanz	
Beteiligung	80									
Übrige Aktiven	50		96							
Fremdkapital		60		16						
Aktienkapital		40		50						
Kapitalreserven		6		30						
Gewinnreserven		10[1]		0						
Jahresgewinn		14		0						
Goodwill										
Minderheitsanteile										
	130	130	96	96						

[1] Gewinnvortrag (4) + Freie Reserven (2) + Gewinnreserven (4)

2. *Folgekonsolidierung am 31.12.20_2*

	MAG		TAG		Summenbilanz		Korrekturen		Konzernbilanz	
Beteiligung	80									
Übrige Aktiven	54		126							
Fremdkapital		64		20						
Aktienkapital		40		50						
Kapitalreserven		6		30						
Gewinnreserven		14		10						
Jahresgewinn		10		16						
Goodwill										
Minderheitsanteile										
	134	134	126	126						

3. Folgekonsolidierung am 31.12.20_3

	MAG		TAG		Summenbilanz		Korrekturen		Konzernbilanz	
Beteiligung	80									
Übrige Aktiven	64		142							
Fremdkapital		58		22						
Aktienkapital		40		50						
Kapitalreserven		6		30						
Gewinnreserven		18		26						
Jahresgewinn		22		14						
Goodwill										
Minderheitsanteile										
	144	144	142	142						

3.3 – 2 Neubewertung sowie Erst- und Folgekonsolidierung

Ausgangslage Anfang 20_1 hat die MAG 80% der TAG zum Erwerbspreis von 2 000 übernommen.

Einzelbilanzen der MAG und TAG

	1.1.20_1				31.12.20_2				31.12.20_3			
	MAG		TAG		MAG		TAG		MAG		TAG	
Beteiligung	2 000				2 000				2 000			
Forderungen L+L	200		150		250		200		350		250	
Sachanlagen			1 350				1 600				1 900	
Übrige Aktiven	1 050		900		1 100		1 350		1 250		1 400	
Fremdkapital		1 500		400		1 600		500		1 450		550
Aktienkapital		1 000		1 250		1 000		1 250		1 000		1 250
Kapitalreserven		150		400		150		400		150		400
Gewinnreserven		250		350		350		600		450		1 000
Jahresgewinn		350		0		250		400		550		350
	3 250	3 250	2 400	2 400	3 350	3 350	3 150	3 150	3 600	3 600	3 550	3 550

Sämtliche bei der TAG im Erwerbszeitpunkt vorhandenen Reserven von 750 (Kapital- und Gewinnreserven) stellen aus Konzernsicht Kapitalreserven dar.

Im Erwerbszeitpunkt betragen die stillen Reserven bei der TAG bei den Forderungen aus L+L 50 und bei den Sachanlagen 100.

Der Goodwill wird linear über 4 Jahre amortisiert. Die Sachanlagen werden linear über 10 Jahre abgeschrieben. Die stillen Reserven von 50 bei den Forderungen aus L+L bleiben über den Betrachtungszeitraum konstant.

Die TAG schüttet keine Gewinne aus.

Aufgaben A Erstellen Sie die drei Einzelbilanzen der TAG vom 1.1.20_1, 31.12.20_2 und 31.12.20_3 nach der Neubewertung, und unterscheiden Sie aus Konzernsicht zwischen Kapital- und Gewinnreserven.

B Nennen Sie die Konsolidierungsbuchungen und erstellen Sie die Konzernbilanz.

Aufgaben zu 3 Konsolidierung

1. Erstkonsolidierung am 1.1.20_1

	MAG		TAG		Korrekturen		Konzern	
Beteiligung	2 000							
Forderungen aus L+L	200							
Sachanlagen								
Übrige Aktiven	1 050							
Fremdkapital		1 500						
Aktienkapital		1 000						
Kapitalreserven		150						
Gewinnreserven		250						
Neubewertungsreserven								
Jahresgewinn		350						
Goodwill								
Minderheitsanteile								
	3 250	3 250						

2. Folgekonsolidierung am 31.12.20_2

	MAG		TAG		Korrekturen		Konzern	
Beteiligung	2 000							
Forderungen aus L+L	250							
Sachanlagen								
Übrige Aktiven	1 100							
Fremdkapital		1 600						
Aktienkapital		1 000						
Kapitalreserven		150						
Gewinnreserven		350						
Neubewertungsreserven								
Jahresgewinn		250						
Goodwill								
Minderheitsanteile								
	3 350	3 350						

Aufgabe 3.3 – 2

3. *Folgekonsolidierung am 31.12.20_3*

	MAG		TAG		Korrekturen		Konzern	
Beteiligung	2 000							
Forderungen aus L+L	350							
Sachanlagen								
Übrige Aktiven	1 250							
Fremdkapital		1 450						
Aktienkapital		1 000						
Kapitalreserven		150						
Gewinnreserven		450						
Neubewertungsreserven								
Jahresgewinn		550						
Goodwill								
Minderheitsanteile								
	3 600	3 600						

▶ 3.3 – 3 Neubewertung und Folgekonsolidierung

Ausgangslage Anfang 20_1 hat die MAG alle Aktien der TAG für 750 erworben.

Die im Zeitpunkt des Erwerbes ermittelten stillen Reserven bei der TAG betragen: Vorräte 12, Sachanlagen 60, Übriges Fremdkapital 3. Die stillen Reserven haben sich seither nicht verändert.

Die für den Konzernabschluss in den Vorräten aufgedeckten stillen Reserven werden pro Jahr um 25 %, die in den Sachanlagen linear über 10 Jahre abgeschrieben. Die stillen Reserven im übrigen Fremdkapital bleiben konstant. Der Goodwill wird über 5 Jahre linear amortisiert.

Im Erwerbszeitpunkt betrugen die Gewinnreserven bei der TAG 60. Seit Anfang 20_1 haben sie um 30 zugenommen. Die veröffentlichten Einzelabschlüsse der MAG und TAG vom 31.12.20_3 sind in der Tabelle abgebildet.

Aufgabe Erstellen Sie die Konzernbilanz vom 31.12.20_3 (Folgekonsolidierung).

	MAG	TAG	Korrekturen		Konzern
Flüssige Mittel	435	45			
Konzerndebitoren		15			
Übrige Debitoren		75			
Vorräte		120			
Sachanlagen		900			
Konzerndarlehen	180				
Beteiligung	750				
Goodwill					
	1 365	1 155			
Konzernkreditoren	15				
Konzerndarlehen		180			
Übriges Fremdkapital	285	315			
Aktienkapital	900	540			
Kapitalreserven	30	0			
Gewinnreserven	120	90			
Jahresgewinn, Konzerngewinn	15	30			
	1 365	1 155			

3.3 – 4 Erst-, Folgekonsolidierung und stille Reserven

Ausgangslage Die Gilg AG erwirbt am 1.1.20_1 eine 80%-Beteiligung an der Comp AG zu einem Preis von 1 330. Bei der Beteiligung im Einzelabschluss der Comp AG handelt es sich um eine Minderheitsbeteiligung an einer konzernfremden Gesellschaft.

Bilanzen der Gilg AG und der Comp AG am 1.1.20_1

Aktiven	Gilg AG	Comp AG	Passiven	Gilg AG	Comp AG
Flüssige Mittel	320	300	Lieferantenschulden	1 500	1 550
Forderungen	1 000	1 000	Rückstellungen	1 000	500
Vorräte	800	300	Aktienkapital	1 500	400
Maschinen	1 500	800	Kapitalreserven	300	100
Grundstücke	400	200	Gewinnreserven	1 200	350
Beteiligungen	1 330	200			
Lizenzen	150	100			
	5 500	2 900		5 500	2 900

Am 1.1.20_1 ist über die Verkehrswerte und die Restnutzungsdauer verschiedener Aktiven der Comp AG Folgendes bekannt:

	Verkehrswerte	Restnutzungsdauer
Vorräte	350	Verkauf im folgenden Jahr
Maschinen	900	4 Jahre, lineare Abschreibung
Grundstücke	250	Unendlich, keine Abschreibung
Lizenzen	150	10 Jahre, lineare Abschreibung

Aufgaben A — Erstkonsolidierung am 1.1.20_1 bei Erwerb

1. Erstellen Sie die Bilanz der Comp AG, indem Sie die Neubewertung vornehmen und aus Konzernsicht zwischen Kapital- und Gewinnreserven unterscheiden.
2. Nennen Sie die Konsolidierungsbuchungen und erstellen Sie die Konzernbilanz.

Aktiven	Gilg AG	Comp AG	Summenbilanz	Korrekturen	Konzernbilanz
Flüssige Mittel	320				
Forderungen	1 000				
Vorräte	800				
Maschinen	1 500				
Grundstücke	400				
Beteiligungen	1 330				
Lizenzen	150				
Goodwill	0				
	5 500				

Passiven	Gilg AG	Comp AG	Summenbilanz	Korrekturen	Konzernbilanz
Lieferantenschulden	1 500				
Rückstellungen	1 000				
Aktienkapital	1 500				
Kapitalreserven	300				
Gewinnreserven	1 200				
Neubewertungsreserven	0				
Minderheiten	0				
	5 500				

B *Erstkonsolidierung am 31.12.20_1*

Der Goodwill wird nicht abgeschrieben, da die Werthaltigkeit gegeben ist. Die bei der Erstkonsolidierung vom 1.1.20_1 vorgenommenen Konsolidierungsbuchungen (siehe **A** 2.) wiederholen sich.

Nennen Sie nur noch die zusätzlichen Konsolidierungsbuchungen, die im Zusammenhang mit den Vorräten, Maschinen, Grundstücken und Lizenzen notwendig sind.

C *Folgekonsolidierung am 31.12.20_2*

Nennen Sie nur noch die zusätzlichen Konsolidierungsbuchungen, die im Zusammenhang mit den Vorräten, Maschinen, Grundstücken und Lizenzen notwendig sind.

Aufgabe 3.3 – 5

▶ 3.3 – 5 Konsolidierung von Obligationen (Wertschriften) und Obligationenanleihen

Ausgangslage

Am 30.9.20_1 emittiert die MAG eine Obligationenanleihe von 10 Mio. Fr. (2 000 Obligationen zum Nominalwert von Fr. 5 000.–). Die TAG, eine 100-prozentige Tochtergesellschaft, zeichnet und liberiert 400 Obligationen.

Die wichtigsten Bedingungen der Anleihe:
- Emissionspreis   102 %
- Zinssatz   4 %
- Laufzeit   10 Jahre
- Zinstermin   30.9.

Die MAG passiviert das Obligationenagio und schreibt es während der gesamten Laufzeit linear ab.

Buchungstatsachen im Jahr 20_1 (Einzelabschlüsse)

30.9. a Liberierung
       b Obligationenagio
31.12. a Marchzins
       b Abschreibung Obligationenagio
       c Kurs der Obligation 100,5 %

Aufgaben A

Nennen Sie die Buchungen in den Einzelabschlüssen der
1. MAG.
2. TAG.

Konsolidierungstatsachen am 31.12.20_1 (Erstkonsolidierung)

31.12. a Obligationen (Wertschriften) und Obligationenanleihe
       b Von der TAG bezahltes Obligationenagio
       c Abschreibung des Obligationenagios (Anteil der TAG)
       d Rechnungsabgrenzung Marchzins auf Wertschriften der TAG
       e Marchzins auf Wertschriften der TAG
       f Buchverlust auf den Obligationen

B Nennen Sie die Konsolidierungsbuchungen am 31.12.20_1.

C Führen Sie die folgenden Konten in den Einzelabschlüssen und für die Konsolidierung:
MAG: Obligationenanleihe, Obligationenagio,
      Passive Rechnungsabgrenzung, Zinsaufwand
TAG: Wertschriftenbestand, Aktive Rechnungsabgrenzung,
      Wertschriftenaufwand, Wertschriftenertrag

Buchungstatsachen im Jahr 20_2 (Einzelabschlüsse)

1.1. Auflösung Rechnungsabgrenzungsposten
30.9. Auszahlung Jahreszins
31.12. a Marchzins
      b Abschreibung Obligationenagio
      c Kurs der Obligation 100,5 %

D Nennen Sie die Buchungen in den Einzelabschlüssen der
1. MAG.
2. TAG.

Konsolidierungstatsachen am 31.12.20_2 (Folgekonsolidierung)

31.12. a Obligationen (Wertschriften) und Obligationenanleihe
      b Von der TAG bezahltes und bei der MAG noch nicht abgeschriebenes (vorhandenes) Rest-Obligationenagio am 1.1.20_2
      c Jahresabschreibung des Obligationenagios für den Anteil der TAG
      d Rechnungsabgrenzung Marchzins auf Wertschriften der TAG
      e Jahreszins auf Wertschriften der TAG
      f Differenz zwischen dem Bilanzwert der Wertschriften und dem Nennwert bei der TAG

E Nennen Sie die Konsolidierungsbuchungen am 31.12.20_2.

F Führen Sie die folgenden Konten in den Einzelabschlüssen und für die Konsolidierung:
MAG: Obligationenanleihe, Obligationenagio, Passive Rechnungsabgrenzung, Zinsaufwand
TAG: Wertschriftenbestand, Wertschriftenertrag, Aktive Rechnungsabgrenzung
Konzern: Gewinnreserven

3.3 – 6 Neubewertung und Folgekonsolidierung

Ausgangslage Anfang 20_1 hat die MAG alle Aktien der TAG für 250 erworben.

Die im Zeitpunkt des Erwerbes ermittelten stillen Reserven bei der TAG betragen: Vorräte 4, Sachanlagen 20, Übriges Fremdkapital 1

Die Vorräte werden pro Jahr um 25% und die Sachanlagen linear über 10 Jahre abgeschrieben. Der Goodwill wird über 5 Jahre linear amortisiert.

Die Reserven in den Einzelabschlüssen der MAG und TAG sind bereits aus Konzernsicht in Kapital- und Gewinnreserven umgegliedert.

Aufgabe Erstellen Sie die Konzernbilanz vom 31.12.20_3 (Folgekonsolidierung).

	MAG	TAG	Korrekturen		Konzern
Flüssige Mittel	145	15			160
Konzernforderungen		5	5		0
Übrige Forderungen		25			25
Vorräte		40	4	2+1	41
Sachanlagen		300	20	2+4	314
Konzerndarlehen	60			60	0
Beteiligung	250				0
Goodwill			25	10/5	15
	455	385			
Konzernverpflichtungen	5		5		0
Konzerndarlehen		60	60		0
Übriges Fremdkapital	95	105	1		
Aktienkapital	300	180	180		300
Kapitalreserven	10	20	20		10
Gewinnreserven	40	10	10+2+4		34
Jahresgewinn, Konzerngewinn	5	10	1+2+5		7
	455	385			

▶ 3.3 – 7 Folgekonsolidierung

Ausgangslage Die MAG erwarb Anfang 20_1 alle Aktien der TAG für 1 620. Seither fand bei der TAG keine Gewinnausschüttung statt. Die Reserven der MAG enthalten Agio-Einzahlungen von 150.

Das Eigenkapital der TAG setzte sich im Erwerbszeitpunkt wie folgt zusammen:

Aktienkapital	900
Allgemeine gesetzliche Reserven	
▪ Agio-Einzahlungen	210
▪ Erarbeitete Reserven	150
Freie Reserven	300

Aufgaben A Nennen Sie die Buchungen Ende 20_4 für die Umgliederung der Reserven der MAG und TAG aus Konzernsicht in Kapital- und Gewinnreserven.

B Nennen Sie die Buchungen Ende 20_4 für die Kapitalkonsolidierung. (Der Goodwill ist seit dem Erwerb der TAG werthaltig.)

C Erstellen Sie die Konzernbilanz vom 31.12.20_4. Die Einzelabschlüsse der MAG und TAG vom 31.12.20_4 sind in der Tabelle bereits eingetragen.

	MAG		TAG		Korrekturen		Konzern	
Diverse Aktiven	3 600		2 400					
Beteiligung TAG	1 620							
Goodwill								
Fremdkapital		2 490		540				
Aktienkapital		1 800		900				
Gesetzliche Reserven		570		390				
Freie Reserven		240		480				
Kapitalreserven								
Gewinnreserven								
Jahresgewinn		120		90				
	5 220	5 220	2 400	2 400				

3.3 – 8 Umsatz- und Gewinneliminierung während vier Jahren

Ausgangslage Die MAG besitzt alle Aktien der TAG.

Buchungstatsachen

20_1
1. Die TAG liefert der MAG Waren für 2 800. Die Handelsmarge beträgt 20 %.
2. Ende Jahr beträgt der Warenvorrat aus konzerninternen Lieferungen bei der MAG 560. Anfang Jahr hatte die MAG noch keine Waren von der TAG.

20_2
1. Die TAG liefert der MAG Waren für 4 200. Die Handelsmarge beträgt 25 %.
2. Zwischengewinn auf dem Warenvorrat aus der Vorperiode
3. Der Warenvorrat aus konzerninternen Lieferungen bei der MAG beträgt Ende Jahr 700. Die MAG hat den ganzen Vorjahresbestand an Nichtkonzerngesellschaften verkauft.

20_3
1. Die TAG liefert der MAG Waren für 7 000 (Konzerneinstandwert 5 600).
2. Zwischengewinn auf dem Warenvorrat aus der Vorperiode
3. Der Warenvorrat aus konzerninternen Lieferungen bei der MAG beträgt Ende Jahr 1 330. In diesem Betrag ist auch ein Teil des Vorjahresbestandes von 280 enthalten.

20_4
1. Die TAG liefert der MAG Waren für 2 100 (Konzerneinstandwert 1 400).
2. Zwischengewinn auf dem Warenvorrat der Vorperiode
3. Der Warenvorrat aus konzerninternen Lieferungen bei der MAG beträgt Ende Jahr 700. Der darin enthaltene Vorjahresbestand beträgt 70.

Aufgabe Nennen Sie die Konsolidierungsbuchungen.

Anmerkung:
Die Bilanz und Erfolgsrechnung bilden zwei getrennte, in sich geschlossene Buchungskreise, weshalb erfolgswirksame Konsolidierungsbuchungen über zwei Gewinnkonten (Gewinn Bilanz und Gewinn Erfolgsrechnung) zu erfassen sind.

▶ 3.3 – 9 Konsolidierungsbuchungen bei Folgekonsolidierung

Ausgangslage Folgende Buchungstatsachen aus dem Jahr 20_3 sind bekannt:
1. Die MAG kaufte Anfang 20_1 sämtliche Aktien der TAG für 600.
   Das Eigenkapital der TAG betrug im Erwerbszeitpunkt 495 (Aktienkapital 300, Agioreserven 60 und Freie Reserven 135).
   Im Jahr 20_2 musste der Goodwill um 45 amortisiert werden.
   Im Jahr 20_3 muss der Goodwill um 15 abgeschrieben werden.
2. Vor einem Jahr hat die MAG der TAG ein Aktivdarlehen von 300 gewährt.
   Der Zinstermin ist der 31. August, der Zinssatz beträgt 6 %.
3. Die MAG lieferte der TAG Handelswaren im Fakturawert von 180.
   Der verwendete Bruttogewinnzuschlagssatz beträgt 20 %.
   Der Warenvorrat aus konzerninternen Lieferungen betrug bei der TAG Anfang Jahr 72, Ende Jahr 54.
4. Die TAG schüttete im laufenden Jahr eine Dividende von 30 % aus.
5. Die TAG lieferte der MAG Anfang 20_2 eine selbst hergestellte Anlage für 360. Die Konzernherstellungskosten betrugen 270.
   Sowohl im Einzel- wie auch im Konzernabschluss wird indirekt und linear abgeschrieben. Der Abschreibungssatz für den Einzelabschluss beträgt 25 %.
   Im Konzern wird von einer Nutzungsdauer von 6 Jahren ausgegangen.

Aufgabe Nennen Sie die Konsolidierungsbuchungen vom 31.12.20_3.

Anmerkung:
Die Bilanz und Erfolgsrechnung bilden zwei getrennte, in sich geschlossene Buchungskreise, weshalb erfolgswirksame Konsolidierungsbuchungen über zwei Gewinnkonten (Gewinn Bilanz und Gewinn Erfolgsrechnung) zu erfassen sind.

3.3 – 10 Bereinigung Handelsbilanz 1 und 2, Erst- und Folgekonsolidierung

Teil 1: Bereinigungen im Erwerbszeitpunkt Anfang 20_1

Ausgangslage Die MAG erwirbt Anfang 20_1 alle Aktien der TAG für 1 000.

Ergänzende Angaben im Erwerbszeitpunkt
- In der HB 1 sind die Vorräte grundsätzlich um einen Drittel unterbewertet.
- Die Immobilien haben einen tatsächlichen Wert von 800.
  Sowohl in der HB 1 wie auch in der HB 2 wird linear über eine Nutzungsdauer von 40 Jahren abgeschrieben.
- Der Wert eines von der TAG entwickelten und bei ihr nicht bilanzierten Wertes eines Patents wird auf 60 geschätzt. Das Patent wird über die restliche Nutzungsdauer von 4 Jahren linear abgeschrieben.
- Die in der HB 1 ausgewiesenen Rückstellungen sind um 15 zu hoch.

Aufgaben A Erstellen Sie die HB 2 der TAG im Erwerbszeitpunkt.

	HB 1		Korrekturen		HB 2	
Diverse Aktiven	540					
Vorräte	100					
Immobilien	600					
Patent						
Fremdkapital		600				
Aktienkapital		400				
Agioreserven		70				
Übrige Reserven		55				
Freie Reserven		115				
Kapitalreserven						
Gewinnreserven						
Jahreserfolg						
	1 240	1 240				

B Berechnen Sie den bezahlten Goodwill.

Teil 2: Bereinigungen für die Erstkonsolidierung Ende 20_1

Ausgangslage *Zusätzliche Angaben zum Jahresabschluss*
- Der Bestand an Liegenschaften ist konstant geblieben.
- In den ausgewiesenen Rückstellungen in der HB 1 sind stille Reserven von 35 enthalten.
- Die TAG hat keine Dividende ausgeschüttet.

C Erstellen Sie die HB 2 der TAG vom 31.12.20_1.

	HB 1		Korrekturen		HB 2	
Diverse Aktiven	645					
Vorräte	120					
Immobilien	585					
Patent						
Fremdkapital		635				
Aktienkapital		400				
Agioreserven		70				
Übrige Reserven		55				
Freie Reserven		115				
Kapitalreserven						
Gewinnreserven						
Jahreserfolg		75				
	1 350	1 350				

Aufgabe 3.3 – 10

Teil 3: Bereinigungen für die Folgekonsolidierung Ende 20_2

Ausgangslage *Zusätzliche Angaben zum Jahresabschluss*
- Der Bestand an Liegenschaften ist konstant geblieben.
- Die Rückstellungen in der HB 1 beinhalten stille Reserven von 5.
- Die TAG zahlte eine Dividende von 35 aus.

D Erstellen Sie die HB 2 der TAG vom 31.12.20_2.

	HB 1		Korrekturen		HB 2	
Diverse Aktiven	920					
Vorräte	70					
Immobilien	570					
Patent						
Fremdkapital		620				
Aktienkapital		500				
Agioreserven		170				
Übrige Reserven		65				
Freie Reserven		145				
Kapitalreserven						
Gewinnreserven						
Jahreserfolg		60				
	1 560	1 560				

3.3 – 11 Zwischengewinnelimination mit Minderheitsanteilen

Ausgangslage Die MAG besitzt 80% des Aktienkapitals der TAG.

Buchungstatsachen
1 Im Jahr 20_3 wurden konzerninterne Warenlieferungen im Gesamtwert von 1 000 getätigt. Der Konzerneinstandswert betrug 800.
2 Anfang 20_3 betrugen die im Warenvorrat enthaltenen konzerninternen Gewinne 100.
3 Ende Jahr waren es noch 80.

Aufgabe Nennen Sie die Konsolidierungsbuchungen vom 31.12.20_3.
1 Konzerninterne Lieferungen
2 Konzerninterner Gewinn auf dem Warenvorrat von Anfang 20_3
3 Korrektur des konzerninternen Gewinnes auf dem Warenvorrat von Ende 20_3

Diese Buchungstatsachen sind nach zwei Varianten zu erfassen:
- Variante 1: Warenlieferung der TAG an die MAG (Upstream)
- Variante 2: Warenlieferung der MAG an die TAG (Downstream)

Zudem sind die beiden Varianten 1 und 2 nach der Einheits- und Trennungstheorie zu lösen.

Bei der Einheitstheorie ist der Gewinn vollständig ohne Verteilung auf die Minderheitsaktionäre zu eliminieren (ohne Berücksichtigung der Aktionärsstruktur).

Bei der Trennungstheorie ist der Gewinn vollständig mit Verteilung auf die Minderheitsaktionäre zu eliminieren (mit Berücksichtigung der Aktionärsstruktur). (Die Trennungstheorie ist eher praxisfern.)

Anmerkung:
Die Bilanz und Erfolgsrechnung bilden zwei getrennte, in sich geschlossene Buchungskreise, weshalb erfolgswirksame Konsolidierungsbuchungen über zwei Gewinnkonten (Gewinn Bilanz und Gewinn Erfolgsrechnung) zu erfassen sind.

3.3 – 12 Zwischengewinnelimination im Konzern

Ausgangslage

Die MAG besitzt 70% des Aktienkapitals der TAG 1 und 90% des Aktienkapitals der TAG 2.

Buchungstatsachen für die Konsolidierung vom 31.12.20_4

1. a Die MAG gewährte der TAG 2 im Vorjahr ein Darlehen von 300.
   b Zinssatz 5%, Zinstermin 31. August
2. Dividendenausschüttung der TAG 1 an alle Aktionäre in der Höhe von 200
3. a Warenlieferungen der TAG 1 an TAG 2 im Fakturawert von 900
   b Zwischengewinn bei der TAG 2 Anfang Jahr 60
   c Zunahme Zwischengewinn bei der TAG 2 Ende Jahr 20
4. a Goodwill-Abschreibung der Vorjahre von der TAG 1 in der Höhe von 30
   b Goodwill-Abschreibung des laufenden Jahres von der TAG 2 in der Höhe von 10
5. Lieferung einer selbst hergestellten Maschine von der MAG an die TAG 1 Anfang 20_4
   a Fakturawert 900
   b Konzernherstellungskosten 600
   c Indirekte Abschreibungsmethode, lineares Verfahren, Nutzungsdauer 10 Jahre

Aufgabe

Nennen Sie die Konsolidierungsbuchungen. Wenden Sie die Einheitstheorie an.

Anmerkung:
Die Bilanz und Erfolgsrechnung bilden zwei getrennte, in sich geschlossene Buchungskreise, weshalb erfolgswirksame Konsolidierungsbuchungen über zwei Gewinnkonten (Gewinn Bilanz und Gewinn Erfolgsrechnung) zu erfassen sind.

3.4 Behandlung des Goodwills

▶ 3.4 – 1 Methoden der Goodwill-Behandlung und Eigenkapitalrentabilität

Ausgangslage Die MAG hat auf den 1.1.20_1 alle Aktien der BAG für 320 übernommen. Die Sachanlagen der BAG werden (intern) linear über vier Jahre abgeschrieben. Die in den Sachanlagen der BAG im Erwerbszeitpunkt vorhandenen stillen Reserven betragen 40.

Die vereinfachte Darstellung der beiden (externen) Einzelabschlüsse (Bilanzen vom 31.12.20_1 und Erfolgsrechnungen 20_1) zeigt Folgendes:

	MAG	BAG		MAG	BAG
Umlaufvermögen	180	140	Fremdkapital	100	100
Sachanlagen	0	160	Eigenkapital	360	180
Beteiligung BAG	320	0	Jahresgewinn	40	20
	500	300		500	300
Abschreibung	0	40	Nettoumsatz	500	410
Übriger Aufwand	460	350			
Jahresgewinn	40	20			
	500	410		500	410

Aufgaben A Berechnen Sie den Goodwill im Erwerbszeitpunkt.

B Erstellen Sie die Konzernbilanz vom 31.12.20_1 und die Konzernerfolgsrechnung 20_1, indem Sie den Goodwill nach folgenden Methoden behandeln:
1. Die Sachanlagen werden auf den 1.1.20_1 um 40 aufgewertet.
   Der Goodwill wird mit dem Eigenkapital verrechnet (Swiss GAAP FER).
2. Die Sachanlagen werden auf den 1.1.20_1 um 40 aufgewertet.
   Der Goodwill wird am 1.1.20_1 aktiviert und über 5 Jahre abgeschrieben (Swiss GAAP FER).
3. Die Sachanlagen werden auf den 1.1.20_1 um 40 aufgewertet.
   Der Goodwill wird am 1.1.20_1 aktiviert. Die durch einen Impairment-Test festgestellte Wertbeeinträchtigung des Goodwills beträgt 35 (IFRS).
4. Die gesamte Kapitalaufrechnungsdifferenz (stille Reserven und Goodwill) wird am 31.12.20_1 mit dem Eigenkapital verrechnet (Aktienrecht).

C Berechnen Sie für die vier Methoden die Eigenkapitalrentabilität. (Eigenkapital vom 31.12.20_1 ohne Jahresgewinn berücksichtigen)

3.4 – 2 Goodwill, Werthaltigkeit und Eigenkapitalrentabilität

Ausgangslage Die MAG hat vor längerer Zeit die TAG gegründet und das ganze Aktienkapital zu pari liberiert. Anfang 20_1 erwirbt die MAG alle Aktien der BAG zu einem Preis von 720 Mio. Fr.

Die Einzelabschlüsse der drei Gesellschaften vor Gewinnverwendung zeigen Folgendes (in Mio. Fr.):

Bilanzen vom 31.12.20_1							
Aktiven	MAG	TAG	BAG	Passiven	MAG	TAG	BAG
Flüssige Mittel	160	30	70	Fremdkapital	1 280	560	570
Forderungen	200	115	200	Aktienkapital	300[1]	200	200
Vorräte	350	270	280	Kapitalreserven	400	0	0
Sachanlagen	700	575	400	Gewinnreserven	260	190	150
Beteiligungen	920	0	20	Jahresgewinn	90	40	50
	2 330	990	970		2 330	990	970

[1] 600 000 Aktien zu Fr. 500.– nominal

Erfolgsrechnungen 20_1							
Aufwand	MAG	TAG	BAG	Ertrag	MAG	TAG	BAG
Warenaufwand	1 400	700	600	Warenertrag	2 160	1 180	1 065
Abschreibungen	105	80	70				
Sonstiger Aufwand	565	360	345				
Jahresgewinn	90	40	50				
	2 160	1 180	1 065		2 160	1 180	1 065

Aufgaben A Berechnen Sie den Goodwill am 1.1.20_1.

B Erstellen Sie die Konzernbilanz auf den 31.12.20_1 und die Konzernerfolgsrechnung 20_1 unter folgenden Annahmen:

Variante 1 *Aktivierung des Goodwills und lineare Abschreibung über 5 Jahre*

Aktiven	MAG	TAG	BAG	Summen	Korrekturen	Konzern
Flüssige Mittel	160	30	70			
Forderungen	200	115	200			
Vorräte	350	270	280			
Sachanlagen	700	575	400			
Beteiligungen	920	0	20			
Goodwill	0	0	0			
	2 330	990	970			

Passiven	MAG	TAG	BAG	Summen	Korrekturen	Konzern
Fremdkapital	1 280	560	570			
Aktienkapital	300	200	200			
Kapitalreserven	400	0	0			
Gewinnreserven	260	190	150			
Jahresgewinn	90	40	50			
	2 330	990	970			

Aufwand	MAG	TAG	BAG	Summen	Korrekturen	Konzern
Warenaufwand	1 400	700	600			
Abschreibungen	105	80	70			
Sonstiger Aufwand	565	360	345			
Jahresgewinn	90	40	50			
	2 160	1 180	1 065			

Ertrag	MAG	TAG	BAG	Summen	Korrekturen	Konzern
Warenertrag	2 160	1 180	1 065			
	2 160	1 180	1 065			

Aufgabe 3.4 – 2

Variante 2 *Aktivierung des Goodwills und keine Abschreibung, da die Werthaltigkeit gegeben ist.*

Aktiven	MAG	TAG	BAG	Summen	Korrekturen	Konzern
Flüssige Mittel	160	30	70			
Forderungen	200	115	200			
Vorräte	350	270	280			
Sachanlagen	700	575	400			
Beteiligungen	920	0	20			
Goodwill	0	0	0			
	2 330	990	970			

Passiven	MAG	TAG	BAG	Summen	Korrekturen	Konzern
Fremdkapital	1 280	560	570			
Aktienkapital	300	200	200			
Kapitalreserven	400	0	0			
Gewinnreserven	260	190	150			
Jahresgewinn	90	40	50			
	2 330	990	970			

Aufwand	MAG	TAG	BAG	Summen	Korrekturen	Konzern
Warenaufwand	1 400	700	600			
Abschreibungen	105	80	70			
Sonstiger Aufwand	565	360	345			
Jahresgewinn	90	40	50			
	2 160	1 180	1 065			

Ertrag	MAG	TAG	BAG	Summen	Korrekturen	Konzern
Warenertrag	2 160	1 180	1 065			
	2 160	1 180	1 065			

C Berechnen Sie für beide Varianten:
1. Eigenkapitalrentabilität des Konzerns auf dem Eigenkapital Ende Jahr (ohne Jahresgewinn)
2. Konzerngewinn je Aktie

▶ 3.4 – 3 Goodwill Accounting

Ausgangslage Die MAG erwirbt 75 % des Aktienkapitals der TAG und zahlt dafür 150.

Die Bilanz der MAG (nach dem Erwerb) und die Bilanz der TAG zeigen Folgendes:

Aktiven	MAG	TAG	Passiven	MAG	TAG
Vermögen	1 300	400	Fremdkapital	850	240
Beteiligung	150	0	Aktienkapital	500	100
			Reserven	100	60
	1 450	400		1 450	400

Aufgaben A Nennen Sie die Konsolidierungsbuchungen nach der klassischen Purchase-Methode und erstellen Sie die Konzernbilanz der MAG-Gruppe.

B Nennen Sie die Konsolidierungsbuchungen nach der Full-Goodwill-Accounting-Methode und erstellen Sie die Konzernbilanz der MAG-Gruppe.

▶ 3.4 – 4 Kapitalerhöhungen und Konzerneigenkapital

Ausgangslage Anfang 20_1 erwirbt die MAG 80 % des Aktienkapitals der TAG zu einem Preis von 300. Die bereinigten Einzelabschlüsse der MAG und TAG im Erwerbszeitpunkt zeigen folgende Eigenkapitalpositionen:

	MAG	TAG
Aktienkapital	400	200
Kapitalreserven	50	100
Gewinnreserven	150	0
Total Eigenkapital	600	300

Buchungstatsachen
1. 20_2: Die MAG erhöht das Aktienkapital um nominal 150 mit einem Agio von 120.
2. 20_3: Die TAG erhöht das Aktienkapital um nominal 50 mit einem Agio von 30.
3. 20_4: Der Goodwill im Zusammenhang mit der Akquisition der TAG wird um 25 abgeschrieben.
4. 20_6: Die TAG zahlt eine Dividende von 20 % aus.

Aufgabe Vervollständigen Sie den Auszug aus dem Konsolidierungsbogen per 31.12.20_6. Der Goodwill wird nach der klassischen Purchase-Methode ermittelt.

Die Gewinnreserven und die Jahresgewinne aus den bereinigten Einzelabschlüssen sind bereits eingetragen.

	MAG	TAG	Korrekturen		Konzern	
Beteiligung TAG						
Goodwill						
Aktienkapital						
Kapitalreserven						
Gewinnreserven	250	30				
Jahresgewinn	55	25				
Minderheitsanteile						

▶ 3.4 – 5 Erstkonsolidierung bei Anwendung von Swiss GAAP FER

Ausgangslage Die MAG hat auf den 1.1.20_1 alle Aktien der TAG für 3 000 übernommen. Die in den Sachanlagen der TAG im Erwerbszeitpunkt vorhandenen stillen Reserven betragen 400.

Die vereinfachte Darstellung der beiden (externen) Einzelabschlüsse (Bilanzen vom 31.12.20_1 und Erfolgsrechnungen 20_1) vor Gewinnverwendung zeigt Folgendes:

	MAG	TAG		MAG	TAG
Umlaufvermögen	1 620	1 260	Fremdkapital	900	900
Sachanlagen	0	1 440	Eigenkapital	3 360	1 620
Beteiligung TAG	3 000	0	Jahresgewinn	360	180
	4 620	2 700		4 620	2 700
Diverser Aufwand	4 100	3 100	Nettoumsatz	4 500	3 690
Abschreibung	0	360			
Finanzaufwand	40	50			
Jahresgewinn	360	180			
	4 500	3 690		4 500	3 690

Rechnungslegung Der Konzernabschluss wird auf der Grundlage von Swiss GAAP FER erstellt.
- Die Sachanlagen werden auf den 1.1.20_1 um 400 aufgewertet und für den Konzernabschluss linear über 10 Jahre abgeschrieben.
- Der Goodwill wird am 1.1.20_1 aktiviert und linear (planmässig) über 5 Jahre amortisiert.

Aufgaben A Berechnen Sie den bezahlten Goodwill im Erwerbszeitpunkt.

B Berechnen Sie den effektiven Wert der Sachanlagen der TAG im Erwerbszeitpunkt.

C Erstellen Sie die Konzernbilanz vom 31.12.20_1 und die Konzernerfolgsrechnung 20_1 (Erstkonsolidierung).

Konzernbilanz 31.12.20_1			
Umlaufvermögen		Fremdkapital	
Sachanlagen		Eigenkapital	
Beteiligung TAG		Konzerngewinn	
Goodwill			

Konzernerfolgsrechnung 20_1			
Diverser Aufwand		Nettoumsatz	
Abschreibung			
Amortisation Goodwill			
Finanzaufwand			
Konzerngewinn			

D Berechnen Sie die EBIT-Grösse für den Konzern.

3.5 Konsolidierungsmethoden

▶ 3.5 – 1 Quotenkonsolidierung

Ausgangslage Anfang 20_1 erwarb die MAG 60% des Aktienkapitals der BAG für 4 800. Ihr Stimmrechtsanteil beträgt 50%. Der Goodwill wird Anfang Jahr aktiviert und über 4 Jahre linear abgeschrieben.

Aufgabe Nehmen Sie die Erstkonsolidierung auf den 31.12.20_1 vor, und wenden Sie die Quotenkonsolidierung an.

	MAG	BAG	BAG 60%	Korrekturen	Konzern
Flüssige Mittel	14 835	480			
Wertschriften	23 250	0			
Forderungen	21 840	540			
Vorräte	30 600	1 800			
Darlehen	3 585	0			
Beteiligungen	53 550	900			
Sachanlagen	37 500	4 650			
Immaterielle Anlagen	840	0			
Goodwill	0	0			
	186 000	8 370			
Lieferantenschulden	18 000	2 295			
Obligationenanleihe	30 000	0			
Hypotheken	22 800	0			
Rückstellungen	6 240	30			
Aktienkapital	60 000	3 000			
Kapitalreserven	30 000	2 100			
Gewinnreserven	9 660	0			
Neubewertungsreserven	0	420			
Jahresgewinn	9 300	525			
	186 000	8 370			

▶ 3.5 – 2 Konsolidierungsmethoden

Ausgangslage

Der M-Konzern besteht aus der Holdinggesellschaft MAG und vier Beteiligungen. Die MAG hat die Beteiligungen Anfang 20_1 erworben.

Beteiligung	AAG	BAG	CAG	DAG
Anteil in %	100	80	50	20

Die Einzelabschlüsse (vor Gewinnverwendung) auf den 31.12.20_1 finden Sie nach den Konsolidierungstatsachen.

Konsolidierungstatsachen

1 Kapitalkonsolidierung
   a AAG: Vollkonsolidierung
   b BAG: Vollkonsolidierung mit Ausweis der Minderheitsanteile
   c CAG: Quotenkonsolidierung
   d DAG: Equity-Methode
   Der Goodwill ist werthaltig.
   Bei der Equity-Methode wird der Goodwill nicht separat ausgewiesen.
2 Minderheitsanteile am Reingewinn
3 Verrechnung des Jahresverlustes AAG mit dem Konzerngewinn
4 Elimination
   a Laufende Konzernguthaben bzw. -schulden.
   b Die MAG hat der BAG ein Darlehen von 300 gewährt.
5 Die BAG lieferte der AAG Produkte. Davon sind Ende 20_1 im Warenlager der AAG noch 100 vorhanden. Die eingerechnete Bruttogewinnquote (Handelsmarge) beträgt 20 %.

Aufgabe 3.5 – 2

Aufgabe Erstellen Sie die konsolidierte Bilanz vom 31.12.20_1 (Erstkonsolidierung).

Aktiven	MAG	AAG	BAG	CAG	DAG	Korrekturen		Konzern
Diverse Aktiven	3 200	3 800	8 600	3 900	4 600			
Konzernguthaben	900	400	100	0	0			
Aktivdarlehen	400	0	0	0	0			
Jahresverlust		400						
Beteiligung AAG	3 500							
Beteiligung BAG	4 100							
Beteiligung CAG	1 800							
Beteiligung DAG	600							
Goodwill								
	14 500	4 600	8 700	3 900	4 600			

Passiven	MAG	AAG	BAG	CAG	DAG	Korrekturen		Konzern
Diverse Passiven	5 200	1 400	2 400	0	2 000			
Konzernschulden	400	200	800	0	0			
Passivdarlehen	900	0	300	500	300			
Aktienkapital	5 000	2 000	3 200	2 000	2 000			
Reserven	2 300	1 000	1 800	1 100	100			
Jahresgewinn	700		200	300	200			
Minderheitenanteil Kapital								
Minderheitenanteil Gewinn								
	14 500	4 600	8 700	3 900	4 600			

▶ 3.5 – 3 Equity-Bewertung einer Beteiligung

Ausgangslage Die Halma AG erwirbt am 1.1.20_1 für 750 eine Beteiligung von 25% an der Litty AG. Das Eigenkapital der Litty AG beträgt 2 000. Die Grundstücke der Litty AG sind um 600 unterbewertet, haben eine unbegrenzte Nutzungsdauer und werden nicht abgeschrieben.

Die Litty schüttet im Jahr 20_1 eine Dividende von 20% auf dem Aktienkapital von 800 aus. Die Halma AG hat die Dividende erfolgswirksam erfasst.

Im Jahr 20_1 erzielt die Litty AG einen Reingewinn von 200.

Der käuflich erworbene Goodwill bleibt in der Beteiligung aktiviert und wird nicht separat ausgewiesen.

Aufgaben A Ermitteln Sie den Goodwill am 1.1.20_1.

B Nennen Sie die Buchungen am 31.12.20_1, welche die Halma AG vornehmen muss, wenn sie die Beteiligung an der Litty AG nach der Equity-Methode im Konzernabschuss bewertet. Im Einzelabschluss der Halma AG wird die Beteiligung zu Anschaffungskosten ausgewiesen.

C Führen Sie die Konten Beteiligung und Beteiligungserfolg.

▶ 3.5 – 4 Equity-Methode im Konzernabschluss

Ausgangslage Die Alfa AG erwirbt auf den 1.1.20_1 einen 25%-Anteil an der Betias AG. Der Kaufpreis beträgt 420.

Die Eröffnungsbilanz vom 1.1. und die Schlussbilanz vom 31.12.20_1 sowie die Erfolgsrechnung 20_1 der Betias AG zeigen folgendes Bild (externe Werte):

Bilanzen					
Aktiven	**1.1.**	**31.12.**	**Passiven**	**1.1.**	**31.12.**
Bank	20	30	Verpflichtungen	80	50
Forderungen	90	100	Sonst. kurzfristiges Fremdkapital	20	10
Vorräte	110	100	Langfristiges Fremdkapital	500	389
Sachanlagen	850	760	Aktienkapital	200	200
Übriges Anlagevermögen	30	50	Reserven	300	391
	1 100	1 040		1 100	1 040

Aufgabe 3.5 – 4

Erfolgsrechnung 20_1			
Herstellkosten der verk. Produkte	1 450	Umsatzerlös	2 560
Marketing und Vertrieb	420		
Sonstiger Aufwand	469		
Abschreibungen Sachanlagen	90		
Jahresgewinn	131		
	2 560		2 560

Ergänzende Angaben
- Der Marktwert der Sachanlagen Anfang Jahr beträgt 1 010.
- Die Nutzungsdauer beträgt noch 10 Jahre. Die Abschreibung erfolgt linear.
- Während des Jahres gab es weder Käufe noch Verkäufe bei den Sachanlagen.

Buchungstatsachen 1.1. Erwerb des Aktienpaketes
Finanzierung mit
a einer Anleihe von 300 und
b einem langfristigen Darlehen von 120
1.6. Die Betias AG schüttet eine Dividende von 20% (für das Jahr 20_0) aus.

Aufgaben A Nennen Sie die Buchungen bei der Alfa AG für den Erwerb des Aktienpaketes der Betias und die erhaltene Dividende.

B Berechnen Sie den durch die Alfa AG bezahlten Goodwill.

C Berechnen Sie für das Jahr 20_1
1. den bereinigten Jahresgewinn der Betias AG.
2. den effektiven Gewinnanteil der Alfa AG an der Betias AG.

Konsolidierungstatsachen Ende 20_1 Der Goodwill wird nicht separat ausgewiesen und ist werthaltig.
a Dividende (siehe 1.6.)
b Anteiliger Gewinn der Alfa AG an der Betias AG

D Nennen Sie die Konsolidierungsbuchungen bei Anwendung der Equity-Methode am 31.12.20_1.

E Mit welchen Beträgen werden die beiden Positionen (Assoziierte) Beteiligungen und Beteiligungsertrag (Equity-Ertrag) in der Konzernrechnung ausgewiesen?

F Berechnen Sie den Equity-Wert der Betias AG Ende 20_1 nach der Praktiker-Methode.

▶ 3.5 – 5   **Vollkonsolidierung, Quotenkonsolidierung und Equity-Methode**

Ausgangslage   Die MAG hält seit der Gründung der ABC 60% des Aktienkapitals.
Am 31.12.20_1 zeigen die Einzelabschlüsse Folgendes:

Bilanzen vom 31.12.20_1					
Aktiven	MAG	ABC	Passiven	MAG	ABC
Forderungen	5 460	2 100	Lieferantenschulden	4 500	750
Vorräte	4 500	2 400	Darlehen	6 000	900
Darlehen an ABC	600		Aktienkapital	6 000	2 400
Beteiligung an ABC	1 440		Reserven	6 000	1 500
Sachanlagen	12 000	1 500	Jahresgewinn	1 500	450
	24 000	6 000		24 000	6 000

Erfolgsrechnungen 20_1					
Aufwand	MAG	ABC	Ertrag	MAG	ABC
Warenaufwand	25 500	9 000	Warenertrag	30 000	11 400
Übriger Aufwand	6 000	2 550	Übriger Ertrag	3 000	600
Jahresgewinn	1 500	450			
	33 000	12 000		33 000	12 000

Ergänzende Angaben
Während des Jahres hat die MAG Waren im Wert von 6 000 an ABC geliefert. Die ABC hat sämtliche Waren weiterverkauft.

Aufgabe Erstellen Sie die konsolidierte Bilanz und Erfolgsrechnung nach den drei Methoden (Voll-, Quotenkonsolidierung und Equity-Methode), indem Sie die folgende Aufstellung vervollständigen.

Aktiven	Vollkonsolidierung	Quotenkonsolidierung	Equity-Methode
Forderungen			
Vorräte			
Darlehen an ABC			
Beteiligung an ABC			
Sachanlagen			

Passiven	Vollkonsolidierung	Quotenkonsolidierung	Equity-Methode
Lieferantenschulden			
Darlehen			
Aktienkapital			
Reserven			
Konzerngewinn			
Minderheiten Kapital			
Minderheiten Gewinn			

Aufwand	Vollkonsolidierung	Quotenkonsolidierung	Equity-Methode
Warenaufwand			
Übriger Aufwand			
Konzerngewinn			
Minderheiten Gewinn			

Ertrag	Vollkonsolidierung	Quotenkonsolidierung	Equity-Methode
Warenertrag			
Übriger Ertrag			
Equity-Ertrag			

3.5 – 6 Vergleich von Quotenkonsolidierung und Equity-Methode

Ausgangslage

Die Roma-Gruppe und Amor-Gruppe haben auf den 1.1.20_1 gemeinsam die Mora AG gegründet. Beide Aktionäre halten je 50% der Aktien und stellen je zwei Verwaltungsräte. Das Präsidium des Verwaltungsrates wechselt jährlich zwischen den beiden Aktionären.

Im Jahr 20_1 erzielt die Mora AG einen Gewinn von 500. Davon werden 200 im Jahr 20_2 ausgeschüttet.

Aufgaben A

Welche der folgenden Aussagen treffen für die Konzernrechnung 20_1 der Roma-Gruppe bzw. der Amor-Gruppe zu?

a [ ] Die Quotenkonsolidierung ergibt in der Konzernrechnung einen höheren Reingewinn als die Equity-Methode.

b [ ] Die Eigenkapitalrendite des Konzerns ist bei Anwendung der Quotenkonsolidierung kleiner als bei der Equity-Methode.

c [ ] Der Konzern-Cashflow aus Geschäftstätigkeit ist bei Anwendung der Equity-Methode tiefer als bei Bilanzierung zu Anschaffungskosten.

d [ ] Die Quotenkonsolidierung ergibt in der Konzernrechnung einen höheren Umsatz als die Equity-Methode.

e [ ] Der Minderheitsanteil am Eigenkapital ist bei der Quotenkonsolidierung höher als bei der Equity-Methode.

f [ ] Die Umsatzrentabilität des Konzerns ist bei Anwendung der Equity-Methode grösser als bei der Quotenkonsolidierung.

B Nennen Sie die Konsolidierungsbuchung bei der Roma-Gruppe für den Reingewinn der Mora AG für das Geschäftsjahr 20_1 bei Anwendung der Equity-Methode.

C Nennen Sie die Buchung bei der Amor Holding AG (Einzelabschluss) für den bei der Mora AG im Jahr 20_1 erzielten Gewinn.

▶ 3.5 – 7 Quotenkonsolidierung

Ausgangslage Die MAG besitzt zwei Aktienpakete.
- TAG: Beteiligungsquote 100%, Vollkonsolidierung
- BAG: Beteiligungsquote 50%, Quotenkonsolidierung

Buchungstatsachen Die Bruttogewinnmarge (Bruttogewinnquote) beträgt für beide Fälle 20%.
1. Lieferungen von MAG (oder TAG) an BAG (Downstream-Lieferung)
   a Umsatz 900
   b Vorräte bei BAG: Anfang Jahr 240
   c Vorräte bei BAG: Ende Jahr 180
2. Lieferungen von BAG an MAG (oder TAG) (Upstream-Lieferung)
   a Umsatz 900
   b Vorräte bei der MAG (oder TAG) Anfang Jahr 240
   c Vorräte bei der MAG (oder TAG) Ende Jahr 180

Aufgabe Nennen Sie die Konsolidierungsbuchungen.

Anmerkung:
Die Bilanz und Erfolgsrechnung bilden zwei getrennte, in sich geschlossene Buchungskreise, weshalb erfolgswirksame Konsolidierungsbuchungen über zwei Gewinnkonten (Gewinn Bilanz und Gewinn Erfolgsrechnung) zu erfassen sind.

▶ 3.5 – 8 Konzernabschluss mit Quotenkonsolidierung

Ausgangslage Seit der Gründung der GAG (Gemeinschaftsunternehmung) Anfang 20_1 ist die MAG zu 50% an ihr beteiligt. Das Aktienkapital der GAG betrug bei der Gründung 1 400 und wurde zu pari liberiert. Im Jahr 20_2 fand bei der GAG eine Aktienkapitalerhöhung von nominal 350 mit einem Agio von 20% statt. Die MAG übte sämtliche Bezugsrechte aus.

Konsolidierungstatsachen für das Jahr 20_3
1. Kapitalkonsolidierung
2. Die MAG gewährte der GAG im Vorjahr ein langfristiges Darlehen, das jeweils am 30.9. mit 4% zu verzinsen ist.
3. a Die MAG lieferte der GAG Waren für 2 380.
   b Die konzerninternen Zwischengewinne im Lager der GAG betrugen insgesamt Anfang Jahr 182 und Ende Jahr 126.
4. Die GAG schüttete eine Dividende von 40% aus.

Aufgabe Erstellen Sie die Konzernbilanz und die Konzernerfolgsrechnung, in dem Sie die Quotenkonsolidierung anwenden. Die Reserven in den Einzelabschlüssen sind bereits in Kapital- und Gewinnreserven aus Konzernsicht gegliedert.

Anmerkung:
Die Bilanz und Erfolgsrechnung bilden zwei getrennte, in sich geschlossene Buchungskreise, weshalb erfolgswirksame Konsolidierungsbuchungen über zwei Gewinnkonten (Gewinn Bilanz und Gewinn Erfolgsrechnung) zu erfassen sind.

	MAG		50% der GAG		Korrekturen		Konzernbilanz	
Diverse Aktiven	35 700		4 550					
Warenvorrat	2 590		630					
Beteiligung GAG	910							
Darlehen GAG	2 800							
Goodwill								
Div. Fremdkapital		17 500		2 380				
Darlehen MAG				1 400				
Aktienkapital		7 000		875				
Kapitalreserven		5 600		35				
Gewinnreserven		8 400		210				
Gewinn Bilanz		3 500		280				
Minderheiten								
	42 000	42 000	5 180	5 180				

	MAG		50% der GAG		Korrekturen		Konzernerfolgsrechnung	
Warenertrag		49 000		9 800				
Finanzertrag		9 100						
Warenaufwand	31 500		6 300					
Finanzaufwand	2 100		210					
Übriger Aufwand	21 000		3 010					
Gewinn ER	3 500		280					
Gewinn Minderheiten								
	58 100	58 100	9 800	9 800				

3.5 – 9 Assoziierte Gesellschaften

Aufgabe Kreuzen Sie die richtigen Aussagen an.

a [ ] Assoziierte Gesellschaften werden nicht konsolidiert.

b [ ] Die Stimmkraft des Investors beträgt bei assoziierten Gesellschaften zwischen 20% und 50%.

c [ ] Die assoziierten Gesellschaften werden auch als Tochtergesellschaften bezeichnet.

d [ ] Für den Konzernabschluss dürfen die aktienrechtlichen Höchstbewertungsvorschriften bei Anwendung der Equity-Methode überschritten werden.

e [ ] Bei Anwendung der Equity-Methode wird der bezahlte Goodwill normalerweise nicht separat ausgewiesen.

f [ ] Der in der Konzernerfolgsrechnung ausgewiesene Konzernumsatz ist bei Anwendung der Equity-Methode grundsätzlich grösser als bei der Quotenkonsolidierung.

g [ ] Der Fremdfinanzierungsgrad der Konzernbilanz ist normalerweise kleiner bei Anwendung der Equity-Methode als bei der Vollkonsolidierung.

h [ ] Bei der Equity-Methode werden die Minderheitsanteile am Kapital separat als Teil des Konzerneigenkapitals ausgewiesen.

i [ ] Der den Holdingaktionären zustehende Konzerngewinn ist gleich hoch, unabhängig davon, ob die Voll- oder Quotenkonsolidierung oder die Equity-Methode angewendet wird.

j [ ] Der Investor hat bei einer assoziierten Gesellschaft einen beherrschenden Einfluss.

▶ 3.5 – 10 Fortschreibung des Equity-Wertes

Ausgangslage Anfang 20_1 erwarb die MAG 25% der Aktien der BAG (assoziierte Gesellschaft) zum Preis von 486. Das von der BAG im Erwerbszeitpunkt extern ausgewiesene Eigenkapital betrug 1 560. Der aus Konzernsicht wirkliche Wert der Liegenschaften ist um 240 höher als extern ausgewiesen. Die Abschreibung der Immobilien erfolgt indirekt und linear über 20 Jahre.

Buchungstatsachen 20_1
1. Die BAG zahlte gesamthaft eine Dividende von 48 aus.
2. Der von der BAG erwirtschaftete Gewinn beträgt 84.
3. Die BAG führte eine Aktienkapitalerhöhung mit Agio von gesamthaft 300 durch. Die MAG übte sämtliche Bezugsrechte aus.

Aufgaben A Ermitteln Sie für den Einzelabschluss der MAG:
1. Wert, zu dem die Beteiligung an der BAG ausgewiesen wird
2. Beteiligungsertrag

B Nennen Sie die Korrekturbuchungen für den Konzernabschluss für die Anpassung des Equity-Wertes für
1. die Dividendenausschüttung,
2. die Abschreibung der neubewerteten Liegenschaft und
3. den Gewinnanteil.

C Berechnen Sie für den Konzernabschluss:
1. Equity-Wert
2. Beteiligungsertrag (Ertrag assoziierte Gesellschaft)

Aufgabe 3.5 – 11   **239**

Buchungstatsachen 1 Die BAG zahlte gesamthaft eine Dividende von 36 aus.
20_2 2 Der von der BAG erwirtschaftete Verlust beträgt 120.
  3 Die MAG schreibt die Hälfte des bezahlten Goodwills im Einzelabschluss ab.

D Ermitteln Sie für den Einzelabschluss der MAG:
  1. Wert, zu dem die Beteiligung an der BAG ausgewiesen wird
  2. Beteiligungsertrag

E Nennen Sie die Korrekturbuchungen für den Konzernabschluss für die Anpassung des Equity-Wertes für
  1 die Aufdeckung der Anpassung des Equity-Wertes aus dem Vorjahr,
  2 die Dividendenausschüttung,
  3 die Abschreibung der neu bewerteten Liegenschaft,
  4 den Verlustanteil.

F Berechnen Sie für den Konzernabschluss:
  1. Equity-Wert
  2. Beteiligungsertrag (Ertrag assoziierte Gesellschaft oder Beteiligungsaufwand)

▶ **3.5 – 11 Equity-Beteiligung**

Ausgangslage Die MAG hat am 1.1.20_1 30 % des Aktienkapitals von 6 000 der BAG zu 4 200 übernommen. Die Reserven der BAG betragen im Erwerbszeitpunkt 3 750. Die BAG schüttet 20_1 keine Dividende aus. Im Jahr 20_1 erzielt sie einen Gewinn von 720.

Im Jahr 20_2 zahlt die BAG eine Dividende von 10 %. Für das Jahr 20_2 weist die BAG einen Jahresverlust von 150 aus.

Der bezahlte Goodwill wird im Konzernabschluss nicht separat ausgewiesen.

Aufgaben A 1. Berechnen Sie den Equity-Wert der BAG am 31.12.20_1.
  2. Nennen Sie die Konsolidierungsbuchung für den Konzernabschluss am 31.12.20_1.

B 1. Berechnen Sie den Equity-Wert der BAG am 31.12.20_2.
  2. Nennen Sie die Konsolidierungsbuchungen für den Konzernabschluss am 31.12.20_2.

C Wie hoch war der Goodwill im Erwerbszeitpunkt?

3.5 – 12 Auswirkung der verschiedenen Konsolidierungsmethoden auf einzelne Positionen

Ausgangslage Die MAG hat Anfang 20_1 einen Anteil von 60% am Kapital der TAG erworben. Der Konzernabschluss ist Ende 20_1 nach verschiedenen Methoden zu erstellen, wobei anhand von einzelnen Positionen die Unterschiede aufgezeigt werden sollen.

Der Goodwill ist bei allen drei Methoden über 10 Jahre linear abzuschreiben. Der konzerninterne Umsatz beträgt 200. Folgendes ist aus den Einzelabschlüssen bekannt:

Bilanzen 31.12.20_1					
Aktiven	**MAG**	**TAG**	**Passiven**	**MAG**	**TAG**
Umlaufvermögen	200	410	Darlehen MAG	0	150
Darlehen TAG	150	0	Fremdkapital	500	300
Sachanlagen	600	600	Eigenkapital	700	500
Beteiligung an TAG	350	0	Jahresgewinn	100	60
	1 300	1 010		1 300	1 010

Erfolgsrechnung 20_1		
Erfolgsrechnung	**MAG**	**TAG**
Nettoerlöse	1 000	600
Diverser Aufwand	–800	–400
Abschreibungen	–100	–140
Jahresgewinn	100	60

Aufgabe Berechnen Sie für folgende Positionen die Werte, die im Konzernabschluss ausgewiesen werden, wenn nach den drei verschiedenen Methoden konsolidiert wird.

	Voll-konsolidierung	Quoten-konsolidierung	Equity-Methode
Fremdkapital			
Summe der Aktiven			
Minderheitsanteile in der Bilanz			
Konzerngewinn (Holdingaktionäre)			
Umsatz			

3.5 – 13 Vollkonsolidierung und Quotenkonsolidierung

Ausgangslage Seit Anfang 20_1 hält die MAG 40% des Aktienkapitals der TAG. Um einen Vergleich zwischen der Voll- und Quotenkonsolidierung zu ermöglichen, gilt Folgendes: Für die Vollkonsolidierung hat die MAG einen beherrschenden Einfluss (Stimmkraft > 50%). Für die Quotenkonsolidierung verfügt sie über 50% der Stimmen (= Joint Venture, Gemeinschaftsunternehmung).

(Hätte die MAG lediglich einen massgeblichen Einfluss, so müsste die Equity-Bewertung angewendet werden.)

Auszüge aus den Einzelabschlüssen der MAG und TAG per Ende 20_5		
Positionen	**MAG**	**TAG**
Warenvorräte	227	140
Aktivdarlehen an TAG	100	0
Passivdarlehen von MAG	0	100
Warenertrag	3 000	1 400
Warenaufwand	1 600	900
Finanzertrag	85	0
Finanzaufwand	45	15

Buchungstatsachen
1. Die MAG lieferte im Jahr 20_5 Handelswaren an die TAG im Fakturawert von 300. Die Zwischengewinne auf dem Warenvorrat der TAG betrugen
Anfang 20_5: 25 und
Ende 20_5: 40.
2. Die MAG gewährte im Jahr 20_3 der TAG ein Darlehen von 100, das jeweils auf Ende des Jahres zu 5% verzinst wird.

Aufgabe Ermitteln Sie per Ende 20_5 nur die Konzernwerte für die nachfolgend aufgeführten Positionen:

Variante 1 *Vollkonsolidierung*

	MAG	TAG	Korrekturen	Konzern
Warenvorräte	227	140		
Warenaufwand	1 600	900		
Finanzertrag	85	0		

Variante 2 *Quotenkonsolidierung*

	MAG	TAG	Korrekturen	Konzern
Warenvorräte	227	140		
Warenertrag	3 000	1 400		
Aktivdarlehen an TAG	100	–		
Finanzaufwand	45	15		

3.6 Konsolidierung im mehrstufigen Konzern

▶ 3.6 – 1 Stufenkonsolidierung

Ausgangslage Anfang 20_1 hat die MAG 100 % der AAG und 80 % der BAG erworben. Der Erwerbspreis für die BAG betrug 1 600.

Der Konsolidierungsstamm der MAG-Gruppe zeigt auszugsweise folgendes Bild:

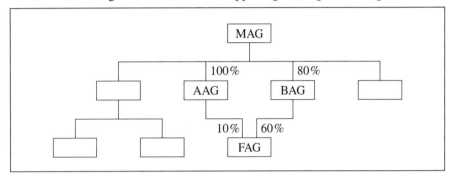

Einzelabschlüsse Ende 20_1 MAG, BAG und FAG

	Bilanzen		
	MAG	BAG	FAG
Beteiligung	17 850	400	
Übrige Aktiven	44 150	2 260	800
	62 000	2 660	800
Fremdkapital	25 680	785	240
Aktienkapital	20 000	1 000	500
Kapitalreserven	10 000	700	
Gewinnreserven	3 220		
Jahresgewinn	3 100	175	60
	62 000	2 660	800

Aufgabe Vervollständigen Sie die folgenden Tabellen, indem Sie stufenweise konsolidieren. Auf die Abschreibung des Goodwills wird verzichtet. (Die indirekte Beteiligung der MAG über die AAG an der FAG ist nicht zu berücksichtigen.)

Aufgabe 3.6 – 1

1. *Teilkonzernbilanz BAG/FAG (1. Stufe)*

	BAG	FAG	Anteil FAG (90%)	Aufrechnung	Teilkonzern-bilanz BAG/FAG
Beteiligung	400				
Übrige Aktiven	2 260	800			
Goodwill					
	2 660	800			
Fremdkapital	785	240			
Aktienkapital	1 000	500			
Kapitalreserven	700				
Jahresgewinn	175	60			
Minderheiten					
▪ Kapital					
▪ Jahresgewinn					
	2 660	800			

2. *Gesamtkonzernbilanz MAG (2. Stufe)*

	MAG	Teilkonzern-bilanz BAG/FAG	Aufrechnung	Konzern-bilanz
Beteiligung	17 850			
Übrige Aktiven	44 150			
Goodwill				
	62 000			
Fremdkapital	25 680			
Aktienkapital	20 000			
Kapitalreserven	10 000			
Gewinnreserven	3 220			
Jahresgewinn	3 100			
Minderheiten				
▪ Kapital				
▪ Reserven				
▪ Jahresgewinn				
	62 000			

3.7 Halten gegenseitiger Beteiligungen

▶ 3.7 – 1 Vertikale Beteiligung ohne Minderheiten

Ausgangslage Anfang 20_1 hat die MAG eine 70%-Beteiligung an der BAG zu 1 500 erworben. Die Konzernstruktur der MAG zeigt folgendes Bild:

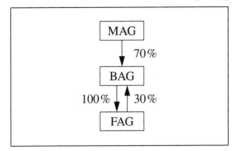

Weitere Angaben zu den drei Gesellschaften

	MAG	BAG	FAG
Beteiligung an BAG	1 500	–	600
Beteiligung an FAG	–	400	–
Aktienkapital	20 000	1 000	200
Kapitalreserven	10 000	700	100
Gewinnreserven	3 220	–	–
Jahresgewinn	3 100	175	50

Aufgabe Ermitteln Sie für die Erstkonsolidierung Ende 20_1 den in der Konzernbilanz auszuweisenden Goodwill (ohne selbstgeschaffenen, originären Goodwill). Auf die Abschreibung des Goodwills wird verzichtet.

▶ **3.7 – 2 Vertikale Beteiligung mit 10% Minderheiten**

Ausgangslage Anfang 20_1 hat die MAG eine 70%-Beteiligung an der BAG zu 1 500 erworben. Die Konzernstruktur der MAG zeigt folgendes Bild:

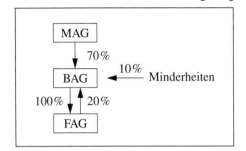

Weitere Angaben zu den drei Gesellschaften

	MAG	BAG	FAG
Beteiligung an BAG	1 500	–	400
Beteiligung an FAG	–	400	–
Aktienkapital	20 000	1 000	200
Kapitalreserven	10 000	700	100
Gewinnreserven	3 220	–	–
Jahresgewinn	3 100	200	50

Aufgaben A Ermitteln Sie für die Erstkonsolidierung Ende 20_1 den in der Konzernbilanz auszuweisenden Goodwill (ohne selbstgeschaffenen, originären Goodwill). Auf die Abschreibung des Goodwills wird verzichtet.

B Ermitteln Sie die Minderheitsanteile.

▶ 3.7 – 3 Horizontale Beteiligung ohne Minderheiten

Ausgangslage Anfang 20_1 hat die MAG hat eine 70%-Beteiligung an der AAG zu 3 200 und eine 80%-Beteiligung an der BAG zu 1 600 erworben.

Die Konzernstruktur der MAG zeigt folgendes Bild:

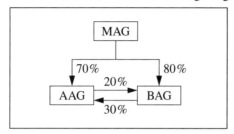

Weitere Angaben zu den drei Gesellschaften

	MAG	AAG	BAG
Beteiligung an AAG	3 200	–	1 400
Beteiligung an BAG	1 600	400	–
Aktienkapital	20 000	3 000	1 000
Kapitalreserven	10 000	1 300	700
Gewinnreserven	3 220	–	–
Jahresgewinn	3 100	300	200

Aufgabe Ermitteln Sie für die Erstkonsolidierung Ende 20_1 den in der Konzernbilanz auszuweisenden Goodwill (ohne selbstgeschaffenen, originären Goodwill). Auf die Abschreibung des Goodwills wird verzichtet.

3.7 – 4 Vertikale Beteiligungen mit 30% Minderheiten

Ausgangslage Anfang 20_1 hat die MAG eine 60%-Beteiligung an der BAG zu 1 600 erworben. Durch die Akquisition der BAG wird auch die FAG, eine 100%-Beteiligung der BAG, erstmals in den Konsolidierungskreis einbezogen. An der BAG sind Minderheiten mit 30% beteiligt. Die FAG hält eine 10%-Beteiligung an der BAG. Die Erstkonsolidierung erfolgt am 31.12.20_1. Auf die Abschreibung des Goodwills wird verzichtet.

	Bilanzen 31.12.20_1		
	MAG	BAG	FAG
Beteiligung an BAG	1 600		180
Beteiligung an FAG		500	
Übrige Beteiligungen	16 250		
Übrige Aktiven	44 150	2 160	320
Goodwill			
	62 000	2 660	500
Fremdkapital	25 680	760	150
Aktienkapital	20 000	1 000	200
Kapitalreserven	10 000	700	100
Gewinnreserven	3 220		
Jahresgewinn	3 100	200	50
	62 000	2 660	500

Aufgaben A Ermitteln Sie den Goodwill gemäss folgender Aufstellung.

	MAG-Beteiligung an BAG 60%	BAG-Beteiligung an FAG 70%	FAG-Beteiligung an BAG 7%	Total
Beteiligung				
Aktienkapital				
Kapitalreserven				
Goodwill				

B Ermitteln Sie die Minderheitsanteile gemäss folgender Aufstellung.

	MAG-Beteiligung an BAG 30%	BAG-Beteiligung an FAG 30%	FAG-Beteiligung an BAG 3%	Total
Aktienkapital				
Kapitalreserven				
Jahresgewinn				
Minderheiten				

C Ermitteln Sie die Konzernbilanz vom 31.12.20_1.

	MAG	BAG	FAG	Aufrechnungen	Konzern
Beteiligung an BAG	1 600		180		
Beteiligung an FAG		500			
Übrige Beteiligungen	16 250				
Übrige Aktiven	44 150	2 160	320		
Goodwill					
	62 000	2 660	500		
Fremdkapital	25 680	760	150		
Aktienkapital	20 000	1 000	200		
Kapitalreserven	10 000	700	100		
Gewinnreserven	3 220				
Jahresgewinn	3 100	200	50		
Minderheiten					
■ Aktienkapital					
■ Reserven					
■ Jahresgewinn					
	62 000	2 660	500		

3.8 Eigenkapital und Rechnungslegung von eigenen Aktien

▶ 3.8 – 1 Eigenkapital im Einzel- und Konzernabschluss

Ausgangslage *Einzelabschluss der Schiller Holding AG*
Der Jahresabschluss erfüllt die Grundsätze des schweizerischen Aktienrechts. Das Eigenkapital hat sich im Jahr 20_2 wie folgt entwickelt:

Eigenkapital (in Mio. Fr.)	31.12.20_1	31.12.20_2
Aktienkapital	7	7
Partizipationskapital	6	6
Allgemeine gesetzliche Reserve	317	317
Reserve für eigene Aktien	28	101
Freie Reserve	465	512
Vortrag aus Vorjahr	6	6
Jahresgewinn	120	126
Total	949	1 075

Angaben zum Grund- bzw. Nominalkapital:

	Anzahl Aktien	**Aktienkapital** (in Mio. Fr.)	**Anzahl PS**	**PS-Kapital** (in Mio. Fr.)	**Grundkapital** (in Mio. Fr.)
31.12.20_1 und 31.12.20_2	7 356 820	7	5 506 990	6	13

Der Nennwert der Teilhaberpapiere beträgt Fr. 1.–.

Angaben zu den eigenen Aktien und eigenen Partizipationsscheinen (PS):

	Anzahl eigene Aktien	**Wert der Aktien** (Mio. Fr.)	**Anzahl eigene PS**	**Wert der PS** (Mio. Fr.)	**Wert Aktien und PS** (Mio. Fr.)
31.12.20_1	120 401	25	11 550	3	28
Abgang Kapitalbeteiligungsplan	–13 872	–3	–	–	–3
Rückkäufe	61 929	14	430 300	85	99
Verkäufe	–86 653	–23	–	–	–23
31.12.20_2	81 805	13	441 850	88	101

Konzernabschluss der Schiller-Gruppe
Der konsolidierte Abschluss erfüllt die Anforderungen der IFRS. Das Konzerneigenkapital hat sich im Jahr 20_2 wie folgt entwickelt:

Konzerneigenkapital (in Mio. Fr.)	31.12.20_1	31.12.20_2
Grundkapital	13	13
Kapitalreserven	133	139
Eigene Aktien und Partizipationsscheine	−28	−101
Umrechnungsdifferenzen	−357	−376
Gewinnreserven	1 306	1 490
Total	1 067	1 165

Der Konzerneigenkapitalnachweis enthält folgende Angaben (in Mio. Fr.):

	Aktien- und PS-Kapital	Kapitalreserven	Eigene Aktien und PS	Umrechnungsdifferenzen	Gewinnreserven	Total Eigenkapital
31.12.20_1	13	133	−28	−357	1 306	1 067
Dividenden					0	0
Kauf/Verkauf Eigene Aktien und PS		5	−73			−68
Optionen für Beteiligungsplan		1				1
Konzerngewinn					184	184
Umrechnungsdifferenzen				−19		−19
31.12.20_2	13	139	−101	−376	1 490	1 165

Aufgaben A Aus welchen Reserven setzt sich die Allgemeine gesetzliche Reserve zusammen (OR 671)?

B Warum ist der Jahresgewinn im Einzelabschluss von 126 Mio. Fr. nicht gleich hoch wie im Konzernabschluss?

C Wie hoch ist der Anschaffungswert der am 31.12.20_2 gehaltenen eigenen Teilhaberpapiere?

D Nennen Sie drei mögliche Gründe, warum das Grundkapital im Vergleich zum gesamten Eigenkapital relativ klein ist.

E Welcher Jahresgewinn ist die Grundlage für die Festlegung der Dividende an der nächsten Generalversammlung?

Aufgabe 3.8 – 1

F Berechnen Sie den effektiven Gewinn je Teilhaberpapier für das Jahr 20_2. Gehen Sie davon aus, dass die Abgänge und Zugänge der eigenen Aktien und Partizipationsscheine Mitte 20_2 stattgefunden haben. (Gewinn je Aktie = Konzerngewinn : durchschnittliche Anzahl ausstehende Aktien)

G Wie hoch ist das Agio am 31.12.20_2 gemäss
1. Konzernabschluss?
2. Einzelabschluss?

H Welche Veränderungen im Konzerneigenkapitalnachweis sind liquiditätswirksam und werden in der Konzerngeldflussrechnung 20_2 im Finanzierungsbereich ausgewiesen?

4 Konzerngeldflussrechnung

▶ **4 – 1** **Konzerngeldflussrechnung der GI-Gruppe**

Ausgangslage *Konsolidierte Abschlussrechnungen der GI-Gruppe*

Konsolidierte Bilanzen	**1.1.20_1**	**31.12.20_1**
Flüssige Mittel	900	840
Forderungen	2 400	2 520
Vorräte	2 280	2 160
Sachanlagen	4 800	5 100
Nichtkonsolidierte Beteiligungen	180	240
	10 560	10 860
Lieferantenschulden	1 140	1 020
Rückstellungen (kurzfristig)	600	720
Darlehen	1 200	888
Hypotheken	3 600	4 116
Aktienkapital	1 800	1 800
Reserven	1 920	2 010
Minderheitsanteile	300	306
	10 560	10 860

Konsolidierte Erfolgsrechnung	20_1
Nettoverkaufserlös	12 180
Material- und Fabrikateaufwand	−5 580
Personalaufwand	−4 560
Übriger Gemeinaufwand	−1 020
Übriger barer Aufwand	−300
Abschreibungen	−540
Konzerngewinn	180
Minderheitsanteile	−18
Gewinn Holdingaktionäre	162

Bewegungen Anlagevermögen	20_1
Sachanlagen 1.1.	4 800
Investitionen	840
Abschreibungen	540
Sachanlagen 31.12.	5 100
Nichtkonsolidierte assoziierte Beteiligungen: Kauf eines Aktienpakets	60

Aufgaben A Erstellen Sie die Konzerngeldflussrechnung mit dem Fonds Flüssige Mittel. Weisen Sie darin den Cashflow (Geldfluss aus dem Geschäftsbereich) nach der indirekten Methode aus.

B Ermitteln Sie den Cashflow nach der direkten Methode.

▶ 4 – 2 **Konzerngeldflussrechnungen der PB-Gruppe**

Ausgangslage Von der PB-Gruppe sind für die Jahre 20_1 bis 20_4 die summarischen Geldflussrechnungen bekannt:

Geldflussrechnung	20_1	20_2	20_3	20_4	Total
Geschäftsbereich	+400	+200	−100	+200	+700
Investitionsbereich	−350	−400	−300	−150	−1 200
Finanzierungsbereich	−100	+300	+600	−200	+600
Veränderung Flüssige Mittel	−50	+100	+200	−150	+100

Aufgabe Kreuzen Sie die richtigen Aussagen an. Begründen Sie kurz, warum die nicht richtigen Aussagen falsch sind.

a [ ] Im Jahr 20_1 ist der Cashflow positiv.

b [ ] Der Bestand an flüssigen Mitteln ist Anfang 20_3 um 200 grösser als Ende 20_3.

c [ ] Im Jahr 20_4 beträgt der Free Cashflow 50.

d [ ] Der Netto-Geldabfluss im Investitionsbereich im Jahr 20_2 beträgt 200.

e [ ] Im Jahr 20_3 hat es eine Aktienkapitalerhöhung gegeben.

f [ ] Die kumulierten Geldflüsse über mehrere Jahre sind oft aussagekräftiger als die Geldflüsse einzelner Jahre.

g [ ] Der kumulierte Free Cashflow ist über die vier Jahre negativ.

h [ ] Die Abnahme der flüssigen Mittel im Jahr 20_2 geht auf den positiven Cashflow zurück.

i [ ] Mit den obigen Angaben kann die Veränderung des Nettoumlaufvermögens ermittelt werden.

j [ ] Der Cashflow ist indirekt ermittelt worden.

k [ ] Im Jahr 20_4 sind die Nettoausgaben für Investitionen durch den Cashflow gedeckt.

l [ ] Die Ausgaben für Investitionen sind in allen vier Jahren grösser als die Einnahmen aus Devestitionen.

m [ ] Über alle vier Jahre betrachtet, ist es nicht gelungen, die gesamten Netto-Investitionen mit den kumulierten Cashflows zu finanzieren.

4 – 3 Jahresrechnung der Champion Fussball AG

Ausgangslage Aus der ersten Jahresrechnung der Champion Fussball AG, die gemäss schweizerischem Aktienrecht erstellt worden ist, sind folgende Daten bekannt (Beträge in Fr. 1 000.–):

Eigenkapitalnachweis	Aktienkapital	Kapital-reserven	Gewinn-reserven	Total
Eigenkapital am 1.7.20_1	9 000	0	0	9 000
Goodwill-Verrechnung[1]		–4 725		–4 725
Kapitalerhöhung	3 500	4 725		8 225
Jahresgewinn			1 365	1 365
Eigenkapital am 30.6.20_2	12 500	0	1 365	13 865

Entwicklung des Sachvermögens	Immobilien	Maschinen und Fahrzeuge	Total
Bestand am 1.7.20_1	904	3	907
Investitionen	1 116	758	1 874
Devestitionen	0	0	0
Abschreibungen[1]	–284	–68	–352
Bestand am 30.6.20_2	1 736	693	2 429

Entwicklung des Immateriellen Anlagevermögens	Spieler	Gründungs-kosten	Organisa-tionskosten, Goodwill	Total
Bestand am 1.7.20_1	0	0	7 500	7 500
Goodwill-Verrechnung[1]	0	0	–4 725	–4 725
Investitionen	3 858	940	0	4 798
Devestitionen	0	0	0	0
Abschreibungen[2]	–1 328	–188	–555	–2 071
Bestand am 30.6.20_2	2 530	752	2 220	5 502

[1] Der Goodwill wurde am Anfang der Periode (1.7.20_1) verrechnet.
[2] Lineares Abschreibungsverfahren von den Anschaffungswerten.
   Die Investitionen wurden am Anfang der Periode (1.7.20_1) vorgenommen.

Der Netto-Geldzufluss aus dem Geschäftsbereich beträgt 6 921.

Aufgaben A Erstellen Sie mit den Ihnen zur Verfügung stehenden Angaben die Geldflussrechnung (1.7.20_1 bis 30.6.20_2).

B Berechnen Sie für die drei folgenden Positionen die Abschreibungssätze und die geschätzte Nutzungsdauer:
1. Spieler
2. Gründungskosten
3. Organisationskosten

C Berechnen Sie die Eigenkapitalrendite auf dem durchschnittlichen Eigenkapital gemäss den veröffentlichten Zahlen.

D Neue Annahmen:
Der Goodwill wird nicht mit dem Agio der Kapitalerhöhung verrechnet, sondern bleibt aktiviert. Die gesamten aktivierten Organisationskosten (inkl. Goodwill) werden mit dem in Aufgabe **B** ermittelten Abschreibungssatz der Erfolgsrechnung belastet.

Berechnen Sie mit diesen neuen Annahmen die Eigenkapitalrendite auf dem durchschnittlichen Eigenkapital.

▶ 4 – 4   Konzerngeldflussrechnung der Colmar-Gruppe

Ausgangslage Folgende Konzerngeldflussrechnung der Colmar-Gruppe aus dem Jahr 20_1 ist bekannt:

		Flüssige Mittel	
		Zunahme	Abnahme
Geschäftsbereich			
Konzernergebnis	1 500		
Abschreibungen Sachanlagen	700		
Amortisation Goodwill	50		
Veränderung Latente Steuerrückstellungen	80		
Nettoergebnis von Equity-Gesellschaften	20		
Zunahme Kundenforderungen	–250		
Zunahme Vorräte	–150		
Zunahme Lieferantenschulden	200		
Netto-Geldzufluss	+2 150	2 150	
Investitionsbereich			
Kauf Sachanlagen	–1 200		
Veränderung Langfristige Finanzanlagen	–100		
Veränderung Wertschriften	–300		
Verkauf Sachanlagen	50		
Akquisition von Gesellschaften (netto)	–550		
Netto-Geldabfluss	–2 100		2 100
Finanzierungsbereich			
Veränderung Kurzfristige Finanzverpflichtungen	150		
Veränderung Langfristige Finanzverpflichtungen	–20		
Dividenden	–260		
Netto-Geldabfluss	–130		130
Flüssige Mittel			
Veränderung Flüssige Mittel	–80	80	
		2 230	2 230

Aufgaben A Wie hoch war der Bestand der flüssigen Mittel Anfang 20_1, wenn der Endbestand 3 000 beträgt?

B Kreuzen Sie die richtigen Aussagen an. Begründen Sie kurz, warum die nicht richtigen Aussagen falsch sind.

a [ ] Die Wertschriften sind ein Bestandteil der flüssigen Mittel.

b [ ] Ein Teil der Wertschriften wurde verkauft.

c [ ] Die nach der Equity-Methode erfassten Gesellschaften haben Verluste erlitten.

d [ ] Die in Sachanlagen getätigten Investitionen konnten nicht mit dem Cashflow finanziert werden.

e [ ] Die Holding hat eine Kapitalerhöhung mit Agio durchgeführt.

f [ ] Der Free Cashflow beträgt 50.

g [ ] Die latenten Steuerrückstellungen haben abgenommen.

C Nennen Sie mögliche Gründe für die Veränderung der Kundenforderungen.

D Warum ist die Umwandlung des PS-Kapitals in Aktienkapital in der Geldflussrechnung nicht ersichtlich?

E Wie hoch war das Konzerneigenkapital Anfang 20_1, wenn es Ende Jahr 9 000 beträgt?

▶ 4 – 5 Konzerngeldflussrechnung der Mega-Gruppe

Ausgangslage Die konsolidierte Jahresrechnung der Mega-Gruppe aus dem Jahr 20_2 liegen vor:

Konzernbilanz	31.12.20_1	31.12.20_2
Flüssige Mittel	6 000	4 800
Forderungen	16 800	19 200
Vorräte	12 000	15 600
Sachanlagen	19 200	32 400
Goodwill	1 200	7 560
	55 200	79 560
Lieferantenschulden	27 000	30 360
Steuerrückstellungen	3 000	2 400
Finanzschulden (langfristig)	9 600	21 600
Aktienkapital	9 600	12 000
Reserven und Gewinnvortrag	6 000	13 200
	55 200	79 560

Konzernerfolgsrechnung	20_2
Verkäufe	96 000
Aufwand der verkauften Produkte	−72 000
Übriger Aufwand	−16 800
Jahresgewinn vor Steuern	7 200
Steuern	−2 880
Jahresgewinn nach Steuern	4 320

Ergänzende Angaben zum Geschäftsjahr 20_2
- Die Mega-Gruppe hat auf den 1.1.20_2 alle Aktien der ABC AG zum Anschaffungspreis von 14 400 bar übernommen.

Bilanz der ABC AG (zu Marktwerten)	1.1.20_2
Flüssige Mittel	1 440
Forderungen	5 280
Vorräte	960
Sachanlagen	3 600
	11 280
Kreditoren	2 400
Finanzschulden (langfristig)	1 680
Aktienkapital	3 600
Reserven	3 600
	11 280

- Während des Jahres hat die Mega-Gruppe Sachanlagen für 16 200 beschafft; davon 13 440 bar bezahlt. Für den Differenzbetrag hat sie Finanzleasing-Verträge abgeschlossen. Die Mega-Gruppe hat zudem Sachanlagen zum Buchwert von 960 bar verkauft.
- Die ausbezahlte Dividende beträgt 1 920.
- Mitte Jahr ist das Aktienkapital mit einem Agio von 200% erhöht worden.

Aufgabe Erstellen Sie die konsolidierte Geldflussrechnung für 20_2, und weisen Sie darin den Cashflow (Netto-Geldfluss aus Geschäftsbereich) nach der indirekten Methode aus.

4 – 6 Erwerb einer Tochtergesellschaft und Geldflussrechnung der Fox-Gruppe

Vorbemerkungen Bei verschiedenen Positionen fehlen die Beträge. Dies ist mit Absicht geschehen. Die sonst genannten Beträge sind alle richtig.

Ausgangslage Die konsolidierte Jahresrechnung 20_1 der Fox-Gruppe liegt vor.

Konzernbilanz	31.12.20_0	31.12.20_1
Flüssige Mittel	12 000	9 600
Forderungen	33 600	38 400
Vorräte	24 000	31 200
Sachanlagen	38 400	64 800
Goodwill	2 400	15 120
	110 400	159 120
Kreditoren	54 000	60 720
Latente Steuerrückstellungen	6 000	4 800
Finanzschulden (langfristig)	19 200	43 200
Aktienkapital	19 200	24 000
Reserven und Gewinnvortrag	12 000	26 400
	110 400	159 120

Konzernerfolgsrechnung	20_1
Verkäufe	192 000
Aufwand der verkauften Produkte	–144 000
Übriger Aufwand	–33 600
Gewinn vor Steuern	14 400
Steuern	–5 760
Konzerngewinn	8 640

Ergänzende Angaben zum Geschäftsjahr 20_1
- Die Fox-Gruppe hat auf den 1.1.20_1 alle Aktien der Chic AG bar gekauft.

Bilanz der Chic AG (zu Marktwerten)	1.1.20_1
Flüssige Mittel	2 880
Forderungen	....
Vorräte	....
Sachanlagen	....
	22 560
Kreditoren	4 800
Finanzschulden (langfristig)	3 360
Aktienkapital	7 200
Reserven	7 200
	22 560

Aufgabe 4–6

- Während des Jahres hat die Fox-Gruppe Sachanlagen für 33 600 beschafft und davon 26 880 bar bezahlt. Für den Differenzbetrag hat sie Finanzleasing-Verträge abgeschlossen. Das Finanzleasing wurde bilanzwirksam erfasst. Die Fox-Gruppe hat zudem Sachanlagen zum Buchwert von 1 920 bar verkauft.
- Mitte Jahr wurde die Dividende bar ausbezahlt.
- Während des Jahres wurde das Aktienkapital bar erhöht.
- Die Konzerngeldflussrechnung 20_1 ist teilweise bekannt:

		Flüssige Mittel	
		Zunahme	Abnahme
Geschäftsbereich			
Konzerngewinn	8 640		
Abschreibung Sachanlagen	12 480		
Abschreibung Goodwill	1 680		
Veränderung Latente Steuerrückstellung	−1 200		
Forderungen	5 760		
Vorräte	−5 280		
Kreditoren	1 920		
Netto-Geldzufluss	24 000	24 000	
Investitionsbereich			
Verkauf Sachanlagen	1 920		
Kauf Sachanlagen	−26 880		
Akquisition Chic AG (netto)	−25 920		
Netto-Geldabfluss	−50 880		50 880
Finanzierungsbereich			
Aktienkapitalerhöhung mit Agio	14 400		
Dividendenausschüttung	………		
Erhöhung Finanzschulden	………		
Netto-Geldzufluss	………	………	………
Flüssige Mittel			
Anfangsbestand	………		
Endbestand	………		
	………	………	………
		………	………

Aufgaben A Berechnen Sie die folgenden Grössen:
1. Kaufpreis, den die Fox-Gruppe für den Erwerb aller Chic-Aktien bezahlt hat
2. Bestand der Forderungen in der Bilanz der Chic AG am 1.1.20_1 (bei der Übernahme)
3. Laufende Steuern der Fox-Gruppe
4. Buchwert der Sachanlagen in der Bilanz der Chic AG am 1.1.20_1 (bei der Übernahme)
5. Dividendenausschüttung der Fox-Gruppe

B Vervollständigen Sie die Bilanz der Chic AG.

C Vervollständigen Sie die Konzerngeldflussrechnung der Fox-Gruppe.

5 Fremdwährungsumrechnung

▶ **5 – 1 Stichtagsmethode und Umrechnungsdifferenzen**

Ausgangslage Die MAG mit Domizil in der Schweiz hat Anfang 20_1 alle Aktien der TAG, einer in Frankreich ansässigen Gesellschaft, erworben.

Entwicklung des Euro-Kurses:

	1.1.20_1	Durchschnitt 20_1	31.12.20_1
Euro-Kurs (CHF/EUR)	1.64	1.61	1.60

Aufgabe Erstellen Sie die Schlussbilanz vom 31.12.20_1 und die Erfolgsrechnung 20_1 der TAG in Schweizer Franken. Wenden Sie die Stichtagsmethode an.

Schlussbilanz vom 31.12.20_1	EUR	Kurs	CHF
Flüssige Mittel	27 300		
Forderungen	28 800		
Vorräte	37 200		
Sachanlagen	18 000		
Finanzanlagen	2 700		
	114 000		
Lieferantenverbindlichkeiten	21 300		
Obligationenanleihen	30 000		
Aktienkapital	30 000		
Kapitalreserven	17 100		
Umrechnungsdifferenzen	–		
Jahresgewinn	15 600		
	114 000		

Erfolgsrechnung 20_1	EUR	Kurs	CHF
Warenertrag	282 000		
Warenaufwand	–177 000		
Personalaufwand	–78 000		
Zinsaufwand	–2 400		
Abschreibungen	–3 900		
Übriger Aufwand	–5 100		
Jahresgewinn	15 600		

▶ **5 – 2 Währungsumrechnung im Einzelabschluss für die Konsolidierung**

Ausgangslage Anfang 20_1 erwarb die MAG alle Aktien der TAG für USD 6 400. Das Eigenkapital der TAG betrug im Erwerbszeitpunkt USD 6 000. Die TAG schüttete im Jahr 20_2 eine Dividende von USD 800 aus. Die Konzernwährung ist der CHF.

Entwicklung des USD-Kurses:

	1.1.20_1	Durchschnitt 20_1	31.12.20_1	Durchschnitt 20_2	31.12.20_2
USD-Kurs (CHF/USD)	1.20	1.00	1.15	1.10	1.05

Aufgaben A Erstellen Sie die Schlussbilanz der TAG in CHF vom 31.12.20_1. Wenden Sie die Stichtagsmethode an.

Schlussbilanz vom 31.12.20_1	USD	Kurs	CHF
Flüssige Mittel	1 200		
Forderungen	4 800		
Vorräte	2 000		
Sachanlagen	4 000		
	12 000		
Lieferantenverbindlichkeiten	2 800		
Obligationenanleihe	2 000		
Aktienkapital	4 000		
Kapitalreserven	2 000		
Umrechnungsdifferenzen	–		
Jahresgewinn	1 200		
	12 000		

B Erstellen Sie die Schlussbilanz vom 31.12.20_2 und die Erfolgsrechnung 20_2 der TAG in Schweizer Franken. Wenden Sie die Stichtagsmethode an.

Schlussbilanz vom 31.12.20_2	USD	Kurs	CHF
Flüssige Mittel	1 600		
Forderungen	4 400		
Vorräte	2 400		
Sachanlagen	3 600		
	12 000		
Lieferantenverbindlichkeiten	2 400		
Obligationenanleihen	2 000		
Aktienkapital	4 000		
Kapitalreserven	2 000		
Gewinnreserven	400		
Umrechnungsdifferenzen	–		
Jahresgewinn	1 200		
	12 000		

Erfolgsrechnung 20_2	USD	Kurs	CHF
Warenertrag	20 000		
Warenaufwand	–12 000		
Personalaufwand	–4 000		
Zinsaufwand	–150		
Abschreibungen	–400		
Übriger Aufwand	–2 250		
Jahresgewinn	1 200		

6 Ertragssteuern (Gewinnsteuern)

▶ **6 – 1 Ertragssteuern**

Ausgangslage Anfang 20_1 erwirbt die Metallica AG, eine Tochtergesellschaft der K-Holding, eine Software zum Anschaffungspreis von 12 Mio. Fr. Die Nutzungsdauer beträgt 4 Jahre. Im Steuerabschluss der Metallica AG wird die ganze Anschaffung als Aufwand verbucht. Für die Konzernrechnung wird die Anschaffung aktiviert und linear über die Nutzungsdauer abgeschrieben.

Der Steuersatz beträgt 50%. Für die Jahre 20_1 bis 20_4 kann mit einem Gewinn vor Steuern und Software-Aufwand von je 20 Mio. Fr. gerechnet werden.

Aufgaben A Vervollständigen Sie die Tabelle für den Steuerabschluss (in Mio. Fr.).

Laufende Ertragssteuern in der ER	20_1	20_2	20_3	20_4	Total
Gewinn vor Steuern und Software-Aufwand	20	20	20	20	80
Software-Aufwand					
Gewinn vor Steuern					
Laufende Ertragssteuern					
Gewinn nach Steuern					

B Vervollständigen Sie die beiden Tabellen für den Konzernabschluss (in Mio. Fr.).

Ermittlung der latenten Steuern	20_1	20_2	20_3	20_4
Bilanzwert des Aktivums (31.12.) ■ in der Konzernbilanz				
■ in der Steuerbilanz				
Zeitlich befristete Bewertungsdifferenz				
Rückstellung für latente Ertragssteuer				
Veränderung Rückstellung				

Ertragssteuern in der Konzernerfolgsrechnung	20_1	20_2	20_3	20_4	Total
Gewinn vor Steuern und Software-Aufwand	20	20	20	20	80
Software-Aufwand (Abschreibungen)					
Gewinn vor Steuern					
Laufende Ertragssteuern					
Latente Ertragssteuern					
Gewinn nach Steuern					

▶ **6 – 2 Steuerabgrenzung mit variablen Steuersätzen und Konsolidierungsbuchungen**

Ausgangslage Bei der DEF AG fallen jährlich zusätzlich zeitlich begrenzte Differenzen (Aktiven im Konzernabschluss > Aktiven im Einzelabschluss) von 1 000 an, die sich über 5 Jahre (linear) wieder auflösen. Die jährlichen massgebenden Steuersätze finden Sie in der Tabelle.

Aufgaben A Berechnen Sie für die ersten vier Jahre die Veränderung und den Bestand der jährlichen zeitlich begrenzten Differenzen sowie der latenten Steuerverbindlichkeiten:

1. *Veränderung und Bestand der jährlichen zeitlich begrenzten Differenzen*

	20_1	20_2	20_3	20_4
Steuersatz	40%	45%	50%	50%
20_1				
20_2				
20_3				
20_4				
Veränderung				
Bestand				

2. *Bestand und Veränderung der latenten Steuerverbindlichkeiten*

	20_1	20_2	20_3	20_4
Bestand				
Jährliche Veränderung				

B Nennen Sie die Konsolidierungsbuchungen für die vier Jahre.

▶ **6 – 3 Steuerabgrenzung mit variablen Steuersätzen und latente Steueraktiven**

Ausgangslage Die MAG hat eine Maschine, die sie während des abgeschlossenen Geschäftsjahres für 500 erworben hat, vollständig abschreiben müssen. Steuerlich wird aber nur eine Abschreibung von jährlich 250 zugelassen. Der Jahresgewinn vor dieser Abschreibung und der damit verbundenen Steuerfolge beträgt jeweils 2 000. Der massgebende Steuersatz ist im ersten Jahr 50%. Der massgebende Steuersatz für das kommende zweite Jahr ist im ersten Jahr bereits bekannt und beträgt 40%.

Aufgaben A Ermitteln Sie für das Jahr 20_1 und 20_2 die laufenden Ertragssteuern und das Ergebnis nach Steuern gemäss Steuererfolgsrechnung.

B Ermitteln Sie für das Jahr 20_1 und 20_2 die laufenden und latenten Steuern und das Ergebnis nach Steuern für die Konzernerfolgsrechnung.

▶ **6 – 4 Ermittlung und Verbuchung von latenten Steuern**

Ausgangslage Für den handelsrechtlichen Abschluss der Tochtergesellschaft Tuttosport AG werden die steuerrechtlichen Möglichkeiten ausgeschöpft, indem das Anlagevermögen – unabhängig von der Nutzungsdauer – so rasch als möglich abgeschrieben wird.

Anfang 20_1 wurden Informatikanlagen im Wert von 3 600 gekauft. Die Steuerbehörde erlaubt, diese Investition in 3 Jahren abzuschreiben. Im Konzern hingegen wird die Abschreibung auf die geschätzte Nutzungsdauer von 5 Jahren verteilt.

Der Steuersatz für die Jahre 20_1 und 20_2 beträgt 30 %. Im Jahr 20_2 wird für das Jahr 20_3 und die Zukunft eine Steuersenkung auf 25 % rechtskräftig.

Der Jahresgewinn der Tochtergesellschaft Tuttosport AG vor Abschreibungen und Steuern beträgt in allen fünf Jahren 3 000.

Aufgaben A Ermitteln Sie für die Jahre 20_1 bis 20_5 für den handelsrechtlichen Abschluss (Handelsbilanz 1) die folgenden Posten: Abschreibung, Steueraufwand (= Ertragssteuer), Gewinn nach Steuern.

Handelsbilanz 1	20_1	20_2	20_3	20_4	20_5	Total
Gewinn vor Abschreibung und Steuern	3 000	3 000	3 000	3 000	3 000	15 000
Abschreibung						
Gewinn vor Steuern						
Steueraufwand (Ertragssteuern)						
Gewinn nach Steuern						

B Ermitteln Sie für die Jahre 20_1 bis 20_5 für den für die Konzernrechnung aufbereiteten Abschluss (Handelsbilanz 2) die folgenden Posten: Abschreibung, Laufende Steuern, Latente Steuern in der Erfolgsrechnung, Gewinn nach Steuern, Latente Steuernpassiven.

Handelsbilanz 2	20_1	20_2	20_3	20_4	20_5	Total
Gewinn vor Abschreibung und Steuern	3 000	3 000	3 000	3 000	3 000	15 000
Abschreibung						
Gewinn vor Steuern						
Laufende Steuern						
Latente Steuern						
Gewinn nach Steuern						
Latente Steuerpassiven						

C Nennen Sie die Konsolidierungsbuchungen für die Jahre 20_1 bis 20_5.

▶ **6 – 5** **Latente Steuern bei der Aufwertung von abnutzbarem Anlagevermögen**

Ausgangslage Anfang 20_1 erwirbt die MAG sämtliche Aktien der TAG. Bei der TAG werden die Maschinen zu einem Buchwert von 160 in der Handelsbilanz 1 ausgewiesen. Die Nutzungsdauer beträgt 4 Jahre. Für die Handelsbilanz 2 wird die Anlage auf 240 aufgewertet. Die Abschreibung erfolgt linear über 4 Jahre. Der Steuersatz beträgt 40%.

Aufgaben A Berechnen Sie die jährliche Gewinnreduktion in der Handelsbilanz 2 gegenüber der Handelsbilanz 1 und die daraus abzugrenzenden latenten Steuern.

B Nennen Sie die Buchungen für die
1 Aufwertung der Maschine und die Bildung der latenten Steuerpassiven.
2 Jährliche Abschreibung und Anpassung der latenten Steuernpassiven.

▶ 6 – 6 Schuldenkonsolidierung und latente Steuern

Ausgangslage Die Tochtergesellschaft TAG hat im Jahr 20_1 von der Muttergesellschaft MAG ein Darlehen von 500 erhalten. Die MAG schreibt im Jahr 20_1 von dieser Forderung 50 ab. Im Jahr 20_4 wertet die MAG ihre Forderung wieder auf 500 auf. Der Steuersatz beträgt 30%.

Aufgabe Nennen Sie die Konsolidierungsbuchungen für die Jahre 20_1 bis 20_4.

▶ 6 – 7 Gewinnausschüttung und latente Steuern

Ausgangslage Die Tochtergesellschaft TAG erzielt im Jahr 20_1 einen Gewinn vor Steuern von 200. Im Jahr 20_2 wird die TAG den Gewinn nach Steuern der Muttergesellschaft MAG ausschütten. Die MAG führt den Gewinn ihren Reserven zu. Der Gewinnsteuersatz bei der Tochtergesellschaft beträgt 30%, bei der Muttergesellschaft 40%. Die MAG hat kein Holdingprivileg.

Aufgabe Ermitteln Sie die laufenden und latenten Steuern
- im Jahr 20_1 für die TAG und den Konzern.
- im Jahr 20_2 für die MAG und den Konzern.

	20_1		20_2	
	TAG	Konzern	MAG	Konzern
Gewinn vor Steuern				
Laufende Ertragssteuern				
Latente Ertragssteuern				
Gewinn nach Steuern				

6 – 8 Latente Steuern

Ausgangslage

Die Tochtergesellschaft TAG schöpft die steuerrechtlichen Möglichkeiten aus und schreibt das Anlagevermögen – unabhängig von der wirtschaftlichen Nutzungsdauer – so rasch wie möglich ab.

Anfang 20_1 wurde eine Produktionsanlage im Wert von 21 600 gekauft. Die Steuerbehörde erlaubt, diese Investition in 3 Jahren abzuschreiben. Im Konzern hingegen wird die Abschreibung auf die geschätzte Nutzungsdauer von 5 Jahren verteilt.

Der Steuersatz (vom Vorsteuergewinn) für die Jahre 20_1 und 20_2 beträgt 30 %. Ende 20_2 wird bekannt, dass für das Jahr 20_3 und in Zukunft mit einem Steuersatz von 25 % gerechnet werden kann.

Der Jahresgewinn der Tochtergesellschaft TAG vor Abschreibungen und Steuern beträgt in allen fünf Jahren 10 000.

Aufgaben A Vervollständigen Sie die Aufstellung für die Handelsbilanz 1 für das Jahr 20_3.

Handelsbilanz 1	20_3
Gewinn vor Abschreibung und Steuern	
Abschreibung	
Gewinn vor Steuern	
Ertragssteuern	
Gewinn nach Steuern	

B Vervollständigen Sie die Aufstellung für die Handelsbilanz 2 für das Jahr 20_3.

Handelsbilanz 2	20_3
Gewinn vor Abschreibung und Steuern	
Abschreibung	
Gewinn vor Steuern	
Laufende Steuern	
Latente Steuern	
Gewinn nach Steuern	
Latente Steuerverbindlichkeiten	

C Nennen Sie die beiden Buchungen im Jahr 20_3 für den Betrag, den Sie in der Aufstellung **B** in der letzten Zeile «Latente Steuerverbindlichkeiten» eingetragen haben. (Abschlussbuchungen sind keine verlangt.)

▶ 6 – 9 Zwischengewinneliminierung und Latente Steuern

Ausgangslage Anfang 20_1 hat die Muttergesellschaft MAG der Tochtergesellschaft TAG eine Maschine geliefert (Verkaufspreis 20 000, Herstellkosten 16 000). Die geplante Nutzungsdauer beträgt 10 Jahre (lineares Abschreibungsverfahren, direkte Buchungsmethode).

Aufgaben A Berechnen Sie für den Konzernabschluss per 31.12.20_1:
1. Betrag, der im Zusammenhang mit der konzernintern gelieferten Maschine im Konto «Ertrag aus aktivierter Eigenleistung» im Konzernabschluss ausgewiesen wird.
2. Abschreibung, die im Konzernabschluss im Zusammenhang mit der gelieferten Maschine ausgewiesen wird.

B Nennen Sie die Konsolidierungsbuchungen per 31.12.20_3 für
1 die Korrektur der Jahresabschreibung und
2 die Eliminierung des konzerninternen Gewinnes (der konzerninternen Wertdifferenz) aus den Vorjahren.

C Beantworten und berechnen Sie für die Konzernabschluss per 31.12.20_4 Folgendes:
1. Werden in der Konzernbilanz latente Steuerforderungen oder latente Steuerverbindlichkeiten ausgewiesen?
2. Wie hoch ist der Betrag, wenn der Ertragssteuersatz 10 % beträgt?

▶ 6 – 10 Verlustvortrag, Wertdifferenzen und Steuern

Ausgangslage Die MAG weist Anfang 20_1 einen Verlustvortrag von 3 000 aus. Auf diesem Betrag sind aus verschiedenen Gründen keine latenten Steuern erfasst worden. Anfang 20_1 bestehen keine zeitlich befristeten Differenzen zwischen den Werten in der Konzernbilanz und jenen in der Steuerbilanz.

Der Konzerngewinn für das Jahr 20_1 beträgt 2 000. In den folgenden Jahren (ab 20_2) kann mit Gewinnen gerechnet werden, welche die Höhe des Verlustvortrages übersteigen. Der massgebliche Steuersatz beträgt 30 %.

Ende 20_1 hat es bei den Vorräten und Sachanlagen folgende zeitlich befristeten Differenzen:

	Vorräte	Sachanlagen	Summe
Konzernbilanz	1 800	1 600	3 400
Steuerbilanz	1 000	1 800	2 800
Zeitlich befristete Differenzen	+800	–200	+600

Berechnung der geschuldeten Steuern auf dem Jahresgewinn 20_1

Verlustvortrag 1.1.20_1	–3 000
Konzerngewinn 20_1	+2 000
Zunahme zeitlich befristeter Differenzen	–600
Steuerrechtlicher Gewinn	+1 400
Verlustvortrag 31.12.20_1	–1 600
Steuerbarer Gewinn	0

Berechnung der latenten Steueraktiven und latenten Steuerpassiven am 31.12.20_1
Die zeitlich befristeten Differenzen bei den Vorräten und bei den Sachanlagen sowie der Verlustvortrag von 1 600 führen zu latenten Steuern.

Aufgaben A Tragen Sie in die zutreffende Spalte die Beträge der latenten Steueraktiven und Steuerpassiven ein, die im Zusammenhang mit den Vorräten, Sachanlagen und dem Verlustvortrag in der Konzernbilanz vom 31.12.20_1 ausgewiesen werden.

	Latente Steueraktiven	**Latente Steuerpassiven**
Vorräte		
Sachanlagen		
Verlustvortrag		
Total		

B Nennen Sie die beiden Buchungen für die Beträge, die Sie
1 bei den Vorräten und
2 beim Verlustvortrag
in der Teilaufgabe **A** ermittelt haben.

C Ende 20_2 betragen die zeitlich befristeten Differenzen bei den Sachanlagen 250. Die Werte in der Konzernbilanz sind (wie Ende 20_1) kleiner als jene in der Steuerbilanz.

Nennen Sie per Ende 20_2 die beiden Buchungen mit Betrag für folgende Tatbestände:
1 Bestand der latenten Steuern aus dem Vorjahr im Zusammenhang mit den Sachanlagen
2 Veränderung der latenten Steuern für das Jahr 20_2

▶ 6 – 11 Gewinnsteuern im Konzern

Ausgangslage Die folgenden Finanzinformationen stammen aus dem Konzernabschluss der Schiller-Gruppe:

	31.12.20_1	31.12.20_2
Latente Steuerforderungen	200	181
Latente Steuerverbindlichkeiten	164	214
Gewinnsteuern	–	200

Der durchschnittliche Gewinnsteuersatz beträgt 20%. Die latenten Steuerforderungen sind im Zusammenhang mit steuerlich verwendbaren Verlustvorträgen entstanden. Die latenten Steuerverbindlichkeiten sind aufgrund zeitlich begrenzter Wertdifferenzen bei den Sachanlagen entstanden.

Aufgaben A Berechnen Sie
1. die laufenden (anfallenden) Steuern für 20_2.
2. den Betrag, um den sich die steuerlich verwendbaren Verlustvorträge gegenüber Ende 20_1 verändert haben.
3. die Höhe der zeitlich begrenzten Wertdifferenzen bei den Sachanlagen vom 31.12.20_1 und 31.12.20_2.

B Nennen Sie die Buchungen für
1 die Veränderung der latenten Steuerforderungen und der latenten Steuerverbindlichkeiten und
2 die aus dem Vorjahr bereits vorhandenen latenten Steuerforderungen und latenten Steuerverbindlichkeiten.

7 Ergänzende Angaben zum Konzernabschluss

▶ **7 – 1 Eigenkapitalnachweis der Multi-Gruppe**

Ausgangslage Das Konzerneigenkapital der Multi-Gruppe setzt sich am 1.1.20_1 wie folgt zusammen:

Aktienkapital	5 000
Kapitalreserven	1 500
Gewinnreserven	4 000
Umrechnungsdifferenzen	−400
Minderheiten	500
	10 600

Für das Jahr 20_1 weist sie im konsolidierten Jahresabschluss folgende Grössen aus:

	Konzerneigenkapital	Davon Minderheiten
Anfangsbestand 1.1.20_1	10 600	500
Konzerngewinn	1 000	50
Dividende	−800	−10
Kapitalerhöhung	500	
Agio aus Kapitalerhöhung	500	
Umrechnungsdifferenzen	−300	−20
Endbestand 31.12.20_2	11 500	520

Aufgabe Vervollständigen Sie den Konzerneigenkapitalnachweis für das Jahr 20_1.

	Aktien-kapital	Kapital-reserven	Gewinn-reserven	Umrech-nungs-differenzen	Total Holding-aktionäre	Minder-heiten	Eigen-kapital
Bestand 1.1.20_1							
Konzerngewinn							
Dividende							
Kapitalerhöhung							
Umrechnungsdifferenzen							
Bestand 31.12.20_1							

▶ **7 – 2 Eigenkapitalnachweis der Media-Gruppe**

Ausgangslage Die Media Holding weist im Einzelabschluss folgende Informationen zum Eigenkapital und zur Gewinnverteilung aus:

Eigenkapital (in Fr. 1 000.–)	31.12.20_1	31.12.20_2
Aktienkapital	100 000	120 000
Kapitalreserven	80 000	90 000
Gewinnreserven	20 000	20 500
Gewinnvortrag	1 000	800
Jahresgewinn	6 000	7 000
	207 000	238 300

Gewinnverteilung (in Fr. 1 000.–)	31.12.20_1	31.12.20_2
Jahresgewinn	6 000	7 000
Gewinnvortrag	1 000	800
Bilanzgewinn	7 000	7 800
Dividende	–5 900	–7 000
Gewinnreserven	–300	–500
Gewinnvortrag neu	800	300

Aufgabe 7 – 2

Angaben zur Entwicklung des Konzerneigenkapitals im Jahr 20_2

- Am 1.1.20_2 betrug das gesamte Konzerneigenkapital 340 Mio. Fr. Die Zusammensetzung ist auf der ersten Zeile im dargestellten Konzerneigenkapitalnachweis ersichtlich.
- Die Media Holding hat das Aktienkapital um nominal 20 Mio. Fr. mit einem Agio von 10 Mio. Fr. erhöht.
- Der Konzerngewinn beträgt 20 Mio. Fr., davon ist der Minderheitenanteil 2 Mio. Fr.
- Die Dividendenausschüttung beträgt insgesamt 10 Mio. Fr., davon erhalten die Minderheitsaktionäre 3 Mio. Fr.
- Die nach der Stichtagsmethode umgerechneten ausländischen Jahresrechnungen ergeben insgesamt eine negative Umrechnungsdifferenz (= Belastung) von 3 Mio. Fr., davon betreffen 1 Mio. Fr. die Minderheiten.
- Die Media Holding hat die restlichen Minderheitsanteile einer Tochtergesellschaft für 10 Mio. Fr. erworben. Der beim Kauf bezahlte Goodwill von 3 Mio. Fr. wurde mit den Gewinnreserven verrechnet.

Aufgabe Vervollständigen Sie den Konzerneigenkapitalnachweis der Media-Gruppe für das Jahr 20_2. Die Media-Gruppe wendet die Swiss GAAP FER an.

(in Fr. 1 000.–)	Aktien-kapital	Kapital-reserven	Gewinn-reserven	Umrech-nungs-differenzen	Total Holding-aktionäre	Minder-heiten	Eigen-kapital
Bestand 1.1.20_2	100 000	80 000	130 000	–10 000	300 000	40 000	340 000
Kapitalerhöhung	20 000	10 000			30 000		30 000
Konzerngewinn			18 000		18 000	2 000	20 000
Dividende			–7 000		–7 000	–3 000	–10 000
Umrechnungsdifferenzen				–2 000	–2 000	–1 000	–3 000
Kauf Minderheitsanteile						–7 000	–7 000
Goodwill-Verrechnung			–3 000		–3 000		–3 000
Bestand 31.12.20_2	120 000	90 000	138 000	–12 000	336 000	31 000	367 000

▶ 7 – 3 Anlagespiegel Sachanlagen und immaterielle Anlagen

Ausgangslage Aus dem Konzernabschluss 20_2 der Hohlstein-Gruppe AG sind folgende Informationen bekannt:

	31.12.20_1	31.12.20_2
Sachanlagen	1 365	1 554
Immaterielle Anlagen	1 788	2 157

	20_2
Abschreibungen	594

Anlagespiegel Sachanlagen

	Unbebaute Grundstücke	Grundstücke und Bauten	Anlagen und Einrichtungen	Übrige Sachanlagen	Total
Anschaffungswerte bzw. Herstellungskosten					
Stand 31.12.20_1	159	1 245	1 791	1 440	4 635
Zugänge	9	120	201	129	459
Abgänge	0	–3	–12	–9	–24
Umbuchungen	0	3	0	–3	0
Stand 31.12.20_2	168	1 365	1 980	1 557	5 070
Kumulierte Abschreibungen					
Stand 31.12.20_1	–39	–747	–1 380	–1 104	–3 270
Planmässige Abschreibung		–36	–72	–120	–228
Wertbeeinträchtigungen			–36		–36
Abgänge		3	9	6	18
Stand 31.12.20_2	–39	–780	–1 479	–1 218	–3 516
Nettobuchwerte					
Stand 31.12.20_1	120	498	411	336	1 365
Stand 31.12.20_2	129	585	501	339	1 554

Anlagespiegel Immaterielle Anlagen

	Patente	Marken	Übrige immaterielle Anlagen	Total
Anschaffungswerte bzw. Herstellungskosten				
Stand 31.12.20_1	1 638	0	1 146	2 784
Zugänge	294	81	324	699
Abgänge	0	0	0	0
Stand 31.12.20_2	1 932	81	1 470	3 483
Kumulierte Abschreibungen				
Stand 31.12.20_1	−492	0	−504	−996
Planmässige Abschreibung	−234		−96	−330
Abgänge				
Stand 31.12.20_2	−726	0	−600	−1 326
Nettobuchwerte				
Stand 31.12.20_1	1 146	0	642	1 788
Stand 31.12.20_2	1 206	81	870	2 157

Aufgaben A Beantworten Sie die folgenden Fragen:
1. Wie gross sind in den vier Kategorien der Sachanlagen die Anschaffungswerte, die Wertberichtigungen und die Buchwerte per Ende 20_2?
2. Wie hoch waren die Abschreibungen bei den unbebauten Grundstücken?
3. Wurden Marken gekauft?
4. Worauf könnte der Zugang von 201 bei den Anlagen und Einrichtungen zurückzuführen sein?
5. Wie wurde der Buchwert bei den Sachanlagen am 31.12.20_2 berechnet?
6. Wie setzt sich der gesamte Abschreibungsbetrag von 594 zusammen?
7. Wie erklären Sie sich die Abgänge von 24 und 18 bei den Sachanlagen?
8. Worin liegt der Hauptunterschied zwischen der planmässigen Abschreibung von 72 und der Wertbeeinträchtigung von 36 bei den Anlagen und Einrichtungen?

B Berechnen und beurteilen Sie für die Kategorie Anlagen und Einrichtungen auf Ende 20_2:
1. Anlageabnutzungsgrad
  (Kumulierte Abschreibungen : Anschaffungswert × 100%)
2. Abschreibungsquote (Jahresabschreibung : Anschaffungswert × 100%)

▶ **7 – 4** **Eigenkapitalnachweis**

Ausgangslage *Eigenkapitalnachweis der Lanza-Gruppe aus dem Jahr 20_1*

	Aktien-kapital	Kapital-reserven	Eigene Aktien	Gewinn-reserven	Total Holding-aktionäre	Minder-heiten	Total Konzern
Anfangsbestand	7 200	1 600	–120	3 200	11 880	800	12 680
Kapitalerhöhung	400	120			520	20	540
Kauf/Verkauf		40	–200		–160		–160
Dividenden				–160	–160	–12	–172
Konzerngewinn				240	240	32	272
Endbestand	7 600	1 760	–320	3 280	12 320	840	13 160

Aufgabe Kreuzen Sie die richtigen Aussagen an.

1 [ ] Die Aktionäre der Muttergesellschaft haben eine Dividende von 160 erhalten.

2 [ ] Die Tochtergesellschaften haben den Minderheitsaktionären eine Dividende von 12 ausbezahlt.

3 [ ] Im abgelaufenen Jahr sind eigene Aktien von 200 verkauft worden.

4 [ ] Das Agio bei der Aktienkapitalerhöhung der Muttergesellschaft betrug 120.

5 [ ] Beim Kauf und Verkauf von eigenen Aktien ist netto ein Gewinn von 40 entstanden.

6 [ ] Die Gewinnreserven können sowohl gesetzliche wie freie Reserven aus dem Einzelabschluss beinhalten.

7 [ ] An der nächsten Generalversammlung der Muttergesellschaft werden die Aktionäre über die Verteilung des Konzerngewinnes abstimmen.

8 [ ] Der Wert –320 in der Spalte «Eigene Aktien» entspricht dem Anschaffungswert dieser Aktien.

9 [ ] Der Anfangsbestand von 800 entspricht dem Anteil der Minderheiten am Eigenkapital von Tochtergesellschaften.

10 [ ] Die Eigenkapitalrendite nach der Einheitstheorie auf dem Anfangsbestand des Eigenkapitals beträgt 2,15%.

7–5 Analyse des Eigenkapitalnachweises der ABC-Gruppe

Ausgangslage Das Konzerneigenkapital der ABC-Gruppe zeigt im Jahr 20_1 folgende Bestände und Veränderungen:

(in Fr. 1 000.–)	Aktien-kapital	Kapital-reserven	Gewinn-reserven	Umrech-nungs-differenzen	Eigene Aktien	Total Eigen-kapital
Bestand am 1.1.20_1	20 000	3 800	9 275	–1 400	–1 500	30 175
Konzerngewinn			2 400			2 400
Dividenden			–1 600			–1 600
Goodwill			–500			–500
Umrechnungsdifferenzen				–400		–400
Kapitalerhöhung am 30.6.	5 000	2 000				7 000
Bestand am 31.12.20_1	25 000	5 800	9 575	–1 800	–1 500	37 075

Ergänzende Angaben
- Der Nennwert einer Aktie beträgt Fr. 100.–.
- Die eigenen Aktien sind zum Nominalwert ausgewiesen.
- Anfang 20_1 erwarb die ABC-Gruppe alle Aktien der DEF AG für Fr. 1 500 000.–. Der bezahlte Goodwill wurde mit den Gewinnreserven verrechnet.
- Der Aktienkurs am 31.12.20_1 beträgt Fr. 300.–.

Aufgaben A Berechnen Sie:
1. Gewinn je Aktie
2. Eigenkapitalrendite
3. Goodwill, der in der Börsenkapitalisierung der ABC-Gruppe vom 31.12.20_1 eingerechnet ist.
4. Price-Book Ratio (Kurs-Buchwert-Verhältnis) vom 31.12.20_1

B Wie hoch war der Substanzwert (effektives Eigenkapital) der DEF AG im Erwerbszeitpunkt?

C 1. Wie hoch wäre der Konzerngewinn, wenn der Goodwill aktiviert und über 5 Jahre linear amortisiert würde?
2. Wie gross wäre das Eigenkapital am 31.12.20_1?

8 Analyse des Konzernabschlusses und Aktienbewertung

▶ 8 – 1 Aktienbewertung

Ausgangslage Das konsolidierte Eigenkapital der Sakko-Gruppe zeigt im Jahr 20_1 Folgendes (in Mio. Fr.):

Konsolidiertes Eigenkapital Anfang 20_1		1 500
Konzerngewinn	250	
Dividende an		
▪ Holdingaktionäre	–90	
▪ Minderheitsaktionäre	–10	+150
Erworbener Goodwill		–500
Kapitalerhöhung inkl. Agio der Sakko Holding AG		+100
Konsolidiertes Eigenkapital Ende 20_1		1 250

Ergänzende Angaben
- Der Minderheitenanteil am Konzerngewinn ist 20.
- Der Kaufpreis der erworbenen Gesellschaften beträgt 1 300.
- Am 30.6. wurden 100 000 Inhaberaktien zu Fr. 500.– nominal emittiert.
- Das Aktienkapital ist eingeteilt in
  - 1 000 000 Inhaberaktien zu Fr. 500.– nominal; Aktienkurs Fr. 1 450.–
  - 900 000 Namenaktien zu Fr. 100.– nominal; Aktienkurs Fr. 280.–
- Alle Aktien sind voll liberiert.

Aufgaben A Berechnen Sie folgende Grössen:
1. Ausschüttungsquote (Pay-out Ratio) für die Holdingaktionäre
2. Eigenkapitalrendite (inkl. Minderheitsaktionäre)
3. Erworbenes Eigenkapital der neu akquirierten Gesellschaften im Erwerbszeitpunkt
4. Durchschnittliche Anzahl ausstehende Inhaber- und Namenaktien im Jahr 20_1
5. Gewinn je Inhaberaktie der Holdingaktionäre
6. Agio je Aktie der 20_1 emittierten Aktien

B Wie hoch wäre der Konzerngewinn, wenn der Goodwill aktiviert und über 5 Jahre linear abgeschrieben würde?

C Welchen Einfluss hätte die Aktivierung und Abschreibung des Goodwills über 5 Jahre auf den Cashflow?

D Wie viel beträgt die Price-Book Ratio Ende 20_1?

▶ **8–2 Analyse der Inso-Gruppe**

Ausgangslage Das Konzerneigenkapital der Inso-Gruppe hat sich im Jahr 20_1 wie folgt verändert:

(in Fr. 1 000.–)	Aktienkapital	Kapitalreserven	Gewinnreserven	Umrechnungsdifferenzen	Eigene Aktien	Total Eigenkapital
Bestand am 1.1.	8 000[1]	1 520	3 710	–560	–1 000[2]	11 670
Konzerngewinn			1 170[3]			1 170
Dividenden			–815			–815
Goodwill			–200			–200
Umrechnungsdifferenzen				–205		–205
Kapitalerhöhung per 30.6.	1 000[4]	560				1 560
Bestand am 31.12.	9 000	2 080	3 865	–765	–1 000	13 180

[1] 80 000 Aktien zu Fr. 100.– nominal
[2] 10 000 Aktien zu Fr. 100.– nominal
[3] Nach Abschreibungen von 530
[4] 10 000 Aktien zu Fr. 100.–

Die Dividende, welche die Inso Holding 20_2 ausschütten wird, soll gegenüber dem Vorjahr nicht verändert werden.

Aufgabe 8 – 2

Aufgaben A Welche aktienrechtlichen Probleme bzw. Einschränkungen ergeben sich beim Erwerb eigener Aktien?

B Berechnen Sie den Gewinn je Aktie.

C Berechnen Sie die Eigenkapitalrendite.

D Berechnen Sie die Börsenkapitalisierung der ausstehenden Aktien am 31.12.20_1 bei einem Aktienkurs von Fr. 140.–.

E Berechnen Sie am 31.12.20_1:
1. Price-Book Ratio
2. KGV (Kurs-Gewinn-Verhältnis)

F Im Jahr 20_1 wurde folgende Akquisition getätigt:

(in Fr. 1 000.–)	Kaufpreis	Substanzwert	Ertragswert
Gesellschaft ABC	1 500	1 300	1 800

1. Ist der Kaufpreis angemessen? Begründen Sie kurz.
2. Wie hätte der Goodwill gemäss Swiss GAAP FER auch behandelt werden können?

G 1. Wie entstehen die Umrechnungsdifferenzen?
2. Wie hat sie sich entwickelt? Nennen Sie Gründe für diese Entwicklung.

H Wie wurde die Akquisition möglicherweise finanziert?

► **8 – 3 Analyse der Jahresrechnungen der Amor-Gruppe**

Ausgangslage Von der Amor-Gruppe sind die Konzernbilanz, der Anlagespiegel Sachanlagen, die Konzernerfolgsrechnung, die Entwicklung der Gewinnreserven und die Konzerngeldflussrechnung bekannt:

Konzernbilanz (in Mio. Fr.)	20_1	20_2
Flüssige Mittel	60	90
Wertschriften	92	170
Forderungen aus Lieferungen und Leistungen	362	380
Übrige Forderungen und Rechnungsabgrenzung	18	20
Vorräte	600	540
Sachanlagen	699	700
Equity-Beteiligung (XYZ AG)	18	25
Immaterielle Anlagen (Goodwill)	20	15
	1 869	1 940
Verbindlichkeiten aus Lieferungen und Leistungen	170	180
Übrige Verbindlichkeiten	18	20
Kurzfristige Bankschulden	110	65
Rechnungsabgrenzung	118	130
Langfristige Finanzschulden	540	540
Latente Steuerrückstellung	70	80
Aktienkapital	400	400
Kapitalreserven	160	160
Gewinnreserven	263	340
Minderheiten (LMN AG)	20	25
	1 869	1 940

Anlagespiegel Sachanlagen (in Mio. Fr.)	20_1	20_2
Anschaffungskosten		
Bestand am 1.1.	979	999
Zugänge/Kauf	20	61
Bestand am 31.12.	999	1 060
Kumulierte Abschreibungen		
Bestand am 1.1.	245	300
Zugänge/Abgänge	55	60
Bestand am 31.12.	300	360
Nettobuchwerte	699	700

Aufgabe 8 – 3

Konzernerfolgsrechnung (in Mio. Fr.)	20_1	20_2
Nettoumsatz	2 040	2 200
Übriger Betriebsertrag	18	25
Materialaufwand	–1 531	–1 635
Personalaufwand	–248	–275
Abschreibungen Sachanlagen	–55	–60
Amortisation Goodwill	–5	–5
Übriger Betriebsaufwand	–35	–30
Betriebsgewinn (EBIT)	184	220
Equity-Ergebnis	–1	3
Finanzertrag	6	7
Finanzaufwand	–27	–27
Gewinn vor Steuern	162	203
Ertragssteuern	–77	–91
Minderheitsanteil (LMN AG)	4	–5
Konzerngewinn	89	107

Veränderung der Gewinnreserven (in Mio. Fr.)	20_1	20_2
Bestand am 1.1.	195	263
Konzerngewinn	89	107
Dividendenauszahlung	–24	–28
Umrechnungsdifferenzen	3	–2
Bestand am 31.12.	263	340

Konzerngeldflussrechnung (in Mio. Fr.)	20_1	20_2
Geschäftsbereich		
Konzerngewinn	89	107
Abschreibungen Sachanlagen	55	60
Amortisation Goodwill	5	5
Veränderung Latente Steuern	−5	10
Equity-Ergebnis netto	5	−2
Veränderung Minderheiten	−3	5
Veränderung Vorräte	−20	60
Veränderung Forderungen und Rechnungsabgrenzung	10	−20
Veränderung Verbindlichkeiten und Rechnungsabgrenzung	3	24
Netto-Geldzufluss	139	249
Investitionsbereich		
Kauf Sachanlagen	−20	−61
Kauf Wertschriften	−38	−78
Kapitalerhöhung Equity-Beteiligung	0	−5
Netto-Geldabfluss	−58	−144
Finanzierungsbereich		
Rückzahlung Bankschulden	−20	−45
Dividendenauszahlung	−24	−28
Netto-Geldabfluss	−44	−73
Flüssige Mittel		
Umrechnungsdifferenzen auf flüssigen Mitteln	1	−2
Zunahme Flüssige Mittel	38	30

Aufgabe Kreuzen Sie jeweils die richtige Antwort an. Je Frage ist nur eine Antwort richtig.

1. Die Gewinnreserven des Konzerns bestehen aus:
   a [ ] Agio und einbehaltenen Reserven
   b [ ] Neubewertungsreserven und einbehaltenen Reserven
   c [ ] Konzerngewinnen (-verlusten) abzüglich bezahlte Dividenden und Veränderung der Umrechnungsdifferenzen
   d [ ] Agio, Neubewertungsreserven und Konzernreserven

2. Die langfristigen Finanzanlagen
   a [ ] bestehen aus Obligationen und Aktien
   b [ ] bestehen aus eigenen Aktien
   c [ ] bestehen aus einer Minderheitsbeteiligung
   d [ ] sind zu Anschaffungskosten abzüglich Wertminderung bilanziert

3. Der Nettoumsatz 20_2 gegenüber dem Vorjahr
   a [ ] hat um 160 Mio. Fr. abgenommen
   b [ ] hat um 7,8% zugenommen
   c [ ] hat um 7% abgenommen
   d [ ] ist unverändert

4. Der Gewinn vor Steuern
   a [ ] entspricht dem EBIT
   b [ ] entspricht dem EBT
   c [ ] ist negativ
   d [ ] hat überproportional zum Umsatz abgenommen

5. Die Ausschüttungsquote (Pay-out Ratio)
   a [ ] ist 50%
   b [ ] ist 40%
   c [ ] ist das Verhältnis der Dividende zum Konzerngewinn
   d [ ] ist gegenüber dem Vorjahr unverändert

6. Der erfolgswirksame Minderheitsanteil im Jahre 20_2
   a [ ] ist als Aufwand ausgewiesen
   b [ ] ist als Ertrag ausgewiesen
   c [ ] entspricht dem Verlust in der Erfolgsrechnung dieser Tochtergesellschaft
   d [ ] erhöht den Konzerngewinn

7. Der Geldzufluss aus Geschäftstätigkeit im Jahre 20_2
a [ ] beträgt 180 Mio. Fr.
b [ ] beträgt 167 Mio. Fr.
c [ ] beträgt 105 Mio. Fr.
d [ ] ist um 110 Mio. Fr. gegenüber 20_1 gestiegen

8. Der Kauf von Wertschriften in den Jahren 20_1 und 20_2
a [ ] hat die flüssigen Mittel erhöht
b [ ] weist auf einen negativen Cashflow hin
c [ ] hat die Bilanzposition Wertschriften erhöht
d [ ] hat zu einer Abnahme des Finanzaufwandes geführt

9. Die Veränderungen der Umrechnungsdifferenzen
a [ ] haben die Kapitalreserven geschmälert
b [ ] wurden 20_2 den Gewinnreserven belastet
c [ ] wurden der Erfolgsrechnung belastet
d [ ] haben nur mit der Umrechnung von Bilanzpositionen zu tun

10. Die flüssigen Mittel des Konzerns
a [ ] haben 20_2 um 30 Mio. Fr. abgenommen
b [ ] betrugen 38 Mio. Fr. am 1.1.20_1
c [ ] haben 20_2 zugenommen, da Bankkredite aufgenommen wurden
d [ ] sind aus der konsolidierten Bilanz ersichtlich

11. Die latenten Steuerrückstellungen haben
a [ ] 20_2 abgenommen
b [ ] den Ertragssteueraufwand 20_1 erhöht
c [ ] keinen Einfluss auf das Konzernergebnis
d [ ] sich 20_2 um 10 Mio. Fr. erhöht

12. Die durchschnittliche Zahlungsfrist der Kunden
a [ ] beträgt im Jahr 20_2 etwa zwei Monate
b [ ] beträgt im Jahr 20_2 beträgt etwa einen Monat
c [ ] hat sich gegenüber dem Vorjahr stark verschlechtert
d [ ] hat sich gegenüber dem Vorjahr stark verbessert

13. Im Jahr 20_2 zeigt der Amor-Gruppe folgende Geldflüsse:
a [ ] Geldabfluss aus Geschäftstätigkeit von 249 Mio. Fr.
b [ ] Geldabfluss aus Investitionstätigkeit von 144 Mio. Fr.
c [ ] Geldzufluss aus Finanzierungstätigkeit von 73 Mio. Fr.
d [ ] Netto-Geldabfluss aus den drei genannten Tätigkeiten von 30 Mio. Fr.

Aufgabe 8 – 3

14. In der Position Flüssige Mittel ist folgender Posten nicht enthalten:
a [ ] Postkonten
b [ ] Festgeld bei einer Versicherungsgesellschaft mit einer Restlaufzeit von 90 Tagen
c [ ] Bargeld in Schweizer Franken und in fremden Währungen
d [ ] Call-Gelder bei einer Bank

15. In der Position Wertschriften ist folgender Posten nicht enthalten:
a [ ] Goldbarren
b [ ] Golddrähte für die Produktion
c [ ] Gewöhnliche Obligationen
d [ ] Wandelobligationen

16. Die durchschnittliche Lagerdauer in den Jahren 20_1 und 20_2
a [ ] wird berechnet, indem der Verkaufsumsatz durch den Warenbestand geteilt wird
b [ ] beträgt etwa 4 Monate
c [ ] ist für einen Industriebetrieb sehr hoch
d [ ] entspricht etwa dem Lagerumschlag zweimal

17. Zu den Sachanlagen wird folgender Posten nicht gezählt:
a [ ] Liegenschaften
b [ ] Anzahlung für einen Landkauf
c [ ] Architektenhonorare für der Bau einer Liegenschaft
d [ ] Forderungen aus Landverkauf

18. Der Nettobuchwert der Sachanlagen hat sich 20_2 wie folgt verändert:
a [ ] Käufe 61 Mio. Fr., Abschreibungen 55 Mio. Fr.
b [ ] Käufe 20 Mio. Fr., Abschreibungen 60 Mio. Fr.
c [ ] Käufe 61 Mio. Fr., Abschreibungen 60 Mio. Fr.
d [ ] Käufe 60 Mio. Fr., Verkäufe 5 Mio. Fr., Abschreibungen 60 Mio. Fr.

19. Am 31.12.20_1 betrug der bilanzierte Wert des 20%-Anteils an der XYZ AG 18 Mio. Fr. Welche der folgenden Aussagen ist falsch?
a [ ] Der in der Konzernbilanz aktivierte Wert betrug 25 Mio. Fr. am 31.12.20_2
b [ ] 20_2 fand eine Kapitalerhöhung bei dieser Beteiligung statt
c [ ] 20_2 wurde eine Dividende für diese Beteiligung ausgeschüttet
d [ ] 20_2 erlitt die Beteiligungsgesellschaft einen Verlust

20. Anfang 20_1 wurde die ABC AG mit einem Goodwill von 25 Mio. Fr. erworben. Dieser wurde aktiviert und wird über 5 Jahre linear abgeschrieben. Welche der folgenden Aussagen ist falsch?
a [ ] Die jährliche Belastung der Goodwill-Abschreibung beträgt 5 Mio. Fr.
b [ ] Der Goodwill von 25 Mio. Fr. wurde im Erwerbsjahr den Konzernreserven belastet
c [ ] Der noch nicht amortisierte Teil des Goodwills betrug am 31.12.20_2 15 Mio. Fr.
d [ ] Im Jahre 20_3 sind der Konzernerfolgsrechnung weitere 5 Mio. Fr. zu belasten für die Amortisation des Goodwills

21. Der Gesamtkapitalrendite auf EBIT-Basis im Jahre 20_2
a [ ] beträgt rund 11,55%
b [ ] wird berechnet, indem die Bilanzsumme durch den Konzerngewinn geteilt wird
c [ ] wird berechnet, indem die Summe der Aktiven durch den EBT (Gewinn vor Steuern) geteilt wird
d [ ] wird berechnet, indem der Kapitalumschlag durch die Umsatzrendite geteilt wird

22. Das Nettoumlaufvermögen
a [ ] beträgt 805 Mio. Fr. im Jahre 20_1
b [ ] hat gegenüber dem Vorjahr um 89 Mio. Fr. abgenommen
c [ ] ist normalerweise ein weniger wichtiger kurzfristiger Liquiditätsindikator
d [ ] beträgt 303% im Jahre 20_1

23. Die latenten Steuerrückstellungen
a [ ] betrugen 80 Mio. Fr. am 1.1.20_2
b [ ] haben 20_2 um 10 Mio. Fr. abgenommen
c [ ] betrugen 70 Mio. Fr. am 31.12.20_1
d [ ] betrugen 0 Mio. Fr. am 1.1.20_1

24. Die Minderheitsaktionäre der LMN AG
a [ ] haben 20_2 sicher eine Dividende erhalten
b [ ] sind als Teil des Eigenkapitals bilanziert
c [ ] haben 20_2 einen Verlust erlitten
d [ ] hielten am 1.1.20_2 einen Minderheitsanteil von 20 Mio. Fr.

Aufgabe 8 – 3

25. Das Aktienkapital besteht aus 400 000 Namenaktien. Der Aktienkurs am 31.12.20_2 betrug Fr. 3 935.–. Welche Aussage ist richtig?
a [ ] Die Börsenkapitalisierung am 31.12.20_2 betrug 1 574 Mio. Fr.
b [ ] Das Price-Book-Verhältnis betrug 75 % am 31.12.20_2
c [ ] Das Agio wird im Einzelabschluss in die Allgemeine gesetzliche Reserve gebucht
d [ ] Das Agio wird in der Konzernbilanz den Gewinnreserven belastet

26. Der Gewinn je Aktie
a [ ] betrug 20_2 Fr. 280.–
b [ ] hat gegenüber dem Vorjahr um Fr. 55.– abgenommen
c [ ] hat gegenüber dem Vorjahr um 20 % abgenommen
d [ ] betrug 20_2 Fr. 267.50

27. Die Dividende je Aktie im Jahre 20_2
a [ ] betrug Fr. 70.–
b [ ] hat gegenüber 20_1 um Fr. 5.– zugenommen
c [ ] hat gegenüber 20_1 um 17 % abgenommen
d [ ] beträgt rund 50 % des Gewinns je Aktie

28. Das Kurs-Gewinn-Verhältnis per 31.12.20_2
a [ ] beträgt 14,7
b [ ] wird berechnet, indem der Gewinn pro Aktie mit dem Börsenkurs multipliziert wird
c [ ] liegt weit unter dem schweizerischen Börsendurchschnitt
d [ ] ist negativ

29. Welche Grösse kann nicht für die Unternehmungsbewertung des Amor-Konzerns verwendet werden?
a [ ] Unkonsolidierter Bruttoumsatz
b [ ] Ertragswert
c [ ] Börsenkapitalisierung
d [ ] Free Cashflow

30. Die Umrechnungsdifferenzen 20_2
a [ ] auf dem Eigenkapital betrugen 2 Mio. Fr. (Gutschrift)
b [ ] auf den flüssigen Mitteln betrugen 2 Mio. Fr. (Belastung)
c [ ] haben das Eigenkapital per 31.12.20_2 erhöht
d [ ] haben die flüssigen Mittel des Konzerns erhöht

▶ 8 – 4 Aktienbewertung der Naski-Gruppe

Ausgangslage Die Naski-Gruppe ist an der Schweizer Börse kotiert und wendet für den Konzernabschluss Swiss GAAP FER an. Die folgenden Angaben stammen aus dem Geschäftsbericht 20_2.

Konsolidiertes Eigenkapital	20_1	20_2
Aktienkapital	8 400 000	8 400 000
Kapitalreserven	12 400 000	12 400 000
Gewinnreserven	110 810 000	108 242 000
Eigene Aktien	–3 937 000	–3 937 000
Konzerngewinn	20 269 000	22 055 000
Gesamteigenkapital	147 942 000	147 160 000

Der Einzelabschluss ist auf der Grundlage des Aktienrechts erstellt worden.

Eigenkapital der Naski Holding AG	20_1	20_2
Aktienkapital	8 400 000	8 400 000
Allgemeine gesetzliche Reserve	14 000 000	14 000 000
Reserve für Restrukturierung	67 000 000	67 000 000
Freie Reserve	18 317 000	32 062 000
Reserve für eigene Aktien	3 937 000	3 937 000
Gewinnvortrag	388 000	214 000
Jahresgewinn	19 705 000	24 598 000
Gesamteigenkapital	131 747 000	150 211 000

Die Anzahl eigene Aktien beträgt 3 000 und hat sich während des Jahres nicht verändert.

Aktieninformationen 20_2
- Aktienart   Namenaktie
- Nennwert   Fr.   50.–
- Höchstkurs   Fr. 2 090.–
- Tiefstkurs   Fr. 1 070.–
- Kurs 1.1.   Fr. 1 870.–
- Kurs 31.12.   Fr. 1 380.–
- Dividende   Fr.   35.–

Aufgabe 8 – 4

Aufgabe Berechnen Sie folgende Kennzahlen für das Jahr 20_2:
1. Börsenkapitalisierung Ende Jahr
2. Durchschnittliche Anzahl ausstehende Aktien
3. Gewinn je Aktie (Earnings per Share)
4. Kurs-Gewinn-Verhältnis (Price-Earnings Ratio) Ende Jahr
5. Gewinnrendite Ende Jahr
6. Dividendenrendite Ende Jahr
7. Gesamtertragsrendite (Erwerb der Aktien Anfang 20_2)
8. Ausschüttungsquote (Pay-out Ratio)
9. Buchwert je Aktie Ende Jahr (Book Value per Share)
10. Price-Book Ratio Ende Jahr

Literaturverzeichnis

Behr G., Leibfried P.: Rechnungslegung. Versus Verlag

Bertschinger P., Zenhäusern M.: Konzernabschlüsse verstehen. Verlag SKV

Carlen F., Gianini F., Riniker A.: Finanzbuchhaltung 1, Praxis der Finanzbuchhaltung. Verlag SKV

Carlen F., Gianini F., Riniker A.: Finanzbuchhaltung 2, Sonderfälle der Finanzbuchhaltung. Verlag SKV

Carlen F., Gianini F., Riniker A.: Finanzbuchhaltung 3, Höhere Finanzbuchhaltung. Verlag SKV

Dangerfield A., Lampert B.: International Accounting Standards – Der Überblick. Verlag SKV

Dellmann K.: Konzernrechnung, Rechnungslegung Band 2. Verlag Paul Haupt

Fachkommission für Empfehlungen zur Rechnungslegung: Fachempfehlungen zur Rechnungslegung (Swiss GAAP FER). Treuhand-Kammer

Gianini F., Riniker A.: Finanzbuchhaltung 4, Ergänzende Bereiche der Finanzbuchhaltung. Verlag SKV

International Accounting Standards Committee: International Accounting Standards (IAS). Schäffer-Poeschel Verlag

Meyer C.: Konzernrechnung. Treuhand-Kammer

Schellenberg A.C.: Accounting A–Z. Versus Verlag

Schellenberg A.C.: Rechnungswesen. Versus Verlag

Zenhäusern M., Bertschinger P.: Konzernrechnungslegung. Verlag SKV

Abkürzungsverzeichnis

a	Aktiven
AB	Anfangsbestand
AG	Aktiengesellschaft
CHF	Schweizer Franken
EB	Endbestand
EBIT	Earnings before Interest and Tax
EBITDA	Earnings before Interest, Tax, Depreciation and Amortization
EBT	Earnings before Tax
EK	Eigenkapital
EPS	Earnings per Share
ER	Erfolgsrechnung
EUR	Euro
EV	Enterprise Value
FK	Fremdkapital
HB 1	Handelsbilanz 1
HB 2	Handelsbilanz 2
IAS	International Accounting Standards
IASC	International Accounting Standards Committee
IFRS	International Financial Reporting Standards
K	Gesamtkapital
KAD	Kapitalaufrechnungsdifferenz
KGV	Kurs-Gewinn-Verhältnis
L+L	Lieferungen und Leistungen
OR	Obligationenrecht
p	Passiven
P/E	Price-Earnings Ratio
PEG	Price Earnings to Growth
PER	Price-Earnings Ratio
PS	Partizipationsschein
RAP	Rechnungsabgrenzungsposten
SB	Schlussbestand
Swiss GAAP FER	Swiss Generally Accepted Accounting Standards
USD	US-Dollar
US GAAP	US Generally Accepted Accounting Standards
WB	Wertberichtigung

Stichwortverzeichnis

A

Absorption 16–17, 19
Agio 45
Akquisition 16–18
Aktien 29
    eigene 94–95
Aktienanalyse 149
    Beispiel **150**
    fundamentale 149
    Kennzahlen 151
    technische 149
Aktienbewertung 149
    Beispiel **150**
Aktiengesellschaft 25
Aktienrecht 23–24, 27, 30, 54, 77, 99
Aktientausch 16–17
Aktiven der Tochtergesellschaft 37, 41, 56
Allianz 16, 18
Anhang der Konzernrechnung 21, 26, 133
Anlagerendite 154
Anlagespiegel 137
    Beispiele **138–139**
Anleihensobligationen 25–26, 29
Anzahlungen 44
assoziierte Gesellschaften 21, 77
Aufdeckung stiller Reserven 56
Ausschüttungsquote 154

B

Badwill 38, 56
    Beispiel **40**
«Balance sheet method» 119
Barrendite 154
beherrschender Einfluss 15, 41, 69, 77
Beteiligung 37, 41
    direkte 15
    gegenseitige 90
    horizontale 90
        Beispiel **93**
    indirekte 15
    Kapital- 15
    vertikale 90
        Beispiele **91–92**
Beteiligungserfolg 51
Beteiligungswert 55, 63
Bewertung
    Aktien- 149
        Beispiel **150**
    Equity- 128
    konzerneinheitliche 126–127
    Neu-
        Beispiel **129**
    zu Marktwerten 73
Bewertungsdifferenzen 115
Bewertungsgrundsätze 133–134
Bilanz 134
    Handels- 22, 30, 126
    Konzern- 21
Bilanzstichtag, Kurs am – 111
Book Value per Share 156
Börsenkapitalisierung 151
Buchwert je Aktie 156

C

Cashflow 99, 101
    direkte Ermittlung 101
    Free Cashflow 101
    indirekte Ermittlung 101
    operativer 99
«Comprehensive method» 119

D

Dachgesellschaft 15
Darlehen 44
   Konsolidierung
      Beispiel **44**
Deutsche Methode 54, 63–64, 67
   Beispiele **63, 68**
Differenzen
   Bewertungs- 115
   temporäre 119
   Umrechnungs- 21, 110, 127
      Beispiel **112**
   zeitlich befristete 119, 125
Dividendenrendite 154
Durchschnittskurs 110–111
dynamisches Kurs-Gewinn-Verhältnis 153

E

Earnings per Share (EPS) 152
EBITDA 155
eigene Aktien 94
   Einzelabschluss 94–95
   Konzernabschluss 95
   Reserve für – 94
eigene Partizipationsscheine 94
Eigenkapital
   konsolidiertes 135
   Konzern 37
      Beispiel **136**
   Tochtergesellschaft 37, 41
Eigenkapitalnachweis 135
   Beispiel **136**
einfache Gesellschaft 16
Einheitlicher 22
Einheitstheorie 21, 43, 50
Einzelabschluss 16, 19, 27, 30, 55, 77, 99
   der Holdinggesellschaft 20
   der Konzerngesellschaften 20
   handelsrechtlicher 126
   latente Steuern 126–127
   steuerrechtlicher 126
Elimination
   von konzerninternen Umsätzen 47
      Beispiel **48**
   von nicht realisierten Gewinnen ... 47
      Beispiele **48–49**
   von Schulden und Forderungen 47
      Beispiel **48**
   von Zwischengewinnen 50
Enkelgesellschaft 15, 86
Enterprise Value (EV) 155
Equity-Bewertung 128

Equity-Methode 21, 73, 77, 80
   Beispiele **78, 80**
Equity-Wert 77
   Fortschreibung 77
   Praktikermethode 77
Erfolgsrechnung 134
   Konsolidierung 51
   Konzern- 21, 41
ergänzende Angaben zum Konzernabschluss 133
   Beispiele **136, 138–140, 142**
Erstkonsolidierung 55
Ertragssteuern 115
   Beispiele **116, 118**
   latente 115
   laufende 115
   periodengerechte Abgrenzung 115
Erwerbsmethode 21, 37, 54–55, 67
   Beispiele **57, 68**

F

Fachkommission Empfehlungen zur
   Rechnungslegung (FER) 28
Fair Presentation 20–21
Fair Value 56, 71
Fiktion der rechtlichen Einheit 21
Financial Accounting Standards Board (FASB) ... 29
Finanzierungsbereich 99
Finanzierungsleasing 137
Flüssige Mittel 100
   netto 100
Folgekonsolidierung 55
Forderungen
   Konsolidierung 44
   konzerninterne 44
   Steuer- 119
Free Cashflow 101
Freie Reserven 55
Fremdkapital der Tochtergesellschaft 37, 41, 56
Fremdwährung 109
Fremdwährungsumrechnung 109, 127, 135
   Beispiele **112–113**
   latente Steuern 126
Full Goodwill Accounting 69
funktionale Währung 109
Fusion 16–19

G

gegenseitige Beteiligungen 90
Geldfluss
　Finanzierungsbereich 99
　Geschäftsbereich 99, 101
　Investitionsbereich 99
Geldflussrechnung 99, 134
　Beispiele **105**
　Konzern- 21, 99
　　Beispiele **102–103**
Gemeinschaftsunternehmen 21
Gesamtertragsrendite 154
Gesetzliche Reserven 55
Gewinn
　je Aktie 152
　konzerninterner 21
　Zwischen- 47, 50, 128
Gewinnausschüttung 20
　Beispiel **130**
Gewinnrendite 153
Gewinnreserven 55, 128
Gewinnsteuern 115
Gewinnvortrag 55
Gläubigerschutz 23
Goodwill 21, 38, 56
　Abschreibung 71
　Aktivierung 66
　Ausweis 69
　Behandlung 66
　Beispiele **39–40**
　Impairment-Test 71
　Rechnungslegungsnormen 66
　Verrechnung mit Eigenkapital 66
　Werthaltigkeit 66, 71
Goodwill Accounting
　Beispiel **70**
　Full Goodwill Accounting 69
　Methoden 66
　　Beispiel **68**
　mit Minderheitsanteilen 69
　ohne Minderheiten 67
　　Beispiel **67**
Grundsatz der Wahrheit 24
Grundsätze
　Bewertungs- 133–134
　der Rechnungslegung 133
　Konsolidierungs- 21, 133–134
　ordnungsmässiger Rechnungslegung 23, 26

H

Handelsbilanz 1 .... 22, 30, 126
　Beispiel **31**
　Überleitung zur Handelsbilanz 2 36
Handelsbilanz 2 .... 22, 30, 126
　Beispiel **31**
　umgerechnete 126
handelsrechtlicher Einzelabschluss 126
historischer Kurs 110–111
Holding 15
　Einzelabschluss 20
　Sub- 15, 86
　Zwischen- 15, 86
Holdinggesellschaft 15
horizontale Beteiligung 90
　Beispiel **93**

I

IAS 24, 28
IFRS 23–24, 27–30, 54, 56, 66, 73
Impairment-Test 21, 66, 71
　Beispiel **71**
Imparitätsprinzip 77
Intercompany-Umsätze 51
Interessengemeinschaft 16
Interessentheorie 43, 50
International Accounting Standards Board
　(IASB) 28
Investitionsbereich 99

J

Jahresrechnung
　konsolidierte 20
　Vergleichbarkeit 28
Joint Venture 21

K

Kapitalaufrechnungsdifferenz (KAD) 38, 54, 56
Kapitalbeteiligung 15
Kapitalkonsolidierung 21–22, 37, 54, 128, 135
　Deutsche Methode 54, 63–64, 67
　　Beispiele **63, 68**
　Erwerbsmethode 21, 37, 54–55, 67
　　Beispiele **57, 68**
　mit Goodwill
　　Beispiel **39**
　mit negativem Goodwill (Badwill)
　　Beispiel **40**
　ohne Goodwill
　　Beispiel **38**

Kapitalkonsolidierung (Forts.)
    Purchase-Methode 21, 37, 54–55, 67
        Beispiele **57, 68, 74**
        klassische 69
    Quotenkonsolidierung 21, 73–74, 80
        Beispiele **74, 80**
    Vollkonsolidierung 21, 41, 80
        Beispiel **80**
        mit Minderheiten 41, 73
        ohne Minderheiten 73
Kapitalmehrheit 15
Kapitalreserven 55–56
Kennzahlen 151
    Beispiel 150
Kettenkonsolidierung 86
Kombination 16–17, 19
konsolidierte Jahresrechnung 20
konsolidiertes Eigenkapital 135
Konsolidierung 20, 37
    Ablauf 22
    Aufwand und Ertrag 128
    der Erfolgsrechnung 51
    Deutsche Methode 54, 63–64, 67
        Beispiele **63, 68**
    Ergebnis 22
    Erst- 55
    Erwerbsmethode 21, 37, 54–55, 67
        Beispiele **57, 68**
    Folge- 55
    Forderungen 44
    interner Umsätze
        Beispiele **51–52**
    interner Zinsen
        Beispiele **51**
    Kapital- 21–22, 37, 54, 128, 135
    Ketten- 86
    Konzept 20
    latente Steuern 126, 128
    mit Goodwill
        Beispiel **42**
    mit Minderheitsanteilen
        Beispiel **42**
    Purchase-Methode 21, 37, 54–55, 67
        Beispiele **57, 68**
        klassische 69
    Quoten- 21, 73–74, 80
        Beispiele **74, 80**
    Schulden- 44
        Beispiel **130**
    stufenweise 86
        Beispiel **86**

Konsolidierung (Forts.)
    Voll- 21, 41, 80
        Beispiel **80**
        mit Minderheiten 41, 73
        ohne Minderheiten 73
    von Darlehen
        Beispiel **44**
    von Obligationen
        Beispiel **45**
    von Zinsen und Beteiligungserfolgen
        Beispiel **52**
Konsolidierungsgrundlagen 22
Konsolidierungsgrundsätze 21, 133–134
Konsolidierungskreis 21, 133–134
Konsolidierungsmethoden 21, 73
Konsolidierungspflicht 25
Konsolidierungstechnik 21
Konsolidierungsumfang 21
Konsortium 16
Kontenrahmen
    konzerneinheitlicher 21–22
Kontokorrente 44
Konzern 15–17
    mehrstufiger 15
    Teil- 86
Konzernabschluss 19–20, 27, 30, 55, 99, 126
    Analyse 149
    ergänzende Angaben 133
    Beispiele **136, 138–140, 142**
    Kennzahlen 151
Konzernbilanz 21
Konzerneigenkapital 37, **136**
    Beispiel **136**
konzerneinheitliche Bewertung 126–127
konzerneinheitlicher Kontenrahmen 21–22
Konzernerfolgsrechnung 21, 41
Konzerngeldflussrechnung 21, 99
    Beispiele **102–103, 105**
Konzerngesellschaften 17, 86
    Einzelabschluss 20
Konzernhandbuch 22
konzerninterne Forderungen 44
konzerninterne Gewinne und Verluste 21
konzerninterne Lieferungen 47
konzerninterne Schulden 44
konzerninterne Transaktionen 20–22
konzerninterner Umsatz 51
konzerninterner Zwischengewinn 47

Konzernrechnung 16, 20, 22
   Anhang 21, 26, 133
   Konzept 20
   Offenlegung 26
   Prüfung 21
   Ziel 20
Konzernuntergruppen 86
Konzernwährung 109
Kooperationsvertrag 18
Kotierung 25–26
Kotierungsreglement der Schweizer Börse ... 23–24
Kreditgewährung 44
Kurs
   am Bilanzstichtag 111
   Durchschnitts- 110–111
   historischer 110–111
   massgebender 111
   Stichtags- 110
Kurs-Gewinn-Verhältnis (KGV) 152
   dynamisches 153

L

latente Ertragssteuern 115
latente Steueraktiven 125
latente Steuern 56, 119, 125–126
   Beispiele **124, 130**
   Einzelabschluss 126–127
   Fremdwährungsumrechnung 126
   Konsolidierung 126, 128
   Stufen der Entstehung 126
latente Steuerpassiven 125
laufende Ertragssteuern 115
laufende Steuern 115
Leasing 137
   Finanzierungs- 137
Liability-Methode 119
Lieferungen, konzerninterne 47
Liquidität 100
Liquiditätsfonds 99–100
Lokalwährung 109
Lucky Buy 56

M

Marktwert 151
massgebender Kurs 111
massgeblicher Einfluss 77
mehrstufiger Konzern 15
Merger 16, 18
Minderheiten 21

Minderheitsaktionäre 41, 43, 50, 56, 69
Minderheitsanteile 41, 43, 56
   Einheitstheorie 43, 50
   Interessentheorie 43, 50
   Trennungstheorie 50
Muttergesellschaft 15

N

Netto-Flüssige Mittel 100
Neubewertung
   Beispiel **129**
Neubewertungsreserven 137
Nichtkonzerngesellschaften 20, 47

O

Obergesellschaft 15, 86
Obligationen 44
   Anleihens- 25–26, 29
Obligationenagio 45
Obligationenanleihen 44
Obligationenrecht 23–24, 27, 30
Offenlegung der Konzernrechnung 26
operativer Cashflow 99
ordnungsmässige Rechnungslegung,
   Grundsätze der – 23, 26

P

Partizipationsscheine 29, 94
   eigene 94
Pay-out Ratio 154
Price-Book Ratio 156
Price-Earnings Ratio (PER, P/E) 152
Price-Earnings to Growth (PEG) 153
Prüfung der Konzernrechnung 21
Purchase-Methode 21, 37, 54–55, 67
   Beispiele **57, 68, 74**
   klassische 69

Q

Quasi-Fusion 16–17, 19
Quotenkonsolidierung 21, 73–74, 80
   Beispiele **74, 80**

R

Realisationsprinzip 77
Rechnungslegung
   Grundsätze der – 133
   Grundsätze ordnungsmässiger – 23, 26

Rechnungslegungsnormen 20, 23, 27, 54, 99,
   109, 133
   börsenkotierte Gesellschaften 29
   Goodwill 66
   Schweiz 29
Rendite
   Anlage- 154
   Bar- 154
   Dividenden- 154
   Gesamtertrags- 154
   Gewinn- 153
Reserve für eigene Aktien 94
   Beispiel **94**
Reserven 55
   der Tochtergesellschaft 55
   gesetzliche 55
   Gewinn- 55, 128
   Kapital- 55–56
   Neubewertungs- 137
   stille 21, 23–24
   Umbuchung 55
Reservenausschüttungssperre 94

S

Sachanlagen 137
Schulden, konzerninterne 44
Schuldenkonsolidierung 44, 128
   Beispiel **130**
Schweizer Börse (SWX) 29
   Hauptsegment 29
   Kotierungsreglement 23–24
Securities and Exchange Commission (SEC) 29
Segmentberichterstattung 140
   Beispiel **140**
Steuerabgrenzung 115, 126
   Beispiele **120, 122–123**
   periodengerechte 115
Steueraktiven, latente 125
Steuerforderungen 119
Steuergesetze 30
Steuern 20
   Ertrags- 115
     Beispiele **116, 118**
   Gewinn- 115
   latente 56, 119, 125–128
     Beispiele **124, 130**
     Stufen der Entstehung 126
   laufende 115
Steuerpassiven, latente 125
steuerrechtlicher Einzelabschluss 126
Steuersubjekt 20, 119

Steuerverbindlichkeiten 119
Stichtagskurs 110
Stichtagsmethode 21, 109–110
   massgebender Kurs 111
stille Reserven 21, 23–24
   Aufdeckung 56
Stimmenmehrheit 15
Stufenkonsolidierung 86
stufenweise Konsolidierung 86
   Beispiel **86**
Subholding 15, 86
Substanzwert 71
Swiss GAAP FER 23, 26–30, 54, 56, 66, 69, 73,
   100, 137

T

Teilkonzern 86
temporäre Differenzen 119
Tochtergesellschaft 15, 17
   Aktiven 37, 41, 56
   Eigenkapital 37, 41
   Fremdkapital 37, 41, 56
   Reserven 55
Transaktionen
   gegenüber Dritten 20
   konzerninterne 20–22
Trennungstheorie 50
«True and fair view»-Prinzip 20–21, 23–24, 30,
   64, 67

U

Überleitung vom Aktienrecht zu Swiss GAAP FER
   Beispiel **31**
Übernahme 16–19
Umrechnungsdifferenzen 21, 110, 127
   Beispiel **112**
Umsatz, konzerninterner 47, 51
Untergesellschaft 15
Unternehmungsverbindungen 15
   Arten 16
   buchhalterische Aspekte 19
   rechtliche Aspekte 17
   wirtschaftliche Aspekte 18
Unternehmungswert 71
US GAAP 23–24, 27, 29–30, 54, 56, 66, 69

V

Verkehrswert 56
Verlust, konzerninterner 21
Verlustvortrag
    Beispiel **124**
vertikale Beteiligung 90
    Beispiele **91–92**
Vollkonsolidierung 21, 41, 80
    Beispiel **80**
    mit Minderheiten 41, 73
    ohne Minderheiten 73
Vorauszahlungen 44
Vorjahreszahlen 26
Vorsichtsprinzip 23

W

Wachstum 18
Wahrheit, Grundsatz der – 24
Währung
    Fremd- 109
    funktionale 109
    Konzern- 109
    Lokal- 109
Währungsumrechnung 21
    Beispiele **112–113**
Werthaltigkeit des Goodwills 66, 71
Wertschriften 44

Z

zeitlich befristete Differenzen 119, 125
Zwischengewinn 50
    -eliminierung 50, 128
    konzerninterner 47
Zwischenholding 15, 86